教育部人文社会科学项目"基于声学实验的穗、港、澳三地普通话语音习得研究"（10YJC740003）研究成果

广东外语外贸大学资助出版

穗、港、澳三地
普通话语音习得研究

贝先明 ◎ 著

中国社会科学出版社

图书在版编目（CIP）数据

穗、港、澳三地普通话语音习得研究／贝先明著 . —北京：中国社会科学出版社，2021.9

ISBN 978-7-5203-8959-4

Ⅰ.①穗… Ⅱ.①贝… Ⅲ.①普通话—语音学—研究 Ⅳ.①H11

中国版本图书馆CIP数据核字（2021）第172397号

出 版 人	赵剑英
责任编辑	喻　苗
责任校对	胡新芳
责任印制	王　超

出　　版	中国社会科学出版社
社　　址	北京鼓楼西大街甲158号
邮　　编	100720
网　　址	http://www.csspw.cn
发 行 部	010-84083685
门 市 部	010-84029450
经　　销	新华书店及其他书店
印　　刷	北京明恒达印务有限公司
装　　订	廊坊市广阳区广增装订厂
版　　次	2021年9月第1版
印　　次	2021年9月第1次印刷
开　　本	710×1000　1/16
印　　张	13.5
插　　页	2
字　　数	218千字
定　　价	69.00元

凡购买中国社会科学出版社图书，如有质量问题请与本社营销中心联系调换
电话：010-84083683
版权所有　侵权必究

序　言

　　1995年到1998年，我曾在香港城市大学的电子工程学系做研究员，亲身经历了香港的语言生活在九七回归前后的变化。刚到香港的时候，到商店买东西，要说英语或本地粤方言，说普通话是买不到东西的。回归以后，明显的变化就是普通话的地位不断提升。市场店员时常会主动跟你说几句刚刚学会的生硬的普通话。社会上也有了学习普通话的训练班。澳门的情况与此相似。

　　二十多年过去了，港澳当地人们的普通话说得怎么样了？跟同在粤方言区的广州相比，有什么差别呢？这是从事语言研究的学者和语言教学的老师感兴趣的问题。先明老师所写的这部《基于声学实验的穗、港、澳三地普通话语音习得研究》，为我们解开了这个问题的答案。

　　书中较为系统而详细地考察了穗、港、澳三地的人们普通话语音的基本状况。学者们研究广州"地方普通话"或者香港、澳门"地方普通话"都各有一些成果，这本书是把广州、香港、澳门三个地方的普通话语音纳入一个统一的框架，采用相同的研究方法（声学实验）来对比分析。总体看来，广州人的普通话水平相对高一些，在很多声学数据上，跟标准普通话较为接近。香港、澳门发音人的水平差别不大，在不同的语音项目上各有侧重，受到粤方言影响而发错音的现象相对较多。例如，广州发音人只是在 ʂ(u) 声母发音存在偏误，而香港、澳门发音人基本上 s、ʂ 不分，都是发为 s。再如，香港、澳门都有发音人受到粤方言影响把"火"发成 [fɔ] 和把"然"发成 [jin] 的现象，而广州发音人却没有这种情况。（见第六章）

　　总的来看，全书有三个优点值得提倡：（1）实验方法；（2）格局理念；(3) 理论追求。下面就分别来加以说明。

实验方法是当代语言学者的基本功。这正如田野调查是现代语言学人的入门课。赵元任当年的《现代吴语的研究》早已为我们做出楷模。人们对于语音的记录和分析，过去多是靠口耳之功。不同的人记录同一地点的语音，可能会由于各种主观原因而有差异。如今得益于科技进步，采用语音实验的方法，提升口耳之学为数据之学，使研究结果具有客观、科学的基础。

先明老师就是采用声学实验的研究方法，结合数理统计分析，选择广州、香港、澳门三地共 30 位本地发音人的普通话语音为取样材料，对广州、香港、澳门三地的普通话语音现状、主要偏误、共性特征、个性表现等方面的内容进行了深入、系统的研究。书中共有声学图片 235 个，表格 29 个。这些图表直观而准确地描述了发音人的语音状况，如元音发音舌位的高低前后，辅音发音的方法和部位，声调发音的高低升降曲直。这些声学实验结果既可以用来掌握穗、港、澳三地发音人的语音状况，也可以作为三地普通话语音习得研究的一个客观参照。

语音格局的理念就是语音学和音系学相结合，用实验的方法研究语音系统。我们可以简单地解释为把定量的分析跟定性的分析结合起来，实现量化的定性分析。这就要求研究者以实验数据的量化处理为基础，对于语音系统同一层级的成员的范畴界限做出定量的描述，从而得出可视化的分布模式，即语音格局。

先明老师在书中恰当地运用了各种归一化方法来处理实验数据。研究涉及穗、港、澳三地不同发音人之间的语音比较，自然不能用声学实验的原始数值，使用归一化方法"使不同的说话人具有可比性"，"在语言研究上，相对的数值比绝对的数值更为重要、更有意义"。[①] 过去我们对声调使用 T 值，对元音使用 V 值来量化和归一化，对辅音中的塞音、擦音、鼻音分别使用浊音起始时间（VOT）－闭塞段时长（GAP）、谱重心（center of gravity）－分散程度（dispersion）、鼻化度（Nasalance）

---

① 石锋、冉启斌、王萍：论语音格局，《南开语言学刊》2010 年第 1 期。

来量化和归一化。① 本书不但采用了 T 值、V 值的算法，而且还使用了作者在自己博士后研究报告《湘语语音学》(2015) 中提出的 C 值量化和归一化的公式来研究辅音。

理论创新的追求始终是学者努力的方向。我们的各种语言学研究都是在探索人类语言的奥秘。语音实验的研究同样是离不开语言理论的求索。所有的实验工作都是为了验证旧的原理，发现新的原理。即，把语言学理论建立在科学实证的基础上。

先明老师在本书中提出"通用语习得"的概念，这是一个创见。过去说到语言习得，一般分为母语习得、外语习得，或者是儿童语言习得、第二语言习得等。方言区的人们在习得本地方言后再来习得普通话，这既不同于方言区的人们习得母语方言的情况，也不同于一般的第二语言习得的情况。提出"通用语习得"的概念，有利于语言习得研究的深化和细化，在书的第九章，作者思考了通用语习得研究的方法以及跟各种已有的语言习得理论的关联。这对于方言区人们习得通用语的研究是有积极意义的。

另外先明老师还对实验数据背后的语音规律进行了归纳。例如，擦音谱重心高低跟辅音被动发音部位的对应关系大致是：发音部位越前，谱重心越高，反之，发音部位越后，谱重心越低。这种有关声学数据跟发音生理关系的思考非常值得提倡，能让人们从纷繁的数据中理清其中蕴含的语言学规律。只有这样，才能让语音实验在语言学研究中发挥更大的作用。

我们一直提倡语言学者要走进社会，走进田野（实地），走进实验室。本书作者的研究正好是经历了这样的过程：把研究目光投向广州、香港、澳门三地的语言生活，并到实地去调查和录音，再用实验的方法对录音进行分析，最后把研究结论建立在实验分析的基础之上。这确实是当代语言学人的希望之路，光明之路，成功之路。

在通用语的习得研究方面，先明的这本书已经起步，还有很多方面可以深入考察或跟踪研究。希望作者今后能进一步扩充研究内容，扩大

---

① 石锋、冉启斌、王萍：论语音格局，《南开语言学刊》2010 年第 1 期。

研究领域，取得更多的收获。另外，先明在南开大学读博士生期间就对方言接触进行了深入研究。我们知道，语言习得实际上就是一种特殊的语言接触，二者之间存在着密切的联系。建议先明在未来可以考虑把它们结合起来进行对比研究，从中可能会有新的理论发现。

  是为序。

石锋

2021 年 6 月 15 日

目　录

第一章　穗、港、澳三地语言生活概况 (1)
第一节　香港语言生活概况 (1)
第二节　澳门语言生活概况 (2)
第三节　广州语言生活概况 (3)
第四节　本书的主要内容 (5)

第二章　普通话与穗、港、澳三地粤语的语音系统 (7)
第一节　普通话语音系统 (7)
第二节　粤语语音系统 (12)
第三节　普通话语音与粤语语音的对比 (17)
第四节　粤语区人们普通话语音习得的难点预测 (18)

第三章　穗、港、澳三地普通话单元音习得的声学分析 (20)
第一节　元音声学实验的方法 (20)
第二节　标准普通话和穗、港、澳三地普通话单元音的声学实验 (24)
第三节　ɿ 的习得 (31)
第四节　ʅ 的习得 (32)
第五节　i 的习得 (35)
第六节　u 的习得 (37)
第七节　a 的习得 (38)
第八节　y 的习得 (40)
第九节　ɤ 的习得 (41)

第十节　o 的习得 …………………………………………… (43)

第四章　穗、港、澳三地普通话复元音习得的声学分析 ………… (45)
第一节　穗、港、澳三地普通话双元音习得的声学分析 ……… (45)
第二节　穗、港、澳三地普通话三元音习得的声学分析 ……… (73)

第五章　穗、港、澳三地普通话鼻尾元音和卷舌元音习得的
　　　　声学分析 ……………………………………………………… (86)
第一节　穗、港、澳三地普通话鼻尾元音习得的声学分析 …… (86)
第二节　穗、港、澳三地普通话卷舌元音习得的声学分析 …… (101)

第六章　穗、港、澳三地普通话辅音习得的声学分析 ……………… (105)
第一节　辅音声学实验的方法 ……………………………………… (105)
第二节　普通话擦音习得的声学分析 ……………………………… (107)

第七章　穗、港、澳三地普通话单字调习得的声学分析 ………… (142)
第一节　声调声学实验的方法 ……………………………………… (142)
第二节　普通话的声调格局 ………………………………………… (143)
第三节　阴平的习得 ………………………………………………… (146)
第四节　阳平的习得 ………………………………………………… (155)
第五节　上声的习得 ………………………………………………… (162)
第六节　普通话去声的习得 ………………………………………… (172)

第八章　穗、港、澳三地普通话语音习得的机制与对策 ………… (181)
第一节　穗、港、澳三地普通话单元音的习得机制与教学
　　　　对策 ……………………………………………………… (181)
第二节　穗、港、澳三地普通话复元音的习得机制与教学
　　　　对策 ……………………………………………………… (182)
第三节　穗、港、澳三地普通话鼻尾元音和卷舌元音的
　　　　习得机制与教学对策 ……………………………………… (183)
第四节　穗、港、澳三地普通话辅音的习得机制与教学对策 … (184)

第五节　穗、港、澳三地普通话声调的习得机制与教学对策 …(185)

第九章　结语 …(187)
　　第一节　关于通用语习得的地位 …(187)
　　第二节　关于通用语习得研究的方法论 …(188)
　　第三节　关于通用语习得与对比分析理论 …(189)
　　第四节　关于通用语习得与偏误分析理论 …(190)
　　第五节　关于通用语习得与迁移理论、标记性理论及制约
　　　　　　因素 …(191)
　　第六节　关于通用语习得与习得顺序理论 …(193)
　　第七节　关于通用语习得与性别理论、社会文化理论 …(193)
　　第八节　关于通用语习得与语音格局理论 …(194)
　　第九节　关于通用语习得与中介语理论 …(194)
　　第十节　关于通用语习得研究的复杂性 …(195)
　　第十一节　关于通用语习得研究的展望 …(196)

参考文献 …(197)

附录　普通话发音材料 …(200)

后　记 …(204)

第一章

穗、港、澳三地语言生活概况

我国地域辽阔，语言和方言资源丰富多彩。相比其他大多数城市，广州、香港、澳门的语言生活相对要丰富一些。尤其是香港、澳门，由于特殊的社会历史原因，语言和方言状况更为复杂。下面我们先从香港、澳门谈起，同时论及广州。

第一节 香港语言生活概况

在英国人占领香港前，香港居住着一些渔民，他们讲的话是粤语、客家话等汉语方言。

英国人占领香港后，长期以来粤语是英语之外的官方语言，在立法、执法和行政方面都兼用。粤语也是香港唯一从小学到大专都通用的教学语言（游汝杰、邹嘉彦，2009：127）。

在中学教育领域，香港较早时就有"英文中学"和"中文中学"的区别，"英文中学"以英语为教学语言。"中文中学"以汉语粤方言为教学语言，教材等则用现代白话文。20世纪60年代后，"中文中学"逐渐减少。到了20世纪80年代后期，"英文中学"在约600所中学里占90%。普通话科在1998年作为核心课程引进香港中小学，并由选修课转为必修课。目前，几乎所有的中小学都开设了普通话课程。一些学校尝试用普通话作为全部科目（英文科目除外）或部分科目的教学语言。

在高等教育领域，香港特区政府不统一规定大学的教学语言。成立于1963年的香港中文大学，是香港第一所用中文授课的大学（邓仕梁，1999）。该校将普通话以及粤方言、英语都作为教学语言。香港公立的8

所大学和香港树仁大学均开设了普通话课程（《中国语言生活状况报告》，2006：282—284）。

普通话教学也进入了香港的学前教育领域。目前香港的语言教学，口语方面有普通话和粤语，文字方面有繁体字（《中国语言生活状况报告》，2016：240）。

1994年，香港理工大学一个研究小组的一项调查表明，在接受调查的210名大专毕业生中，21%认为自己普通话能力可打70分（满分100分），可以满足工作需要。可是只有13.7%的雇主认为自己聘用的大专毕业生的普通话水平有70分或以上。在212名大学老师中，只有7.1%的人认为自己的学生"能说流利普通话"（单周尧，1996）。

2002年，香港岭南大学一项调查显示，在1000名受访者中，54%能听懂普通话，比前两年上升14%；41%能讲普通话，比前两年上升10%。

2011年，香港会说普通话的人占总人口的47.8%，会说英语的占总人口的46.1%（《中国语言生活状况报告》，2017：236）。

国家语委主持的"普通话水平测试"（PSC）于1996年引入香港，已有7家大专院校设立测试机构。2004年以来，年平均参加人数超过6000人次。到2006年年底，香港参加普通话水平测试的人数已经达到35242人次（《中国语言生活状况报告》，2006：288）。从2006年到2016年的10年间，共建立14个普通话教学测试机构，共有12万人参加了普通话水平测试。从测试成绩来看，各个等级水平的都有，三甲、二乙的最多，两者占总人数的57%以上（《中国语言生活状况报告》，2017：235—236）。

现阶段，香港的口头语言主要有汉语和英语两种，其中汉语又包括普通话及粤语等方言，书面语言有中文和英文两种，中文和英文也是香港目前的法定语言。

香港语言生活现阶段的发展特点是，汉语普通话地位迅速上升，汉语粤方言、英语依然强势。

第二节　澳门语言生活概况

在葡萄牙人来到澳门之前，澳门是单一的汉语社会。葡萄牙人在

1553 年来到澳门，1849 年免向清朝政府交税，正式占领澳门。在 17—19 世纪，澳门有汉语、葡萄牙语等，当时澳门汉语主要是汉语粤方言。汉语和葡萄牙语互相吸收对方的语言成分。19 世纪中叶，英语在澳门出现了。但是自开埠以来，除了个别时期，澳门的华籍人数都占 90% 以上，那么毫无疑问地，汉语也是澳门老百姓一直以来最大的日常生活语言，这里的所说的汉语，主体是汉语粤方言（黄翊，2007：50—86）。

1998 年 3 月 26 日，澳门理工学院与国家语委普通话培训测试中心签订合作协议，成立了澳门第一家普通话培训及测试中心。普通话水平测试工作在澳门顺利开展。1998—2007 年，澳门人参加普通话测试的成绩，一乙、二甲、二乙、三甲、三乙、不入级占百分比分别为 8%、12%、17%、47%、15%、1%，人数最多的是三甲和二乙（陈茜，2009：83—87）。

根据《中国语言生活状况报告》（2013：309）调查，2013 年普通话在澳门的使用情况是：在家里，中小学生为 35.6%，大学生为 24.9%，公众为 15.1%；在学校，中小学生为 64.7%，大学生为 65.5%；在政府部门，中小学生为 2.9%，大学生为 7.5%，公众为 7.9%。

现阶段，澳门的口头语言主要有汉语、英语、葡萄牙语，其中汉语又包括普通话、粤语等汉语方言。书面语言有中文、英文和葡文三种，这里的中文是一种受到粤方言影响的、有时还带有葡萄牙语色彩并夹杂着英语单词的普通话书面语。中文和葡文也是澳门目前的法定语言。从使用的频率和规模来看，口头上，葡萄牙语远远比不上汉语；书面上，葡文更多的是见于过去的一些文件和出版物等，其他领域汉语相对要多见一些。鉴于澳门丰富的语言生活，有人把这里称为"语言博物馆"。

澳门语言生活现阶段的发展特点是，汉语普通话地位迅速上升，汉语粤方言依然强势，英语的使用人数超过葡萄牙语人数并进一步拉开距离。

第三节　广州语言生活概况

广州粤方言的历史非常悠久，有的学者认为粤语的形成跟秦始皇先后派遣大批军队进入岭南，设置南海郡、桂林郡、象郡有关。李新魁、黄家教等（1994：32—57）则把时间再往前推移，认为跟楚人南迁和楚方言扩展有关。应该说，很早的时候，广州最通行的应该是粤语。当然也还有其他汉语方言，不过比重很小。

广州的普通话推广工作是紧跟着中华人民共和国普通话推广工作开展的。1956年，国务院发布《关于推广普通话的指示》，并成立中央推广普通话工作委员会，普通话推广工作在全国开展。1959年，中共广州市委员会、广州市人民委员会出台《中共广州市委员会、广州市人民委员会关于积极推广普通话、促进文字改革的指示》，在此之前，广州已开办过7次中学、师范、小学推广普通话的骨干训练班和2次机关干部训练班。1992年，广东省委、省人民政府发布《中共广东省委、广东省人民政府关于大力推广普通话的决定》（以下简称《决定》）。《决定》要求，党政机关方面，"各级党政机关和人民团体要把普通话作为会议用语、宣传用语和接待外地人员的工作用语。要求省会、经济特区和沿海开放城市的机关团体要在1992年底前，其他市县的机关团体要在1993年底前达到这个要求"。在新闻单位，"主要用方言播音的广播电台、电视台，要逐步减少方言播音时间，增加普通话播音时间。从1992年起，面向学生、少年儿童的节目和教育节目，应全部使用普通话播出"。在教育领域，"大中城市、县城、乡镇的中小学应分别在1993年底、1994年底、1995年底前，做到各科教学和集体活动都使用普通话，1993年底前，各级师范院校和省属重点中学要使普通话成为校园语言。1995年底前，省会、经济特区、沿海开放城市的城市中小学校，要做到普通话成为校园语言。幼儿园要坚持用普通话教学，使受教育者从幼年起就养成讲普通话的习惯"。"学校推广普通话工作必须制度化。"《决定》还要求，"各级党委、政府要加强对语言文字工作的领导，要有一位负责同志分管这项工作，要制订推广普通话的规划和制度，并由党委、政府办公厅（室）负责督促检查。省语言文字工作委员会是全省语言文字工作的主管部门，负责协调和检查落实全省推广普通话工作"。广州的公交车、地铁很早就是普通话和粤语共同播报到站信息，大部分公共服务领域也基本具有普通话、粤语两种可选的交流方式。在教育领域，普通话很早就是教学语言了。对新闻工作者、教师等特定人员的普通话要求也按照国家的统一要求进行规范。

2000年10月31日，第九届全国人民代表大会常务委员会第十八次会议通过了《中华人民共和国国家通用语言文字法》，其中规定"国家通用语言文字是普通话和规范汉字"，这就确立了普通话作为国家通用语言的法律地位，为全国的普通话推广工作发挥了积极作用。在广州，普通话水平测试工作不断发展，普通话教学培训队伍正逐渐壮大。

时至今日，在广州，人们口语最重要的是普通话，其次是粤语。书面语言主要是普通话，粤语使用场合有限。

广州语言生活现阶段的发展特点是，汉语普通话和粤方言都发挥着重要作用。在地位上，普通话是法定的通用语言。在日常生活中，两者在不同的领域各有侧重，在教育领域，普通话是唯一的教学语言（外语课除外）。在行政、出版等领域，主要使用普通话；在人们的日常生活和家庭生活中，普通话和粤方言都占较大比重。随着外来人口的大量涌入，粤方言的比重将逐渐减小，普通话的比重将不断增加。人们普通话水平也将在各种有利因素的推动下不断提高。

第四节　本书的主要内容

香港、澳门分别在1997年7月1日、1999年12月20日回归祖国，我国政府先后恢复对两地行使主权。回归对香港、澳门各方面的发展都产生了积极的影响，也大大推动两地人们的普通话习得。加上现代社会日益发展，交通便利、通信发达、媒体丰富、人口流动频繁。这些都对今天的语言生活产生了深刻的影响，双语者数量快速增加，语言演变速度加快，语言生活不断进步。

在上述的语言环境和社会历史条件下，本书关注的是，香港、澳门人们的普通话语音习得现状如何？香港、澳门与同处于粤语广府片的广州相比，人们在普通话习得方面有什么共性表现？有什么差异情况？主要偏误是什么？如何在教学中把握重点、难点和采取有针对性的教学方法？本书的研究内容主要是广州、香港、澳门三地双语人群普通话语音习得的现状、机制与规律，以及相关的教学问题。

穗、港、澳三地的发音人各10人，均是5男5女，共30人。30人都是当地在读大学生，土生土长，听力与发音正常，都能熟练地说普通话、粤语、英语，普通话水平大致相当。当然，发音人之间的普通话水平也存在一定差异。各发音人的普通话例字、例词、例句情况如下。单字音部分，声调发音例字共 28 个，每个声调 7 个字。声母发音例字共 115 个，其中零声母 10 个字，其他 21 个辅音声母每个声母 5 个字。韵母发音例字共 191 个，其中 ê 韵母 1 个字，其他 38 个韵母每个 5 个字。单字部分共有发音例字 334 个。二字组部分共 128 个词。语调部分共 4 个句子，要求用陈述、疑问、感叹 3 种语气说出来。所有的发音材料均需要每位发音人发两遍音，把所有的材料读完之后再读一遍，而不是每个字词句当时就重复读两遍。发音材料详情请看附录。

标准普通话发音人语料来自国家语言文字工作委员会普通话培训测试中心（2004）编制的《普通话水平测试实施纲要》的随书光盘中的录音。无论是男性发音人还是女性发音人，每个声韵调的例字数量不一，视光盘语料情况而定，从几十个到上百个都有。

第 二 章

普通话与穗、港、澳三地粤语的语音系统

语言习得研究，第一个基本问题就是要研究习得者的母语及目的语。这也是对比分析理论、偏误分析理论以及其他语言习得理论的前提。对于穗、港、澳三地人们的普通话习得而言，粤语是当地很多人从小就习得的母语，普通话是后来在学校等环境中习得的，可以视为目的语①。本章先描写普通话及穗、港、澳三地粤语语音系统，以此作为研究的基础。

第一节 普通话语音系统

一 普通话的韵母系统②

我们根据声学实验的结果和音位归纳的基本原则，对普通话的韵母系统进行归纳，提出两种方案，第一种方案比较注重韵母的实际音值，③第二种方案比较重视音标符号的简洁性。我们后文的分析使用第一种方

---

① 根据周小兵（2017：10），目的语指学习者正在学习的语言，其外延非常广，可以包括第一语言、第二语言、母语、外语、本族语、非本族语、标准语、方言等。
② 除了本次研究，贝先明（2012）也曾对标准普通话的单元音进行过声学实验分析。
③ 第一种方案只能是说比较注重韵母的实际音值，还说不上是严式标音，例如 a 就没有区分 [a] [ᴀ] [ɑ] 3 个变体，这样做是为了行文和阅读的方便。如果要了解各个韵母实际的音值，请看表"2.1 普通话韵母的音值"。另外，在普通话和绝大多数汉语方言里，i、u 充当韵尾时，只是表示发音的目标，实际发音往往并不到位，如 au 的音值是 [ɑɔ]，但是我们仍然写作 i、u。一是为了跟传统记音方案保持一致，二是这种不到位有人际差异，也就是每个人不到位的程度可能存在一定程度的差异。此外，i、u、y 充当韵头时，少数情况下，部分发音人也可能存在发音不到位的情况，我们根据前述理由，仍然记作 i、u、y。

案。第一种方案如下。

ɿ	i	u	y
ʅ			
a	ia	ua	
ɤ			
o		uo	
ɚ			
	ie		ye
ai		uai	
au	iau		
ei		uei	
ou	iou		
an	ian	uan	yan
en	ien	uen	yen
aŋ	iaŋ	uaŋ	
ɤŋ	iŋ	uɤŋ	yɤŋ
		uŋ	

根据声学实验，普通话各个韵母的实际音值见表2.1。

表2.1　　　　　　　普通话韵母的音值①

音位	实际音值		例字
	男性发音人	女性发音人	
ɿ	[ɿ]		资丝
ʅ	[ʅ]		知诗
i	[i]		逼衣
u	[u]		不吴
y	[y]		居鱼
a	[A]		八阿

---

① 为了行文的方便，本文所有的音位符号均不加"/ /"符号，同时，为了区分音位符号和实际的音值符号，音值符号均加"[ ]"符号。

第二章　普通话与穗、港、澳三地粤语的语音系统　/　9

续表

音位	实际音值 男性发音人	实际音值 女性发音人	例字
ɤ	[ɯɤ]		得鹅
o	[uo]		波婆
ê	[ɛ]		欸
ia	[iA]		加鸭
ua	[uA]，[u] 偏低偏前		瓜挖
uo	[uɔ]，[ɔ] 略前		多窝
ie	[iE]		憋椰
ye	[yE]		觉约
ai	[Aɛ]	[ɐe]	白哀
au	[ɑo]，[ɑ] 略前	[ɑo]，[ɑ] 略前、略高	包凹
ei	[əi]，[ɪ] 略低	[ɜi]	杯得
ou	[oʊ]，[o] 略前	[ʊə]，[ə] 略后	剖欧
uai	[uɐE]，[ɐ] 略前	[oɐE]，[o] 略前，[ɐ] 略前	乖歪
iau	[ɕɑʊ]，[ɔ] 略高	[iɔʊ]，[ɔ] 略后	标腰
uei	[uei]，[u] 偏前	[uei]，[u] 偏前，[e] 略后	归微
iou	[iəʊ]	[ioʊ]	丢优
ɤ˞	[ɤ˞]，[ɤ] 略前，[ə] 略高	[ɤ˞]，[ɐ] 略后，[ə] 略前	二耳
an	[An]，[A] 略前	[An]	班安
en	[ɜn]	[ɜn]，[ɜ] 略前	奔恩
ian	[iæn, æ] 略高略后	[iɛn]，[ɛ] 略后	边烟
uan	[oɐn]，[ɐ] 略前	[oAn]	酸弯
yan	[yæn]，[æ] 略高略后	[yɐn]	宣渊
ien	[ien]，[e] 略高略后	[ien]，[e] 略高略后	宾音
uen	[uɜn]，[ə] 略高	[uɜn]，[u] 略前，[ə] 略高	蹲温
yen	[yen]，[e] 略后	[yɜn]，[ə] 略高	熏晕
aŋ	[Aŋ]，[A] 略高		帮昂
ɤŋ	[ɜŋ]，[ɜ] 略后		进亨
uŋ	[oŋ]	[oŋ]，[o] 略前	松轰
iaŋ	[iAŋ]	[iAŋ]，[A] 略高	相央
uaŋ	[uɐŋ]，[u] 略前，[ɐ] 略后	[uɑŋ]，[ɑ] 略前	慌汪

续表

音位	实际音值		例字
	男性发音人	女性发音人	
iɤŋ	[ieŋ]	[ioŋ]、[ɐ] 略前	兵英
uɤŋ	[uɤŋ]	[uʌŋ]、[ʌ] 偏前	翁瓮
yɤŋ	[yɤŋ]、[ɤ] 略高	[yɤŋ]	兄拥

考虑到互补原则，我们还可以将上述韵母系统减少一个音标，即将 ɤ、e 两个音标合并为一个，记为 ə①。具体来说，就是将 ɤ、ie、ye、ɤˇ、ei、uei、en、ien、uen、yen、ɤŋ、iɤŋ、uɤŋ、yɤŋ 分别记为 ə、iə、yə、əˇ、əi、uəi、ən、iən、uən、yən、əŋ、iəŋ、uəŋ、yəŋ。在音系上也可以作如下理解：这些韵母中的 ə，受到介音 i、y 或韵尾 i、n 的影响，实际音值为 e；受到韵尾 ŋ 的影响，实际音值为 ɤ。那么普通话的韵母系统还可以归纳成如下的第二种方案。

ɿ	i	u	y
ʅ			
a	ia	ua	
ə	iə		yə
o		uo	
əˇ			
ai		uai	
əi		uəi	
au	iau		
ou	iou		
an	ian	uan	yan
ən	iən	uən	yən
aŋ	iaŋ	uaŋ	
əŋ	iəŋ	uəŋ	yəŋ
		uŋ	

---

① 为了印刷或手写的方便，也可以记为 e。

二 普通话的声母系统

根据声学实验的结果和音位归纳的基本原则,普通话的声母系统可归纳如下。

p   pʰ   m   f
t   tʰ   n   l
ts   tsʰ   s
tʂ   tʂʰ   ʂ   ɻ
tɕ   tɕʰ   ɕ
k   kʰ   x
ø

表2.2　　　　　　　　　普通话声母系统

声母	声母例字	声母	声母例字	声母	声母例字	声母	声母例字	声母	声母例字
p	疤逼布	pʰ	趴批铺	m	妈咪摸	f	发飞夫		
t	答低多	tʰ	他梯拖	n	拿泥奴			l	拉离炉
ts	渣资租	tsʰ	岔雌粗			s	纱撕苏		
tʂ	渣只朱	tʂʰ	插吃出			ʂ	沙诗书	ɻ	然日如
tɕ	家鸡狙	tɕʰ	掐期区			ɕ	虾西需		
k	甘归姑	kʰ	刊亏哭			x	哈黑呼		
ø	阿衣乌								

声母音值的说明如下。

跟上海话的 p、t、k 相比,普通话的 p、t、k 发音相对较弱,在发音上表现为持阻阶段时间较短,口腔内聚集的空气压力较小,发音较"软",在声学上表现为闭塞段时间较短。

塞擦音塞的部分和擦的部分在发音部位上是相同的。例如 tʂ 的实际音值是 [tʂ],tɕ 的实际音值是 [tɕ]。

零声母在齐齿呼、合口呼、撮口呼、开口呼前往往分别是 [j]、[w]、[ɥ]、[ɣ] 或 [ʔ]。齐齿呼、合口呼、撮口呼的这种表现比开口呼明显。

ɻ在不同的人、不同的语体中,摩擦程度有差别。

三 普通话的声调系统①

根据声学实验的结果和音位归纳的基本原则,普通话的声调系统可归纳如下。

阴平　55
阳平　35
上声　213
去声　51

根据声学实验,普通话各个声调的实际音值见表 2.3。

表 2.3　　　　　　　　普通话声调的音值

音位	实际音值		例字
	男性发音人	女性发音人	
55	44	55	八低都
35	35	335	拔敌独
213	213		把底赌
51	51		霸地度

第二节　粤语语音系统②

一 粤语的韵母系统③

　　　　　i　　u　　y

---

① 除了本次研究,贝先明(2012)也曾对标准普通话的声调进行过声学实验分析。

② 除了特别说明之外,本书中的粤语均指广州市区的粤语。香港粤语、澳门粤语的语音系统跟广州市区的粤语高度相似。《广州话音档》(李新魁、陈慧英、麦耘,1995)跟《香港话音档》(张双庆、林建平,1999)各自所记的语音系统完全一样。当然,三地语音系统也有一些差异,尤其是澳门的声调相对简单。详情见表 2.4 和表 2.5。

③ 韵母系统来自李新魁等《广州方言研究》(广东人民出版社 1995 年版,第 26—27 页)。向柠、贝先明(2013)也对广州方言的单元音进行过声学实验分析。韵母表中,用□框住的韵母,表示仅用于少数口语词中。

第二章　普通话与穗、港、澳三地粤语的语音系统　/　13

a
ɛ
œ
ɔ
ai
ɐi
ei
ɔi
　　　　ui
au
ɐu
ou
ɛu
　　　iu
ɵy
am
ɐm
ɛm
　　　im
an
ɐn
ɵn
ɛn
ɔn
　　　in　　un　　yn
aŋ
ɐŋ
ɛŋ
eŋ
œŋ

ɔŋ
oŋ
ap
ɐp
  ip
ɛp
at
ɐt
œt
ɵt
ɛt
ɔt
  it ut yt
ak
ɐk
ɛk
ek
œk
ɔk
ok
m̩
ŋ̍

韵母的音值说明如下。

  主要元音有 11 个，其中单元音 a、ɛ、œ、ɔ、i、u、y 为长元音，ɐ、e、ɵ、o 为短元音。长短元音除了时长上有长短之分，舌位上也有高低之别（有的短元音还偏央）。入声韵以外的韵母（舒声韵）并不因元音的长短而形成长短韵母，因为响音韵尾在起调剂作用。例如，am 中的 a 较长，m 就短，ɐm 中的 ɐ 较短，m 就相应延长，整个韵母的时长大致上仍与 am 一样长。

o、e 元音各有两个变体：在 ou、ei 中是标准元音 [o] [e]，在软腭韵尾韵的 oŋ、ok 和 eŋ、ek 中则略高，近于 [ʊ] [ɪ]，并且都略偏央。ɵ 元音实际上略偏前，较 [ø] 略后。

εu、εm、εn、εp、εt 为老派广州话所无，只见于新派广州话。

二　粤语的声母系统①

p	pʰ	m	f	
t	tʰ	n		l
ʧ	ʧʰ	ʃ		j
k	kʰ	ŋ	h	
kʷ	kʷʰ			w
ø				

声母音值说明如下。

j 是舌叶或偏前的舌面中音。与圆唇元音相拼时有圆唇性的变体 [ɥ]，如"于"（jy）。

kʷ、kʷʰ、w 是唇化声母，有一套唇齿化的变体，即 kʋ、kʋʰ、ʋ。

三　粤语的声调系统

根据声学实验的结果和音位归纳的基本原则，粤语的声调系统可归纳如下。

上阴平	53
下阴平	55
阳平	31
阴上	225
阳上	223
阴去	43
阳去	32
上阴入	<u>55</u>

---

① 声母系统来自李新魁等《广州方言研究》（广东人民出版社 1995 年版，第 26—27 页）。送气符号在该书中记为 '，本书改为 ʰ。另外 kʷ、kʷʰ 两个声母在该书中记为 kw、kw'。

下阴入　　43
阳入　　　32

根据声学实验（贝先明、向柠，2014），穗、港、澳三地粤语声调的实际音值见表2.4和表2.5。

表2.4　　穗、港、澳三地粤语声调调值表（分性别）

		上阴平	下阴平	阳平	阴上	阳上	阴去	阳去	上阴入	下阴入	阳入
广州粤语	女性	55	44	31	225	223	43	32	55	43	32
	男性	53	44	31	225	223	33	32	55	33	32
香港粤语	女性	55	44	31	225	223	43	32	55	42	42
	男性	55	44	31	225	223	33	32	55	43	32
澳门粤语	女性	55	44	41	324	324	43	43	55	43	43
	男性	55	54	41	324	324	33	32	55	43	43

在声学实验的基础上，根据音位归纳的基本原则，将穗、港、澳三地粤语的声调系统归纳成表2.5。

表2.5　　穗、港、澳三地粤语声调调值表（不分性别）

	上阴平	下阴平	阳平	阴上	阳上	阴去	阳去	上阴入	下阴入	阳入
广州粤语	53	55 / 55	31	225	223	43 或 33	32	55	43 或 33	32
香港粤语	55		31	225	223	43 或 33	32	55	42 / 43	32
澳门粤语	55		41	324		43 / 33	32	55	43	

图中阴影部分的左右两个调类，表示在部分发音人的发音中正在合并为一个调类。而部分发音人已经合并。也就是说，部分广州人上阴平念53，下阴平念55，还有部分广州人上阴平、下阴平已经合并，念55。部分澳门人阴去念33，阳去念32，还有部分澳门人阴去、阳去已经合并，念43。部分香港人下阴入念43，阳入念32，还有部分香港人下阴入、阳

入已经合并，念42。

第三节 普通话语音与粤语语音的对比

在描写了普通话的语音系统与粤语语音系统后，我们在本次研究中将普通话语音分为三类：与粤语相同的语音、与粤语相似的语音、与粤语相异的语音。

一 韵母的对比

普通话跟粤语相同的韵母有 10 个：i、u、y、a、ai、au、an、ou、aŋ、uŋ①。

普通话跟粤语相似的韵母有 20 个：o（跟粤语的 ɔ 相似）、ia（跟粤语的 ja 音节相似）、ua（跟粤语的 wa 音节相似）、ie（跟粤语声母的 jɛ 音节相似）、uo（跟粤语的 wɔ 音节相似）、ei（跟粤语的 ei 音节相似）②、uai（跟粤语的 wai 音节相似）、uei（跟粤语的 wei 音节相似）、iau（跟粤语的 jau 音节相似）、iou（跟粤语的 iu 韵母相似）、uan（跟粤语的 wan 音节相似）、ien（跟粤语的 in 韵母相似）、uen（跟粤语的 un 韵母相似）、yen（跟粤语的 yn 韵母相似）、iaŋ（跟粤语的 jaŋ 音节相似）、uaŋ（跟粤语的 waŋ 音节相似）、ɤŋ（跟粤语的 ɛŋ 韵母相似）、iɤŋ（跟粤语的 jɛŋ、jeŋ 音节相似）、uɤŋ（跟粤语的 weŋ 的音节相似）、yɤŋ（跟粤的 yŋ 韵母相似）。

普通话跟粤语相异的元音有 8 个：ɿ、ʅ、ɤ、ɚ、ye、ian、yan、en③。

二 声母的对比

普通话跟粤语相同的声母有 10 个：p、pʰ、m、f、t、tʰ、n④、l、

---

① 普通话 uŋ 韵母的实际音值是 [oŋ]，跟粤语的 oŋ 韵母的音值相同。
② 穗、港、澳三地粤语 ei 的音值为 [ei]，而普通话 ei 的音值为 [əɪ]（男性发音人）、[ɜɪ]（女性发音人），普通话的音值低、后一些。
③ 普通话 en 韵母虽然跟粤语 ɛn 韵母相似，但是后者涉及的字太少，极少用。根据李新魁等《广州方言研究》（1995：189）的同音字表，ɛn 仅有"虔"（又音）、"囗"（朋友，来自英语的 friend）两个字。
④ 此处对于 n、l 对立的部分粤语发音人来说，是相同。

k、kʰ。

普通话跟粤语相似的辅音有 10 个：x（跟粤语的 h 相似）、ts（跟粤语开口呼和合口呼韵母前的 ʧ 相同）、tsʰ（跟粤语开口呼和合口呼韵母前的 ʧʰ 相同）、s（跟粤语开口呼和合口呼韵母前的 ʃ 相同）。tʂ 与 tɕ（跟粤语齐齿呼和撮口呼韵母前的 ʧ 相似①）、tʂʰ 与 tɕʰ（跟粤语齐齿呼和撮口呼韵母前的 ʧʰ 相似）、ʂ 与 ɕ（跟粤语齐齿呼和撮口呼韵母前的 ʃ 相似）。

普通话跟粤语相异的辅音有 2 个：n②、ɻ。

三　声调的对比

普通话跟粤语相同的声调有 1 个：阴平 55（跟粤语的阴平尤其是下阴平 55 相同）。

普通话跟粤语相似的声调有 2 个：阳平 35（跟粤语的阴上 225、阳上 223 相似）、上声 213（跟粤语的阴上 225、阳上 223 相似）。

普通话跟粤语相异的声调有 1 个：去声 51。

第三节　粤语区人们普通话语音
习得的难点预测

目的语跟母语相似和相异的语音都会给习得者造成一定的习得难度。至于哪种性质语音的习得难度更大，则需要具体讨论。一般地，在习得的初级阶段，相异的语音习得难度相对较大；在习得的中级、高级阶段，相似的语音习得难度相对较大。原因是在习得初级阶段，相异的语音感知凸显度大，容易引起习得者的注意，并让其发音在较短的时期内作出较大改变，教师能够看到习得者的进步。相似的语音感知凸显度不够大，更容易发生负迁移，而且在较短时期内很难看到习得者较大的进步，成为习得中级、高级阶段的难点。当然，影响习得的因素非常多，相似、

---

① 普通话 tɕ、tɕʰ、ɕ 跟粤语齐齿呼及撮口呼韵母前的 ʧ、ʧʰ、ʃ 的相似点在于发音部分接近，发音方法都是塞擦音。普通话 tʂ、tʂʰ、ʂ 跟粤语齐齿呼及撮口呼韵母前的 ʧ、ʧʰ、ʃ 的相似点不但表现在发音部位较近，而且表现在发音时，舌头后缩、翘起，在舌下与下龈之间形成一个空间，即出现舌下腔。

② 此处对于 n、l 相混读为 l 的部分粤语发音人来说，是相异的。

相异的语音的习得情况在其他因素制约下,对习得的影响将更为复杂。详情请看"第九章第五节关于通用语习得与迁移理论、标记性理论及制约因素"。

根据普通话与粤语的语音对比,我们初步对粤语区人们普通话语音习得的难点作出如下预测(见表2.6)。

表2.6　穗、港、澳三地粤语区人们普通话语音习得的主要难点预测

	习得初级阶段的难点	习得中级、高级阶段的难点
韵母	ɿ、ʅ、ɤ、ɤ̆、ye、ian、yan、en	o、ia、ua、ie、uo、ei、uai、uei、iau、iou、uan、ien、uen、yen、iaŋ、uaŋ、ɤŋ、iɤŋ、uɤŋ、yɤŋ
声母	n①、ɻ	x、ts、tsʰ、s、tʂ、tʂʰ、ʂ、tɕ、tɕʰ、ɕ
声调	51	35、213

当然,以上难点预测仅仅根据目的语和母语语音的对比情况得出,会存在一定的偏差,因为习得难度还受到其他很多因素的制约,例如语音的标记性、组合度、学习策略、教学方法等,甚至是音位与语言单位②的匹配情况——即使母语和目的语有相同的音位,但是这个音位涉及的具体语言单位在母语和目的语中是不同的,那么这种相同的音位,在习得中未必会带来正迁移,或者未必会带来很明显的正迁移。例如某个方言的阳平跟普通话的上声具有相同的声调调值213,但是该方言213调值涉及的字是阳平字,而普通话213调值涉及的是上声字,即两者的213与具体的字(严格说应是语素)对应情况不一样,那么这个方言阳平213的调值,未必能在普通话上声的习得上发挥很好的正迁移作用。

对比分析只是习得分析的前提之一,并不是全部的前提。

---

① 此处对于粤语发音n、l相混读为l的部分粤语发音人来说,是相异的。
② 这里的语言单位是指音义结合的语言单位,例如词汇单位、语法单位。

第 三 章

穗、港、澳三地普通话单元音习得的声学分析

第一节 元音声学实验的方法

元音共振峰数据提取使用我们汉化修改后的 Praat 语音软件。元音三维图画法采用王萍、贝先明、石锋（2010）提出的三维空间画法，分别用第一共振峰（F_1）、第二共振峰（F_2）、第三共振峰减第二共振峰（$F_3 - F_2$）作为元音三维空间的三个维度，即 x 轴、y 轴、z 轴。三维空间能够很好地解决二维空间中某些元音（例如 ɿ 与 ʅ，i 与 y 等）声学空间区别度较小的问题。为了分析和比较的方便，我们将元音三维空间的立体图拆解为二维空间平面图，本文选择 $F_1 \sim F_2$ 平面和 $F_1 \sim (F_3 - F_2)$ 平面来对元音进行考察。

本次实验，单元音三维图的坐标刻度采用 Bark 值和 V 值两种标度，复元音、鼻尾元音、卷舌元音采用 V 值一种标度。

第一种标度是 Bark 值标度。具体计算方法是，首先通过声学实验测量得到一个发音人各待测元音的第一共振峰（F_1）、第二共振峰（F_2）、第三共振峰减第二共振峰（$F_3 - F_2$）[①] 的 Hz 值，再根据公式 3—1（Schroeder 等，1979）：

---

① 为了公式书写的方便，$F_3 - F_2$ 在涉及公式时写成 F_{3-2}，相应地，$B_3 - B_2$、$V_3 - V_2$ 分别写成 B_{3-2}、V_{3-2}。

$$Bark = 7 \ln\{(f/650) + [(f/650)^2 + 1]^{1/2}\} \qquad (3—1)$$

分别把该发音人各待测元音的 F_1、F_2、F_{3-2} 的 Hz 值换算成 Bark 值，得到 B_1、B_2、B_{3-2}，每个发音人都照此求出各待测元音的 B_1、B_2、B_{3-2}，然后根据所有男性（或者女性）[①] 发音人的各待测元音的 B_1、B_2、B_{3-2} 绘制基于 Bark 值标度的元音三维图。绘图分两步，第一步以 B_2 为 x 轴坐标、以 B_1 为 y 轴坐标，并且把坐标的原点置于右上角，便得到元音三维空间图的 $F_1 \sim F_2$ 平面。第二步以 B_{3-2} 为 x 轴坐标、以 B_1 为 y 轴坐标，并且把坐标的原点置于左上角，便得到元音三维空间图的 $F_1 \sim (F_3 - F_2)$ 平面。为了在图上兼顾 Hertz 值与 Bark 值的对应，Bark 值标度的元音图的刻度采用 Bark，但同时在横坐标的 500Hz、1000Hz、1500Hz、2000Hz、2500Hz、3000Hz、3500Hz、4000Hz 等对应的 Bark 值处以及纵坐标的 200Hz、400Hz、600Hz、800Hz、1000Hz、1200Hz、1400Hz 等对应的 Bark 值处标上相应的 Hertz 数值。Bark 值是对共振峰 Hz 数据进行相对化的结果，是一种基于听感的单位，采用它作为三维图的标度是为了使声学图中各元音的分布关系更接近人耳的听感。Li Aijun 等（2013）采用 Bark 标度的元音图分析过不同情感语音状态下元音的声学空间，得到了元音的不同声学空间与不同的情感的对应规律。

第二种标度是 V 值标度。具体计算方法是，在 Bark 值的基础上，利用石锋、冉启斌、王萍（2010）提出的基于统计分析的 V 值公式把各待测元音第一共振峰的 Bark 值（B_1）、第二共振峰的 Bark 值（B_2）、第三共振峰减第二共振峰的 Bark 值（B_{3-2}）分别换算成 V_1 值、V_2 值、V_{3-2}，公式如下：

$$V_1 = \{[B_1 x - B_1(min - SDmin)]/[B_1(max + SDmax) - B_1(min - SDmin)]\} \times 100 \qquad (3—2)$$

$$V_2 = \{[B_2 x - B_2(min - SDmin)]/[B_2(max + SDmax) - B_2(min - SDmin)]\} \times 100 \qquad (3—3)$$

$$V_{3-2} = \{[B_{3-2} x - B_{3-2}(min - SDmin)] / [B_{3-2}(max + SDmax) - B_{3-2}(min - SDmin)]\} \times 100 \qquad (3—4)$$

[①] 本次实验我们男女分组画图。如果其他研究不需要男女分组画图，可以将男、女发音人的数据统计在一起画图和分析。

以一个发音人 V_1 的计算为例，公式中 B_1（max + SDmax）是该发音人所有元音 F_1 的 Hz 平均值中的最大值加上最大值的标准差后再得到的 Bark 值，B_1（min − SDmin）是该发音人所有元音 F_1 的 Hz 平均值中的最小值减去最小值的标准差后再得到的 Bark 值，① B_1x 是该发音人某个元音 F_1 的 Hz 平均值的 Bark 值。将这些数据代入公式，即可求得该发音人某个元音的 V_1。该发音人某个元音的 V_2、V_{3-2} 照此求出。最后将所有男性发音人的 V_1 求平均值，V_2、V_{3-2} 也分别求平均值，根据这些平均值，就可以画出图 3.10。总体计算思路是，每个发音人先独立归一化（单独求出每个发音人各待测元音的 V_1、V_2、V_{3-2}，即所谓的每个人的语音自成系统），然后将所有男性（或所有女性）② 各待测元音的 V_1、V_2、V_{3-2} 分别平均，最后画图。再简单一点说，就是"先各人归一化，再所有人（或分组）平均"的原则。画图分两步，第一步以 V_2 为 x 轴坐标、以 V_1 为 y 轴坐标，并且把坐标的原点置于右上角，便得到元音三维空间图的 $F_1 \sim F_2$ 平面。第二步以 V_{3-2} 为 x 轴坐标、以 V_1 为 y 轴坐标，并且把坐标的原点置于左上角，便得到元音三维空间图的 $F_1 \sim (F_3 - F_2)$ 平面。V 值是对共振峰 Hz 数据进行归一化的结果，采用它作为三维图的标度是为了过滤掉不同发音人的个性发音差异，保留元音之间相对关系的共性特征，便于不同语言或方言及不同发音人之间的语音比较。

---

① F_1 的最大值一般是 a，最小值一般是 i。F_2 的最大值一般是 i，最小值一般是 u 或 o。F_{3-2} 的最大值一般是 u 或 o，最小值一般是 y 或 e。但是也有例外，个别方言例如长沙方言 F_1 的最大值就不是 a，而是 ai 中的 a。有的方言某些发音人的 F_1 的最小值可能也不是 i，而是 y。因此，寻找 V 值公式中的 max、min 时，需要考察该发音人所有元音（包括单元音、复元音、鼻尾元音、鼻化元音等）。当然，更具体地讲，应该是所有元音中的顶点元音，即一个语言或方言那些处于元音三角或四角的边上的元音，如 i、y（以上是前高元音）、a、Œ、ʌ、ɑ、ɒ（以上是低元音）、u、ɯ（以上是后高元音），有些方言 o 比 u 的 F_2 值更小，所以 o 也应该纳入考察范围。一般情况，优先考虑单元音，单元音的实际音值不是相应的标准元音时，再考虑非单元音。例如有些方言的低元音的音值如果不是 [a] [Œ] [ʌ] 而是 [ɑ] [ɒ] 之类，则需要将该低元音跟所有复元音、鼻化元音、鼻尾元音中的 a 进行比较，寻找最大的 F_1 值，这时候所有复元音、鼻化元音、鼻尾元音中的 a 都纳入考察。例如长沙方言的单元音 a，实际上是 [ɑ]、[ɒ]，经过比较长沙方言所有复元音、鼻化元音、鼻尾元音中的 a，我们发现 ai 中 a 的 F_1 值最大，比单元音 a 大，因此分析长沙方言时代入公式的 B_1（max + SDmax）中的 max，其实是 ai 中 a 的 Hertz 平均值。

② 本次实验我们男女分组画图。如果其他研究不需要男、女分组画图，可以将男、女发音人的数据统计在一起画图和分析。

每一个单元音都可以根据它的 Bark 值和 V 值在三维空间图中确定它的位置。三维空间图可以反映各单元音之间的分布关系，体现各元音之间声学上和生理上的相对位置关系。V_1值对应元音的高低，最大值为 100，表示舌位最低，最小值为 0，表示舌位最高。在前元音中，V_1 在 0—20 之间是高元音，在 20—80 之间是中元音，在 80—100 之间是低元音。在央元音中，V_1 在 0—25 之间是高元音，在 25—75 之间是中元音，在 75—100 之间是低元音。在后元音中，V_1 在 0—30 之间是高元音，在 30—70 之间是中元音，在 70—100 之间是低元音。[①] V_2值对应舌位的前后，最大值为 100，表示舌位最前，最小值为 0，表示舌位最后。在高元音中，V_2 在 0—20 之间是后元音，在 20—80 之间是央元音，在 80—100 之间是前元音。在中元音中，V_2 在 0—30 之间是后元音，在 30—70 之间是央元音，在 70—100 之间是前元音。在低元音中，V_2 在 0—40 之间是后元音，在 40—60 之间是央元音，在 60—100 之间是前元音。这个划分只是一个大致的参考（时秀娟，2006，石锋、时秀娟，2007）。V_1、V_2 值与单元音的高低前后位置关系可以抽象成图 3.1（向柠、贝先明，2013）。

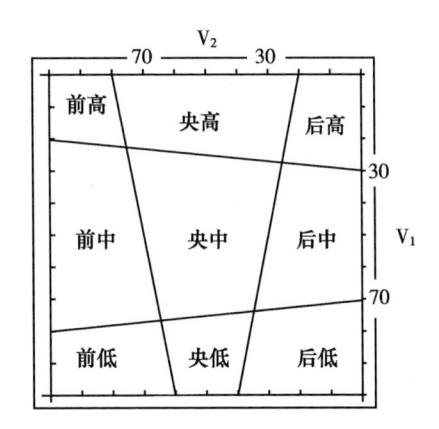

图 3.1　V 值图的元音高低前后位置关系

---

① 原作者（时秀娟，2006；石锋、时秀娟，2007）关于 V_1 与高中低元音的对应关系的表述是"高元音的 V_1 值一般在 0—30 之间，中元音在 30—70 之间，低元音在 70—100 之间。"我们综合时秀娟（2006）有关汉语方言元音的声学数据、孙雪（2009）有关 26 种自然语言元音的声学数据和 11 位学者所发国际音标元音的声学数据，对 V_1 与元音高低的对应关系稍加调整。同时强调，这种对应关系仍是一个大致的参考。

第二节　标准普通话和穗、港、澳三地普通话单元音的声学实验[①]

标准普通话和穗、港、澳三地普通话单元音的元音图如下（见图3.2—图3.18）。

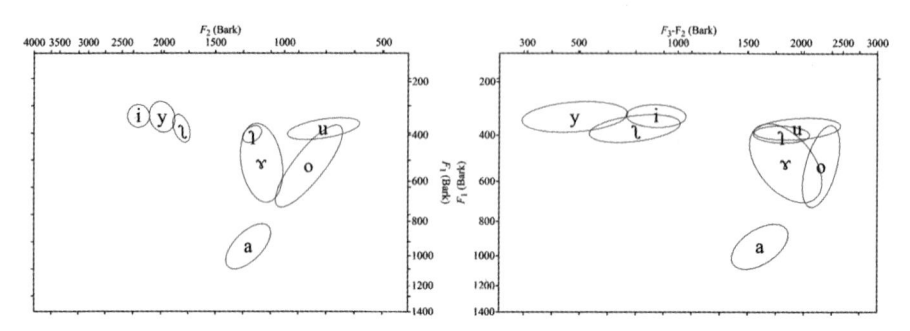

图3.2　标准普通话男性发音人单元音 Bark 值图

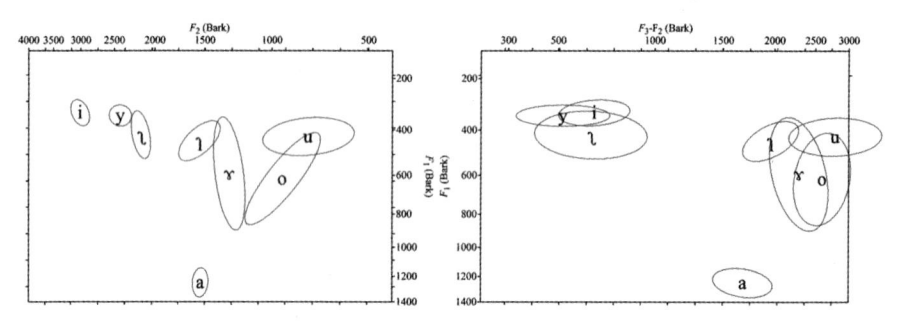

图3.3　标准普通话女性发音人单元音 Bark 值图

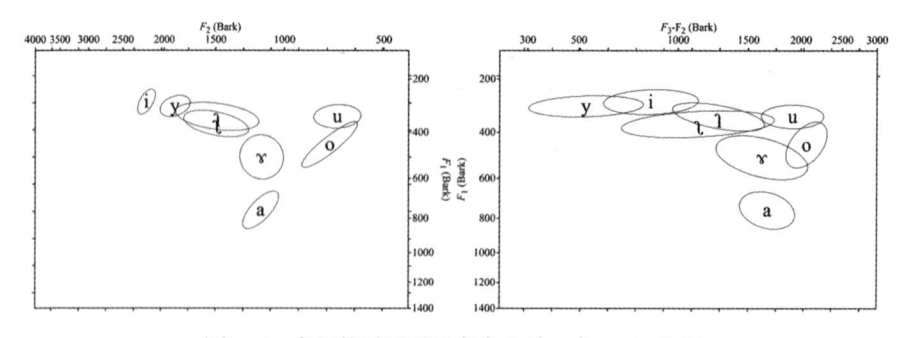

图3.4　广州普通话男性发音人单元音 Bark 值图

---

① 由于《普通话水平测试实施纲要》光盘中缺乏 ê 韵母的发音语料，因此本章有关穗、港、澳三地普通话单元音习得的实验分析也不对该元音进行分析。

第三章 穗、港、澳三地普通话单元音习得的声学分析 / 25

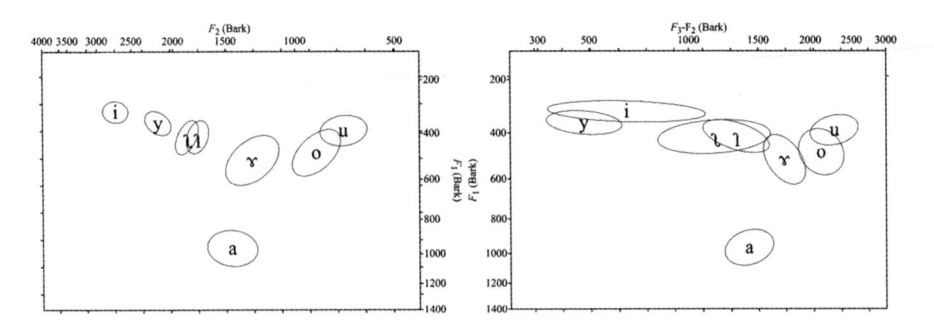

图 3.5 广州普通话女性发音人单元音 Bark 值图

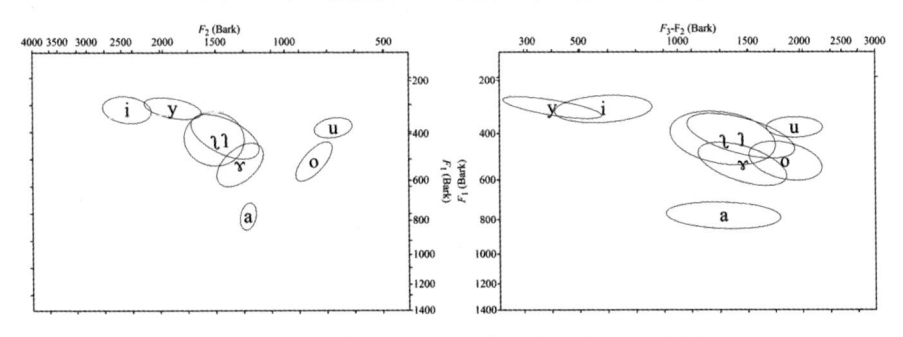

图 3.6 香港普通话男性发音人单元音 Bark 值图

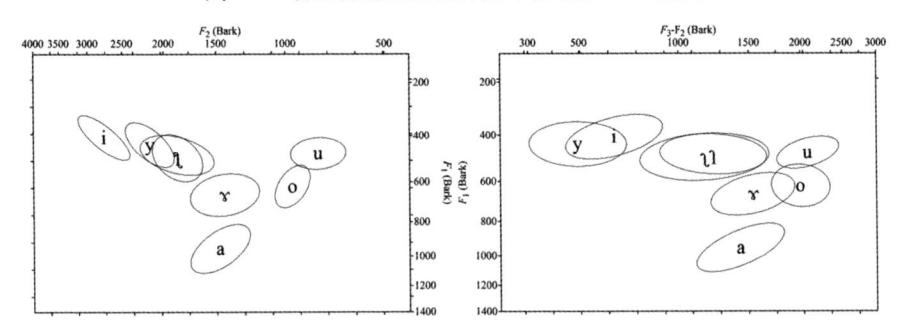

图 3.7 香港普通话女性发音人单元音 Bark 值图

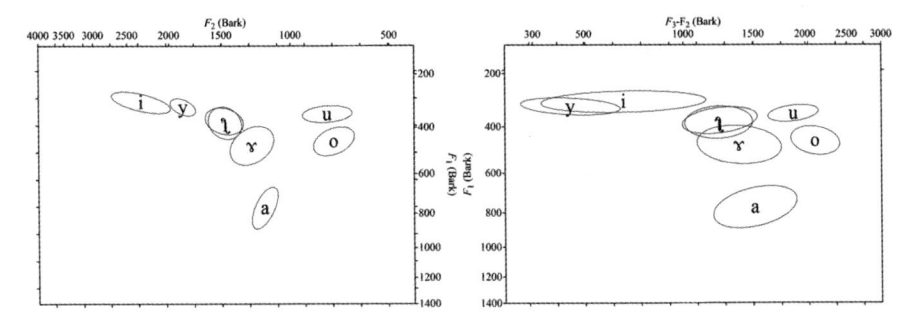

图 3.8 澳门普通话男性发音人单元音 Bark 值图

图 3.9　澳门普通话女性发音人单元音 Bark 值图

图 3.10　标准普通话男性发音人单元音 V 值图

图 3.11　标准普通话女性发音人单元音 V 值图

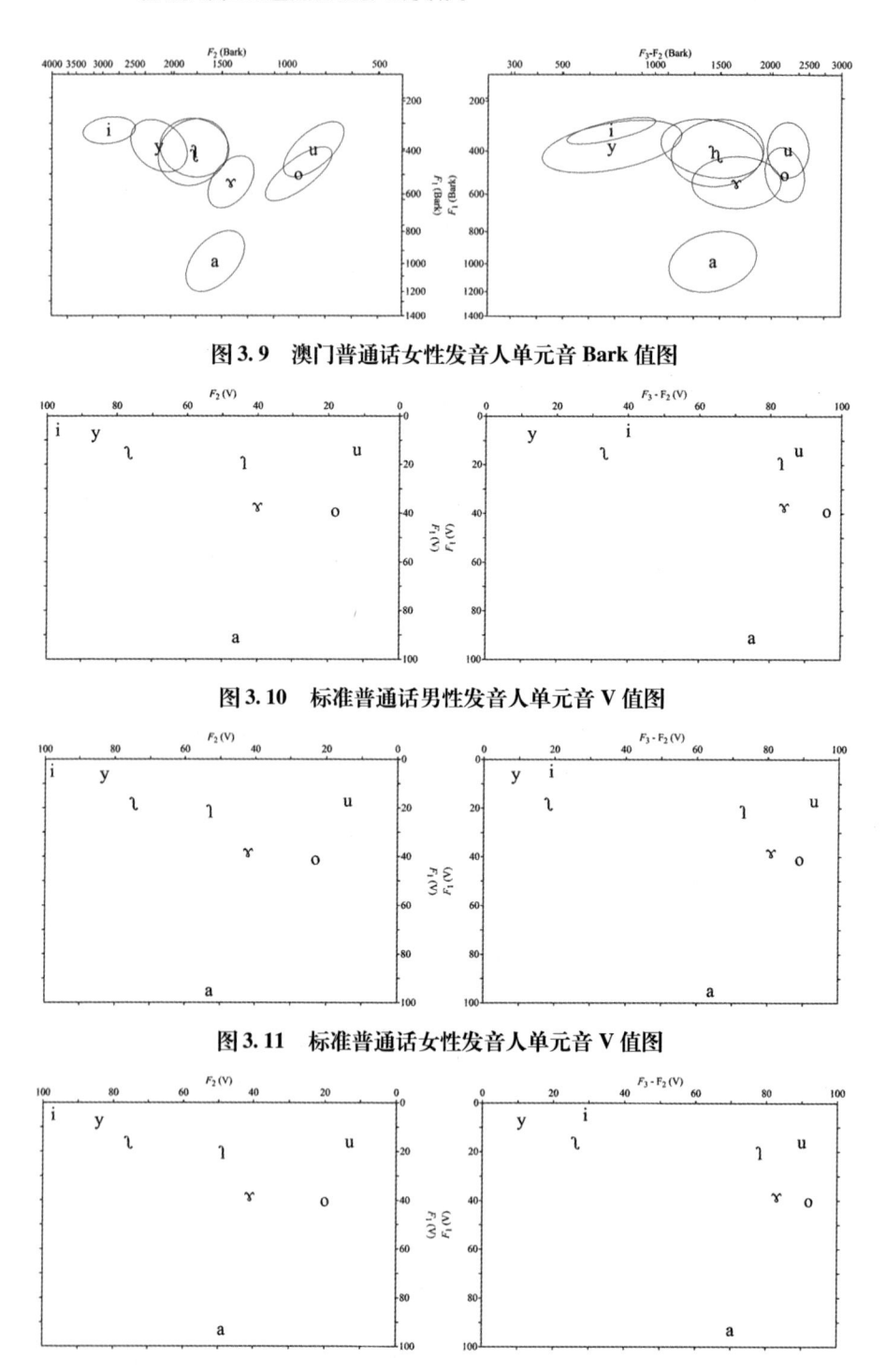

图 3.12　标准普通话男性、女性发音人单元音 V 值图

第三章 穗、港、澳三地普通话单元音习得的声学分析 / 27

图 3.13 广州普通话男性发音人单元音 V 值图

图 3.14 广州普通话女性发音人单元音 V 值图

图 3.15 香港普通话男性发音人单元音 V 值图

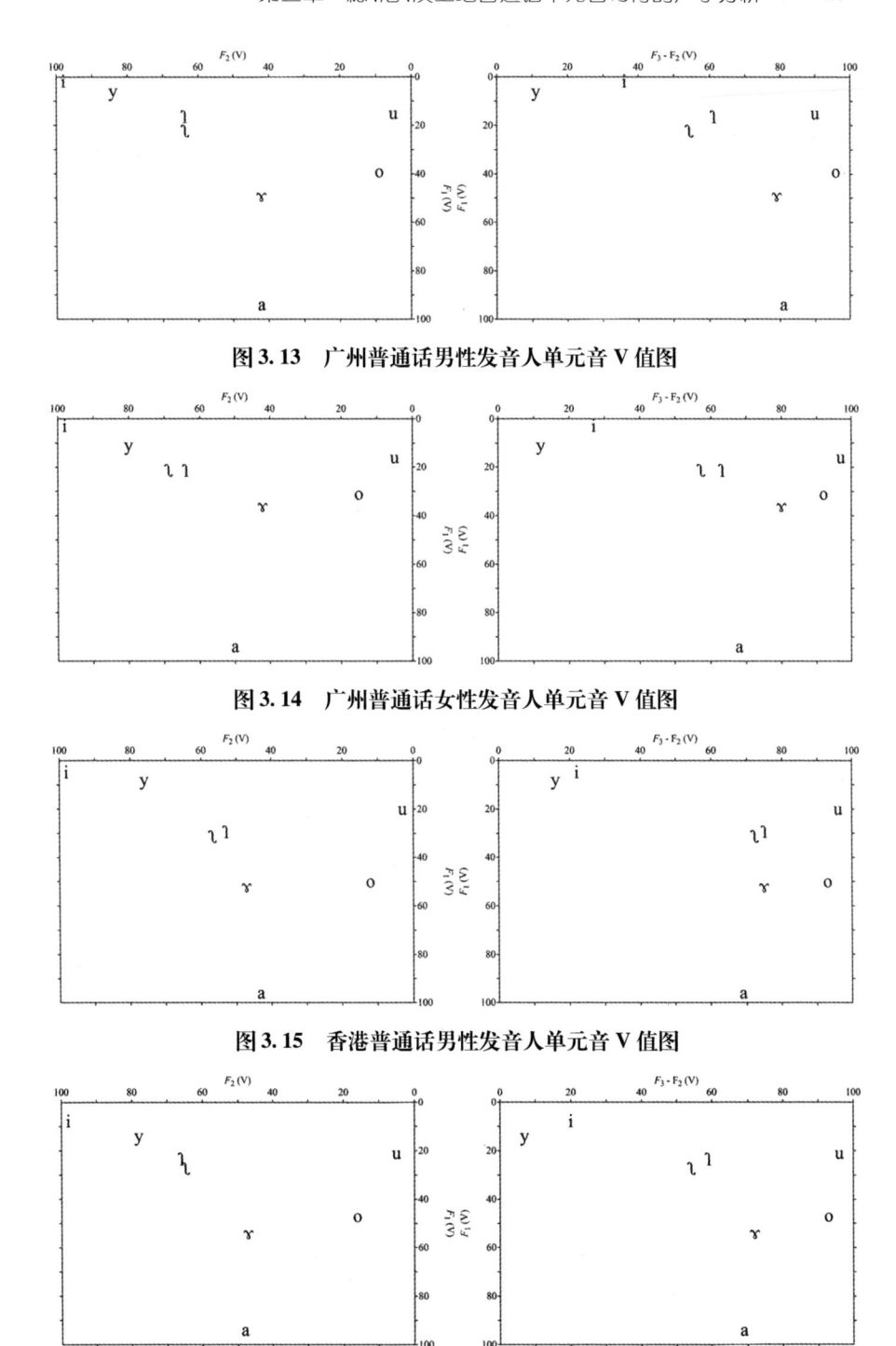

图 3.16 香港普通话女性发音人单元音 V 值图

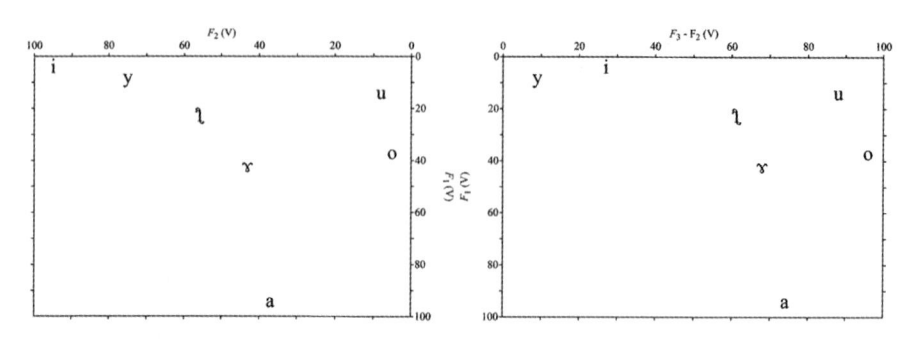

图 3.17　澳门普通话男性发音人单元音 V 值图

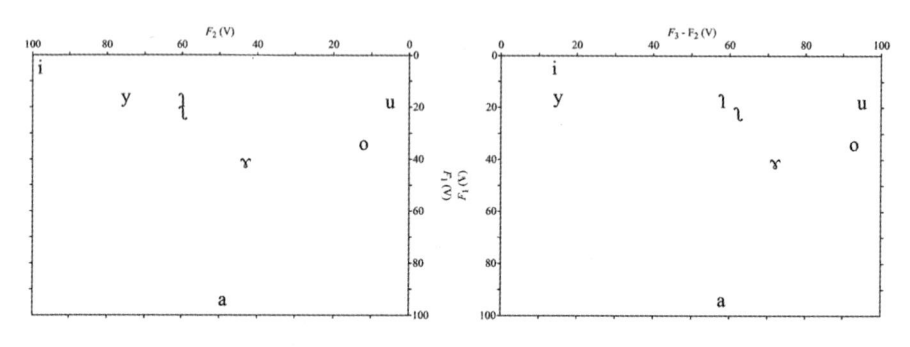

图 3.18　澳门普通话女性发音人单元音 V 值图

本章接下来的内容将基于上面的声学图表及背后的声学数据展开分析。

关于普通话元音音位的归纳，我们选取了几家具有代表性的方案，按元音音位数量从多到少排列，绘制成表 3.1。

表 3.1　　　　　　　普通话元音音位归纳的几种方案

研究者	普通话元音归纳方案
金有景	ɿ、ʅ、i、u、a、y、ə、o、e、ɚ
林焘、王理嘉	ɿ、ʅ、i、u、a、y、ɤ、o
石锋	ɿ、ʅ、i、u、a、y、ɤ
北京大学中文系	i、u、a、y、e、o
王洪君	ï、i、u、a、y、ə
薛凤生	i、ə、a

金有景（2007）的方案是 10 元音系统，很多《现代汉语》教材也是

采用 10 元音的方案。北京大学中文系（1993）采用 6 元音系统，与汉语拼音方案相一致。王洪君（1999）认为单字音和派生音各成系统，应该分开处理，如果不区分单字音与派生音，两个系统搅在一起，什么格局、规律就全都淹没了。因此，她的方案去掉了派生音以及做单韵母时只出现在象声词、语气词、叹词中的边际音，最后得到 6 元音系统，是音位数量较少的系统。石锋（2002a，2002b）认为，o 在唇音声母后面的实际发音是带有唇化的 [uɤ]，将其处理为复元音，其方案比王洪君的方案多一个元音，两者相差不大。如果将北京音系和普通话音系看成相同的系统，那么薛凤生（1986）的方案更简单，只有三个元音：i、ə、a。

林焘、王理嘉（1992）认为，o 的严式标音应该是 [ʷoˑ]，但仍将 o 处理为单元音，最后得到 8 元音系统。我们分析得到的音系与该方案相一致，详情如下。

ɿ 和 ʅ：两者都是舌尖元音，ɿ 是舌尖、前、高、不圆唇元音，ʅ 是舌面后、高、不圆唇元音。两者 F₁ 相差不大，在图上表现为高低维相差不大。差别主要在 F₂，ʅ 的 F₂ 比 ɿ 大，表现在图中就是 ʅ 比 ɿ 靠前，吴宗济、林茂灿（1989：97）认为这是因为 ʅ 在舌面后部的收紧点位置比 ɿ 的前。在三维图里，无论是图 a 还是图 b，两个元音的声学空间均相距较远，尤其是在图 b 中。因此，语音上的不相似为将两者确定为两个独立的音位提供了声学依据，尽管它们在音系上呈互补分布，如果为了语音教学和言语工程研究，可以考虑将其确定为两个音位。

i 和 y：前者是舌面、前、高、不圆唇元音，后者是舌面、前、高、圆唇元音。圆唇会使嘴唇相应地前移，同时舌位相应地稍微后缩，因此圆唇元音的 F₂ 总是小于相对应的非圆唇元音。

u：u 是舌面、后、高、圆唇元音。男、女发音人 u 的舌位在前后维的变化均大于在高低维的变化。

a：a 是舌面、央、低、不圆唇元音，实际音值为 [ʌ]。

以上 6 个元音各自在 Bark 值图中的声学空间都比较小，说明它们的共振峰模式稳定，且发音动程小。

ɤ：男、女发音人 ɤ 的发音均有明显的动程，主要表现在高低维有一个从高到低的动程，实际音值为 [ɯɤ]。

o：男、女发音人 o 的发音均有明显的动程，舌位在高低维和前后维均有变化，有一个从高到低、从前到后的动程，实际音值为[uo̞]。

o单独充当韵母的音节，声母仅限于零声母和p、pʰ、m、f。其中声母为零声母的音节仅见于诸如"哦""喔"等几个语气词，这时候的韵母o属于边际音，我们不在基础音系中讨论。那么，声母p、pʰ、m、f后接的o，跟其他声母后接的uo，有没有差别？我们测量了标准普通话的o（男性、女性发音人例字分别为"拨波""跛驳"）和uo（男性、女性发音人例字分别为"托拖""所夺"）的共振峰，每个字的共振峰均分前半段和后半段各自取平均值。结果如表3.2。

表3.2　　　　　　　普通话元音o、uo的共振峰比较

发音人	元音	F_1（Hz）前半段均值	F_1（Hz）后半段均值	F_2（Hz）前半段均值	F_2（Hz）后半段均值
女性	o	490	707	742	995
	uo	488	750	844	1036
差值		2	-43	-102	-41
男性	o	412	549	790	833
	uo	464	600	824	939
差值		-52	-51	-34	-106

从表中数据来看，在o和uo的前半段，无论是男性发音人还是女性发音人，uo都比o略前，其中男性发音人的uo比o还略低。在后半段，无论是男性发音人还是女性发音人，uo都比o略低、略前。总的来看，o、uo差别很小。如果要采用严式记音突出这种较小的差别，o的音值可以描写为[uo̞]，uo可以描写为[ᴜɔ]；如果忽略差异，两者的音值都可以描写为[uo]。至于o和uo是否要合并为一个元音，这不是本书所讨论的内容。后面的分析我们采用过去大多数人所熟悉的方案，即o和uo分开，设立两个元音。

关于o、ɤ的处理问题，从三维图的图a看，男、女发音人o、ɤ的声学空间不存在交错重叠的现象；从图b看，男性发音人o、ɤ的声学空间仍然不存在交错重叠的现象，女性发音人o、ɤ存在较小部分交错重叠现

象。也就是说，o、ɤ的语音差异度还是比较大。虽然它们在音系上呈互补分布，但由于在语音上相似性较小，我们还是将其处理为两个音位。在这一点上，汉语拼音方案也是这么处理的。这样处理对于语音教学和言语工程研究也有一定的好处。

第三节　ɿ的习得

一　穗、港、澳三地男性发音人普通话ɿ的习得

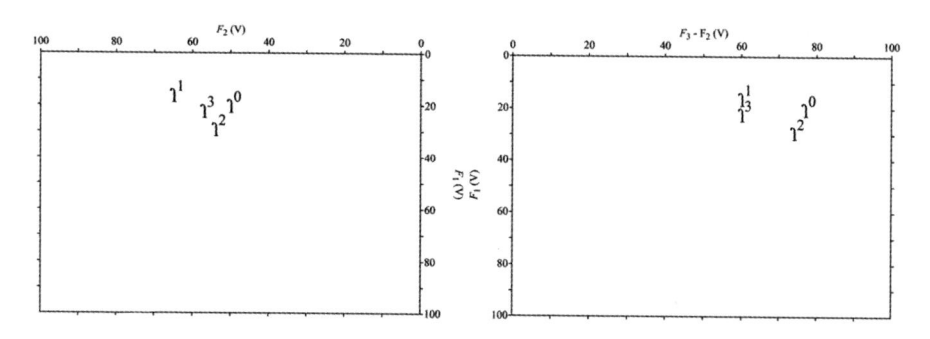

图 3.19　穗、港、澳三地男性发音人ɿ与普通话ɿ的元音 V 值图

为了区别各地区发音人所发的元音，V 值图分别在标准普通话元音、广州发音人所发的元音、香港发音人所发的元音、澳门发音人所发的元音添加上标 0、1、2、3，以示区别。如图 3.19，$ɿ^0$、$ɿ^1$、$ɿ^2$、$ɿ^3$ 分别是标准普通话元音ɿ、广州发音人所发的ɿ、香港发音人所发的ɿ、澳门发音人所发的ɿ。本章在画其他单元音的声学图时，也进行了类似处理。

普通话ɿ的 V_1、V_2、V_{3-2} 分别为 19、49、78，广州男性发音人为 15、64、61，香港男性发音人为 28、53、75，澳门男性发音人为 21、56、61。从高低维看，澳门男性发音人的ɿ与普通话相近，广州男性的比普通话的高，香港男性的比普通话的低。从前后维看，三地男性发音人的ɿ都比普通话的略前，尤其是广州男性。从 $F_3 - F_2$ 维度来看，香港男性的ɿ与普通话的相对接近。

二 穗、港、澳三地女性发音人普通话 ɿ 的习得

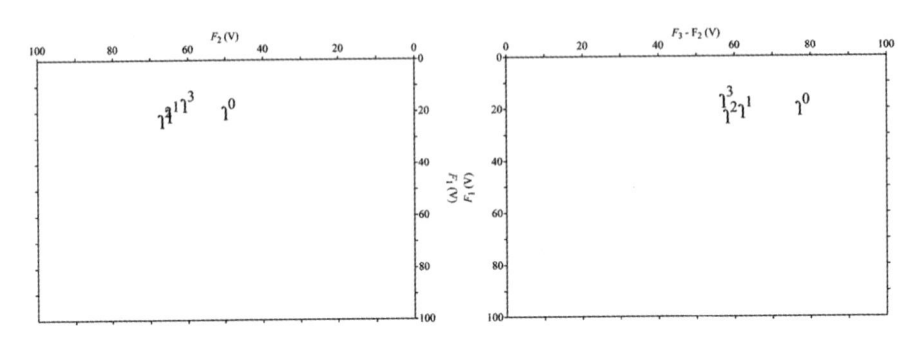

图 3.20　穗、港、澳三地女性发音人 ɿ 与普通话 ɿ 的元音 V 值图

普通话 ɿ 的 V_1、V_2、V_{3-2} 分别为 19、49、78，广州女性发音人为 20、64、63，香港女性发音人为 22、66、59，澳门女性发音为 16、60、58。从高低维看，广州女性发音人的 ɿ 与普通话相近，澳门女性的比普通话略高，香港女性的比普通话略低。从前后维看，三地女性发音人的 ɿ 都比普通话的靠前，尤其是香港女性。从 $F_3 - F_2$ 维来看，三地女性 ɿ 的数值都比普通话的小。

第四节　ʅ 的习得

一 穗、港、澳三地男性发音人普通话 ʅ 的习得

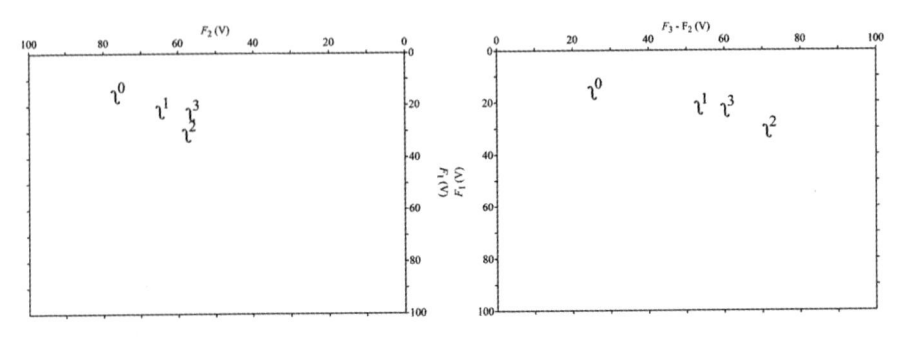

图 3.21　穗、港、澳三地男性发音人 ʅ 与普通话 ʅ 的元音 V 值图

普通话 ʅ 的 V_1、V_2、V_{3-2} 分别为 15、76、26，广州男性发音人为 21、64、54，香港男性发音人为 30、57、72，澳门男性发音人为 22、56、61。从高低维看，三地男性发音人的 ʅ 均比普通话低，尤其是香港男性发音人。从前后维看，三地男性发音人的 ʅ 都比普通话的后很多，尤其是香港、澳门男性。从 $F_3 - F_2$ 维度来看，三地男性的 ʅ 比普通话的大很多。

二 穗、港、澳三地女性发音人普通话 ʅ 的习得

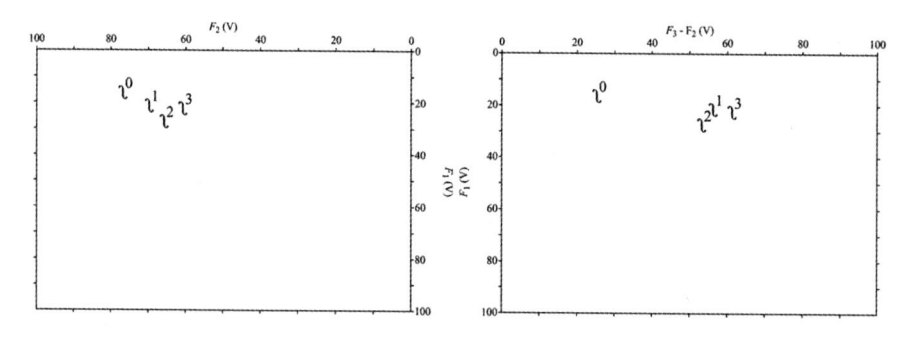

图 3.22 穗、港、澳三地女性发音人 ʅ 与普通话 ʅ 的元音 V 值图

普通话 ʅ 的 V_1、V_2、V_{3-2} 分别为 15、76、26，广州女性发音人为 20、69、57，香港女性发音人为 26、65、54，澳门女性发音人为 21、60、62。从高低维看，三地女性发音人的 ʅ 均比普通话低，尤其是香港女性发音人。从前后维看，三地女性发音人的 ʅ 都比普通话的后很多，尤其是澳门女性。从 $F_3 - F_2$ 维度来看，三地女性 ʅ 的数值都比普通话的大很多。

如果元音 ɿ 靠前，而元音 ʅ 又靠后，带来的结果可能就是 ɿ、ʅ 不分（在声学图上交叉重叠）。ɿ、ʅ 不分（一般是有 ɿ 无 ʅ）既是很多南方方言的语音特点，也是这些地方人们普通话习得的普遍规律之一。

标准普通话的 ɿ、ʅ 在 F_1 维度上差异不大（ɿ 的 F_1 为 19，ʅ 的 F_1 为 15，），在 F_2 尤其是 $F_3 - F_2$ 维度上的差异很大（ɿ 的 F_2 为 49，ʅ 的 F_2 为 76，ɿ 的 $F_3 - F_2$ 为 78，ʅ 的 $F_3 - F_2$ 为 26）。穗、港、澳三地发音人无论是男性发音人还是女性发音人，所发的普通话 ɿ、ʅ 无论是 F_1、F_2 还是 $F_3 - F_2$，差别都小。详情请看表 3.3。

表 3.3　　标准普通话和穗、港、澳三地普通话ɿ、ʅ的声学数据

		F_1			F_2			$F_3 - F_2$		
		ɿ	ʅ	ɿ、ʅ之差	ɿ	ʅ	ɿ、ʅ之差	ɿ	ʅ	ɿ、ʅ之差
普通话		19	15	4	49	76	-27	78	26	52
广州	男性	15	21	-6	64	64	0	61	54	7
	女性	20	20	0	64	69	-5	63	57	6
香港	男性	28	30	-2	53	57	-4	75	72	3
	女性	22	26	-4	66	65	1	59	54	5
澳门	男性	21	22	-1	56	56	0	61	61	0
	女性	16	21	-5	60	60	0	58	62	-4

如表 3.3 所示，标准普通话ɿ、ʅ主要区别在于F_2及$F_3 - F_2$，差值分别为 -27 及 52，而广州男性发音人ɿ、ʅ的F_2及$F_3 - F_2$之差分别为 0、7，女性发音人分别为 -5、6，香港男性发音人ɿ、ʅ的F_2及$F_3 - F_2$之差分别为 -4、3，女性发音人为 1、5，澳门男性发音人ɿ、ʅF_2及$F_3 - F_2$之差分别为 0、0，女性发音人为 0、-4。所以，广州发音人所发的ɿ、ʅ差别相对较大，香港发音人所发的差别相对较小，而澳门发音人所发的ɿ、ʅ基本上就是一个音：ɿ。

从元音声学空间的大小与形状来看，普通话ɿ、ʅ在$F_1 \sim F_2$平面声学空间较小，在$F_1 \sim (F_3 - F_2)$平面，ɿ的声学空间略微变大，ʅ的则明显变大。广州发音人基本符合上述表现，香港发音人ɿ、ʅ的声学空间有较多的重叠部分，而澳门发音人ɿ、ʅ的声学空间则基本上是重叠的。也就是说，广州发音人能较好地发出有一定区别度的ɿ、ʅ，而香港发音人所发的ɿ、ʅ区别度不大，澳门发音人所发的ɿ、ʅ基本上没有差别，ʅ发成了ɿ。

粤语语音系统中没有ɿ、ʅ，对于以粤语为母语的三地发音人来说，这两个元音属于新的语音，在习得中必须新建。新建的过程分为三个阶段：第一阶段，在没有建立之前，三地人们多将普通话的ɿ、ʅ按照母语的发音发成 i，即"资、知、机"同音，韵母均念 i，"丝、师、西"也同音，韵母也均念 i。第二个阶段，建立了ɿ音位，但是尚未建立ʅ音位，普通话的ʅ音位被并入ɿ音位。即"资、知"同音，韵母均念ɿ，不同于韵母念 i 的"机"。"丝、师"同音，韵母也均念ɿ，不同于韵母念 i 的"西"。

第三章 穗、港、澳三地普通话单元音习得的声学分析 / 35

第三个阶段，建立了 ɿ 音位，也建立了 ʅ 音位。"资、知、机"均不同音，韵母分别念 ɿ、ʅ、i，"丝、师、西"也各不同音，韵母也分别念 ɿ、ʅ、i。

　　从本次考察的发音人来看，澳门发音人基本上处于第二阶段，没有在发音人语音中找到有区别度的 ɿ、ʅ，[①] 广州、香港发音人处在第二阶段向第三阶段过渡的阶段，还远未达到第三阶段，不过在一部分发音人中，有将 ɿ、ʅ 区别得很好的。图 3.23 是一位广州男性发音人单元音的 V 值图，从图中可以看到，其 ɿ、ʅ 的 $F_3 - F_2$ 差别很大，ɿ 的为 69（对应 Bark 值 10.0），ʅ 为 34（对应 Bark 值 6.8），两者 $F_3 - F_2$ 的 V 值相差 35。

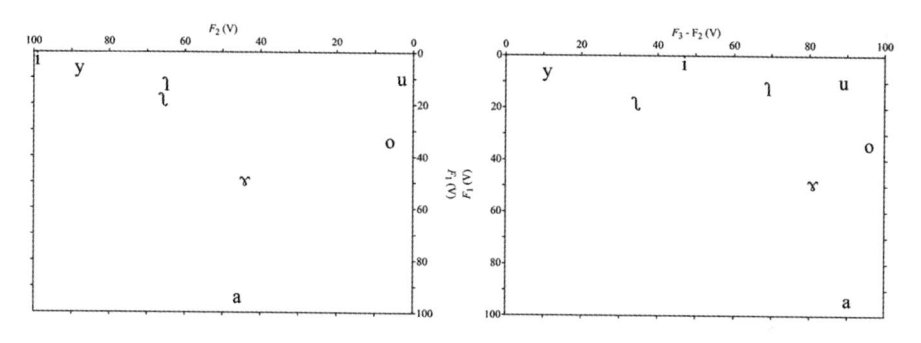

图 3.23　一位广州男性发音人 ɿ、ʅ 的元音 V 值图

第五节　i 的习得

一　穗、港、澳三地男性发音人普通话 i 的习得

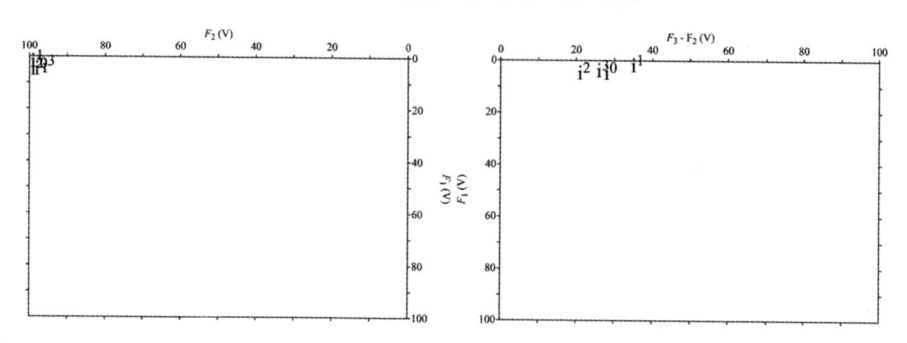

图 3.24　穗、港、澳三地男性发音人 i 与普通话 i 的元音 V 值

[①] 当然，这绝不意味着所有澳门人都是这样，如果扩大抽样的范围，应该可以找到在发音上将 ɿ、ʅ 区别得很好的人。

普通话 i 的 V_1、V_2、V_{3-2} 分别为 5、97、29，广州男性发音人为 2、98、36，香港男性发音人为 5、98、22，澳门男性发音人为 4、95、27。无论是从高低维度、前后维度还是 F_3-F_2 维度来看，三地男性的 i 与普通话的 i 都十分接近，习得情况非常好。

二 穗、港、澳三地女性发音人普通话 i 的习得

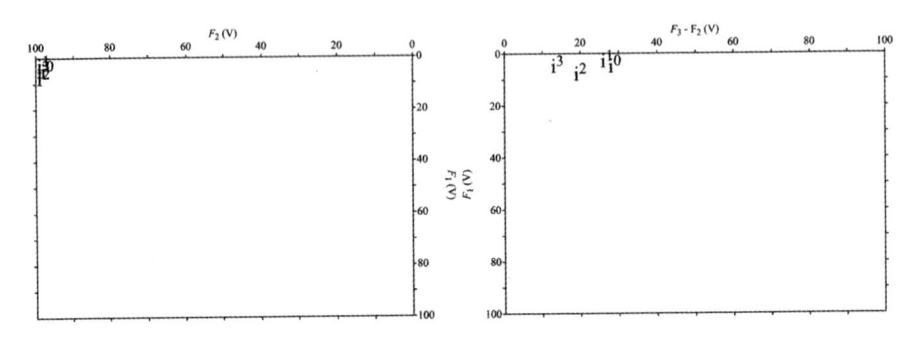

图 3.25 穗、港、澳三地女性发音人 i 与普通话 i 的元音 V 值

普通话 i 的 V_1、V_2、V_{3-2} 分别为 5、97、29，广州女性发音人为 3、98、27，香港女性发音人为 8、98、20，澳门女性发音人为 5、98、14。除香港、澳门两地女性发音人在 F_3-F_2 维度比普通话的略小外，无论是从高低维度、前后维度还是 F_3-F_2 维度来看，三地女性的 i 与普通话的 i 都十分接近，习得情况非常好。

从元音声学空间的大小与形状来看，普通话 i 在 $F_1\sim F_2$ 平面声学空间很小，相对于其他的单元音，它的空间基本上是最小的。在 $F_1\sim(F_3-F_2)$ 平面，i 的声学空间略大。三地发音人 i 的声学空间比普通话的要大一些，说明发音不如普通话那么集中、稳定，与各自其他单元音相对照，也显得不够小。

第六节　u 的习得

一　穗、港、澳三地男性发音人普通话 u 的习得

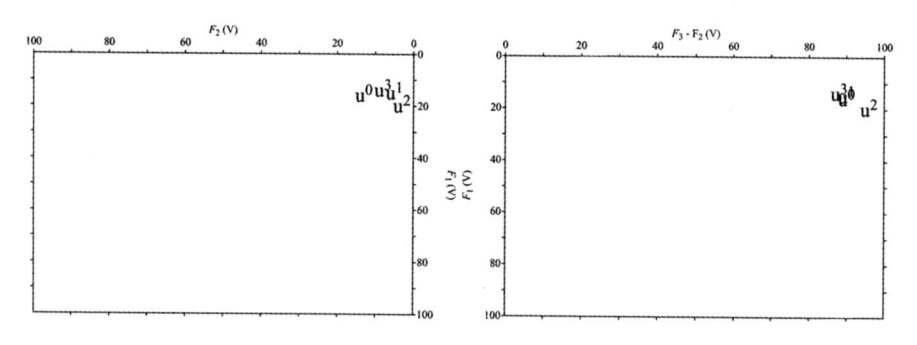

图 3.26　穗、港、澳三地男性发音人 u 与普通话 u 的元音 V 值

普通话 u 的 V_1、V_2、V_{3-2} 分别为 16、13、90，广州男性发音人为 15、5、90，香港男性发音人为 20、3、96，澳门男性发音人为 14、8、88。除香港男性发音人的 u 比普通话的略后之外，无论是从高低维度、前后维度还是 $F_3 - F_2$ 维度来看，三地男性的 u 与普通话的 u 都十分接近，习得情况非常好。

二　穗、港、澳三地女性发音人普通话 u 的习得

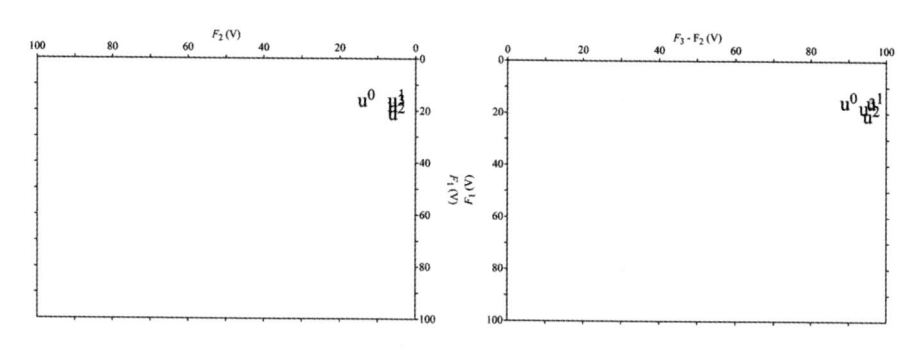

图 3.27　穗、港、澳三地女性发音人 u 与普通话 u 的元音 V 值

普通话 u 的 V_1、V_2、V_{3-2} 分别为 16、13、90，广州女性发音人为 16、5、97，香港女性发音人为 21、5、96，澳门女性发音人为 18、5、95。三地女性发音人的 u 与普通话的在高低维度上相近，在前后维度上比普通话的略后，在 F_3-F_2 维度与普通话的相近。习得情况非常好。

从元音声学空间的大小与形状来看，普通话 u 在 $F_1\sim F_2$ 平面具有一定的声学空间，在高低维度变化较小，在前后维度具有一定的变化。在 $F_1\sim(F_3-F_2)$ 平面，u 的声学空间略大。除了澳门女性发音人，三地发音人 u 在 $F_1\sim F_2$、$F_1\sim(F_3-F_2)$ 两个声学空间基本上比普通话的小一些，发音更为集中、稳定。这可能跟普通话发音人每个元音的发音例字比另外三个地方的发音人的多，u 跟各种辅音搭配，音值受前头不同辅音影响，产生了一定的变动有关。

第七节　a 的习得

一　穗、港、澳三地男性发音人普通话 a 的习得

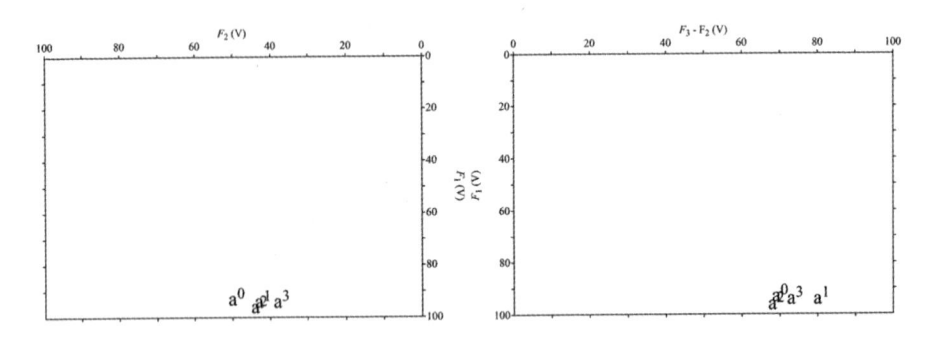

图 3.28　穗、港、澳三地男性发音人 a 与普通话 a 的元音 V 值

普通话 a 的 V_1、V_2、V_{3-2} 分别为 93、49、70，广州男性发音人为 94、42、81，香港男性发音人为 96、43、69，澳门男性发音人为 94、37、74。从高低维度看，三地男性发音人的 a 与普通话的 a 都十分接近。从前后维度看，三地男性的 a 比普通话的略后。从 F_3-F_2 维度看，三地男性的 a 与普通话的接近。元音 a 的习得情况非常好。

二 穗、港、澳三地女性发音人普通话 a 的习得

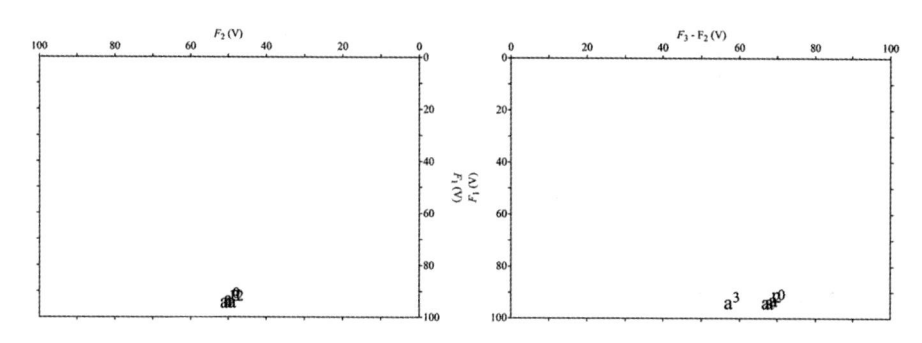

图 3.29 穗、港、澳三地女性发音人 a 与普通话 a 的元音 V 值

普通话 a 的 V_1、V_2、V_{3-2} 分别为 93、49、70，广州女性发音人为 94、50、68，香港女性发音人为 94、48、69，澳门女性发音人为 94、49、58。无论从高低维度还是从前后维度看，三地女性发音人的 a 与普通话的 a 都极其接近，在 V 值图上基本重合。从 F_3-F_2 维度看，澳门女性的 a 比普通话的小。总的来看，元音 a 的习得情况非常好。

从元音声学空间的大小与形状来看，普通话与三地发音人所发的 a 在 $F_1 \sim F_2$、$F_1 \sim (F_3-F_2)$ 平面的声学空间，均是男性发音人的较小，女性发音人的较大（尤其是澳门女性发音人）。在 $F_1 \sim (F_3-F_2)$ 平面的空间都比 $F_1 \sim F_2$ 平面的大。

i、u、a 三个顶点元音，一是三地粤语中都有这三个元音，彼此属于相同的语音。二是标记性弱，十分常见，而且发音容易。三是在舒声韵里，元音 a 在普通话和三地粤语里都涉及了假摄，元音 u 在普通话和三地粤语里都涉及了遇摄，元音 i 在普通话和三地粤语里都涉及了止摄，音位跟具体的意义单位对应情况基本一致，为正迁移提供了有利条件。所以，这三个元音的习得情况非常好。正迁移在这里发挥了最强有力的作用。

第八节　y 的习得

一　穗、港、澳三地男性发音人普通话 y 的习得

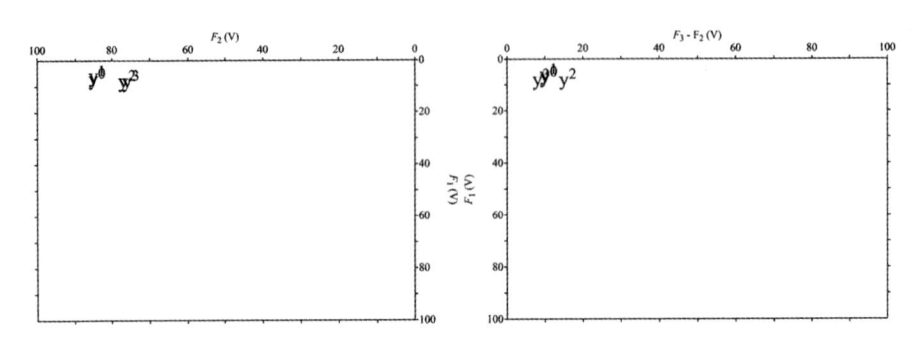

图 3.30　穗、港、澳三地男性发音人 y 与普通话 y 的元音 V 值

普通话 y 的 V_1、V_2、V_{3-2} 分别为 7、84、11，广州男性发音人为 6、84、11，香港男性发音人为 8、76、16，澳门男性发音人为 8、75、9。从高低维度看，三地男性发音人的 y 与普通话的 y 都十分接近。从前后维度看，广州男性发音人的 y 与普通话的基本重叠，而香港、澳门的相对靠后一些。从 $F_3 - F_2$ 维度看，三地男性的 y 与普通话的接近，香港的略后。元音 y 的习得情况非常好。

二　穗、港、澳三地女性发音人普通话 y 的习得

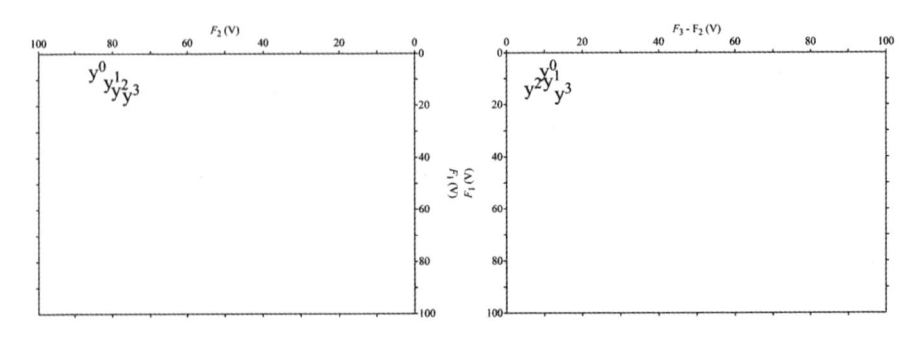

图 3.31　穗、港、澳三地女性发音人 y 与普通话 y 的元音 V 值

普通话 y 的 V_1、V_2、V_{3-2} 分别为 7、84、11，广州女性发音人为 11、80、12，香港女性发音人为 14、78、7，澳门女性发音人为 16、75、15。从高低维度看，普通话的 y、广州女性的 y、香港女性的 y、澳门女性的 y 依次降低，不过彼此相距不大。从前后维度看，普通话的 y、广州女性的 y、香港女性的 y、澳门女性的 y 依次靠后，彼此相距也不大。从 F_3-F_2 维度看，三地女性的 y 与普通话的较为接近，其中广州女性的与普通话的更接近。元音 y 的习得情况较好。

从元音声学空间的大小与形状来看，普通话与三地发音人所发的 y 的声学表现基本一致：在 $F_1 \sim F_2$ 平面，与 i 距离较近，声学空间较小。在 $F_1 \sim (F_3-F_2)$ 平面，与 i 距离较远，声学空间较大。

第九节　ɤ 的习得

一　穗、港、澳三地男性发音人普通话 ɤ 的习得

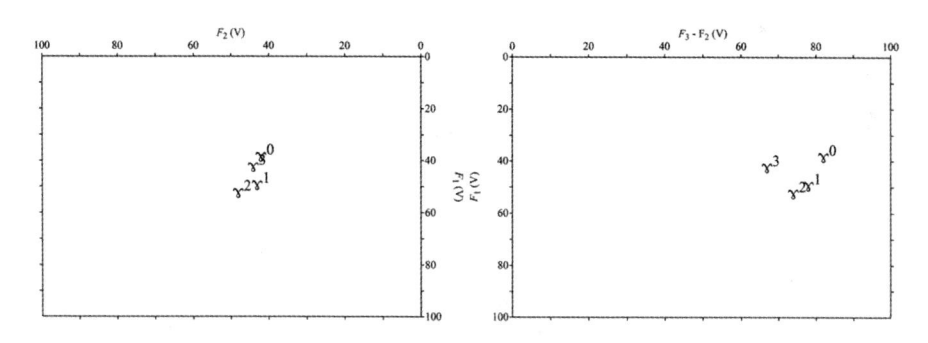

图 3.32　穗、港、澳三地男性发音人 ɤ 与普通话 ɤ 的元音 V 值

普通话 ɤ 的 V_1、V_2、V_{3-2} 分别为 38、41、83，广州男性发音人为 49、42、79，香港男性发音人为 52、47、75，澳门男性发音人为 42、43、68。从高低维度看，三地男性发音人的 ɤ 均比普通话的 ɤ 低，最低的是香港男性的。从前后维度看，广州、澳门男性发音人的 ɤ 与普通话的接近，而香港的略前。综合前后维度、高低维度，澳门、广州男性的 ɤ 比较接近普通话，而香港的近于央元音 ə。从 F_3-F_2 维度看，三地男性的 ɤ 都比普通话的小，尤其是澳门男性的。元音 ɤ 的习得情况欠佳。

二 穗、港、澳三地女性发音人普通话ɤ的习得

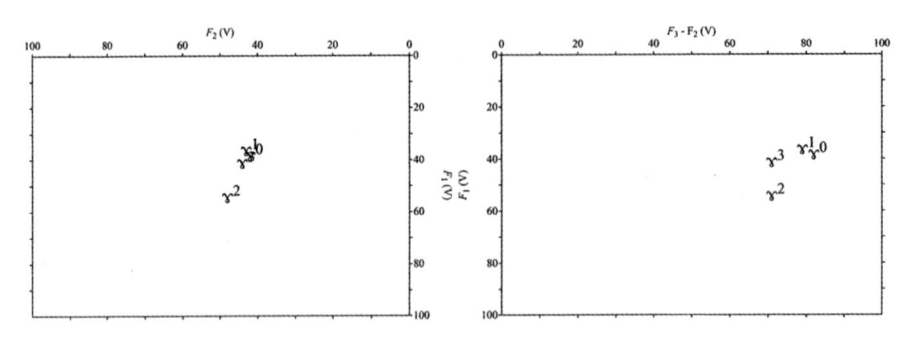

图3.33 穗、港、澳三地女性发音人ɤ与普通话ɤ的元音 V 值

普通话ɤ的 V_1、V_2、V_{3-2} 分别为 38、41、83，广州女性发音人为 36、42、80，香港女性发音人为 54、47、72，澳门女性发音人分别为 41、43、72。从高低维度看，广州、澳门女性发音人的ɤ与普通话的ɤ非常接近，香港女性的要低一些。从前后维度看，广州、澳门女性发音人的ɤ与普通话的接近，而香港的相对靠前一些。综合前后维、高低维度，澳门、广州女性的ɤ比较接近普通话，而香港的近于央元音 [ə]，三地女性这种表现分别与男性发音人的表现基本一致。从 F_3-F_2 度看，广州女性的ɤ与普通话的接近，香港、澳门女性的比普通话的小。元音ɤ的习得情况欠佳。

从元音声学空间的大小与形状来看，根据贝先明（2012：131—136），普通话ɤ的发音有明显的动程，主要表现在高低维度有一个从高到低的动程，实际音值为 [ɯɤ]，其中的 [ɤ] 舌位比标准元音 [ɤ] 略微靠下。ɤ在 $F_1 \sim F_2$、$F_1 \sim (F_3-F_2)$ 两个平面的声学空间都非常大，形状类似于一个橄榄形。三地发音人所发的ɤ虽然在 $F_1 \sim F_2$、$F_1 \sim (F_3-F_2)$ 两个平面中均有较大的声学空间，但是缺乏一个从高到低的明显变化过程，其形状也不是橄榄形，而是近于一个圆形，尤其是在 $F_1 \sim F_2$ 平面。简而言之，三地发音人普通话ɤ的主要偏误是没有掌握好ɤ的动态发音（动程）特征，没有体现出舌位从高到低的变化。

第十节　o 的习得

一　穗、港、澳三地男性发音人普通话 o 的习得

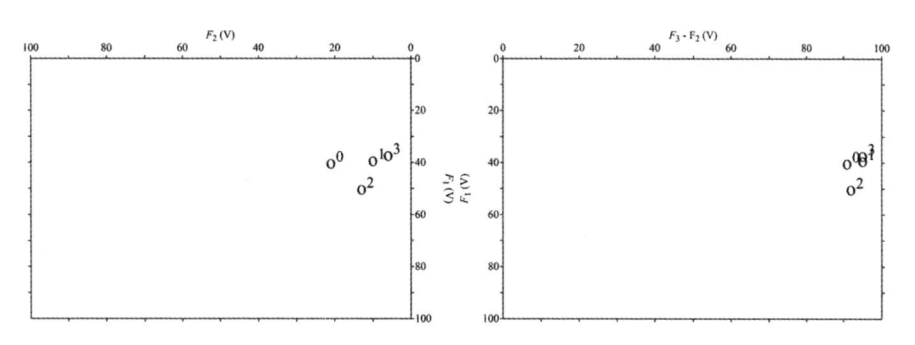

图 3.34　穗、港、澳三地男性发音人 o 与普通话 o 的元音 V 值

普通话 o 的 V_1、V_2、V_{3-2} 分别为 40、20、92，广州男性发音人为 39、9、96，香港男性发音人为 50、12、93，澳门男性发音人为 37、5、96。从高低维度看，广州、澳门男性发音人的 o 与普通话的 o 相近，香港男性的较低。从前后维度看，三地男性发音人的 o 均比普通话的靠后，尤其是澳门男性的。综合前后、高低两个维度，澳门、广州男性的 o 比较接近普通话，而香港的近于元音 ɔ。从 $F_3 - F_2$ 维度看，三地男性的 o 与普通话的差别较小。总的来说，元音 o 的习得情况不理想。

二　穗、港、澳三地女性发音人普通话 o 的习得

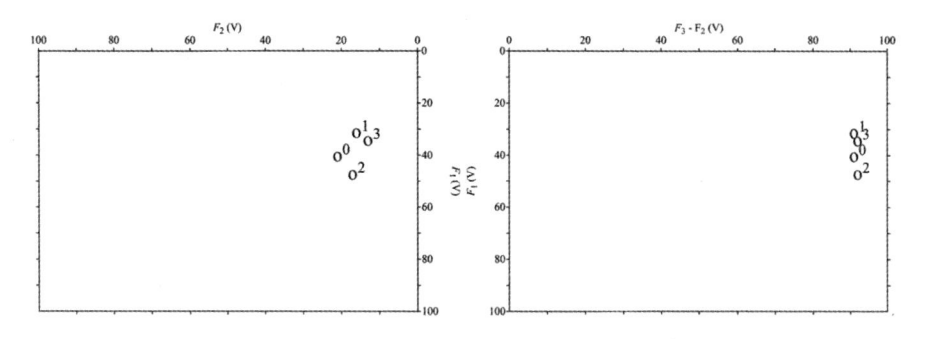

图 3.35　穗、港、澳三地女性发音人 o 与普通话 o 的元音 V 值

普通话 o 的 V_1、V_2、V_{3-2} 分别为 40、20、92，广州女性发音人为 31、15、92，香港女性发音人为 47、16、93，澳门女性发音人为 34、12、93。从高低维度看，广州、澳门女性发音人的 o 比普通话的 o 略高，香港女性的较低。从前后维度看，三地女性发音人的 o 均比普通话的略后，尤其是澳门女性的。综合前后、高低两个维度，广州、澳门女性的 o 比普通话的略高，而香港的近于标准元音 [ɔ]。从 F_3-F_2 维度看，三地男性的 o 与普通话的差别较小。总的来说，元音 o 的习得情况不理想。

从元音声学空间的大小与形状来看，根据贝先明（2012：131—136），普通话 o 的发音有明显的动程，舌位在高低维度和前后维度均有变化，有一个从高到低和从前到后的动程。实际音值为 [uo]，其中 [o] 的舌位比标准元音 [o] 略微靠下偏央。o 在 $F_1 \sim F_2$、$F_1 \sim (F_3-F_2)$ 两个平面的声学空间都非常大，形状类似于一个斜放着的橄榄形，尤其是 $F_1 \sim F_2$ 平面。三地发音人所发的 o 虽然在 $F_1 \sim F_2$ 平面也大多呈橄榄形状，但是其动程远不如普通话的大。广州、澳门发音人的具体音值接近标准元音 [o]，香港发音人的接近标准元音 [ɔ]。

三地发音人 o 的主要偏误是，是没有掌握好 o 的动态发音（动程）特征，动程不如普通话 o 的大。

第 四 章

穗、港、澳三地普通话复元音习得的声学分析

第一节 穗、港、澳三地普通话双元音习得的声学分析

一 ia 的习得

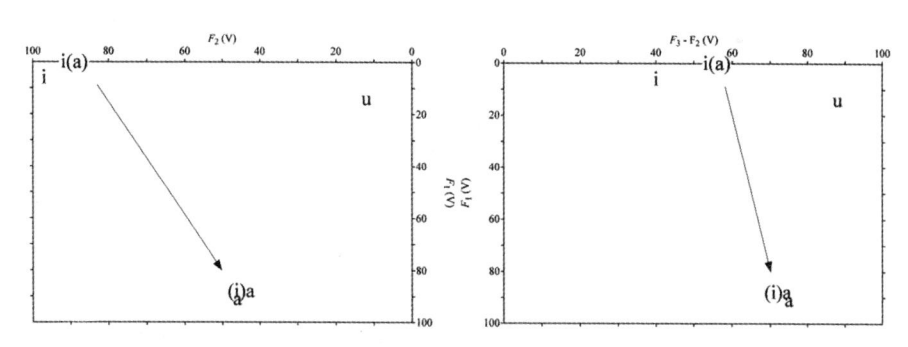

图 4.1 标准普通话男性发音人 ia 的 V 值三维图

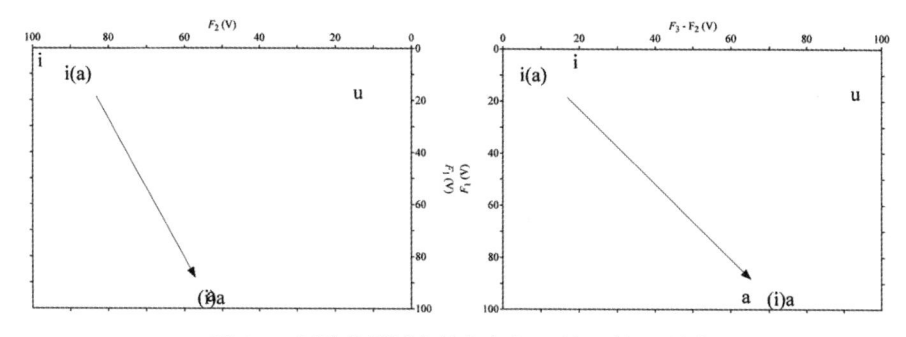

图 4.2 标准普通话女性发音人 ia 的 V 值三维图

图 4.3 广州普通话男性发音人 ia 的 V 值三维图

图 4.4 广州普通话女性发音人 ia 的 V 值三维图

图 4.5 香港普通话男性发音人 ia 的 V 值三维图

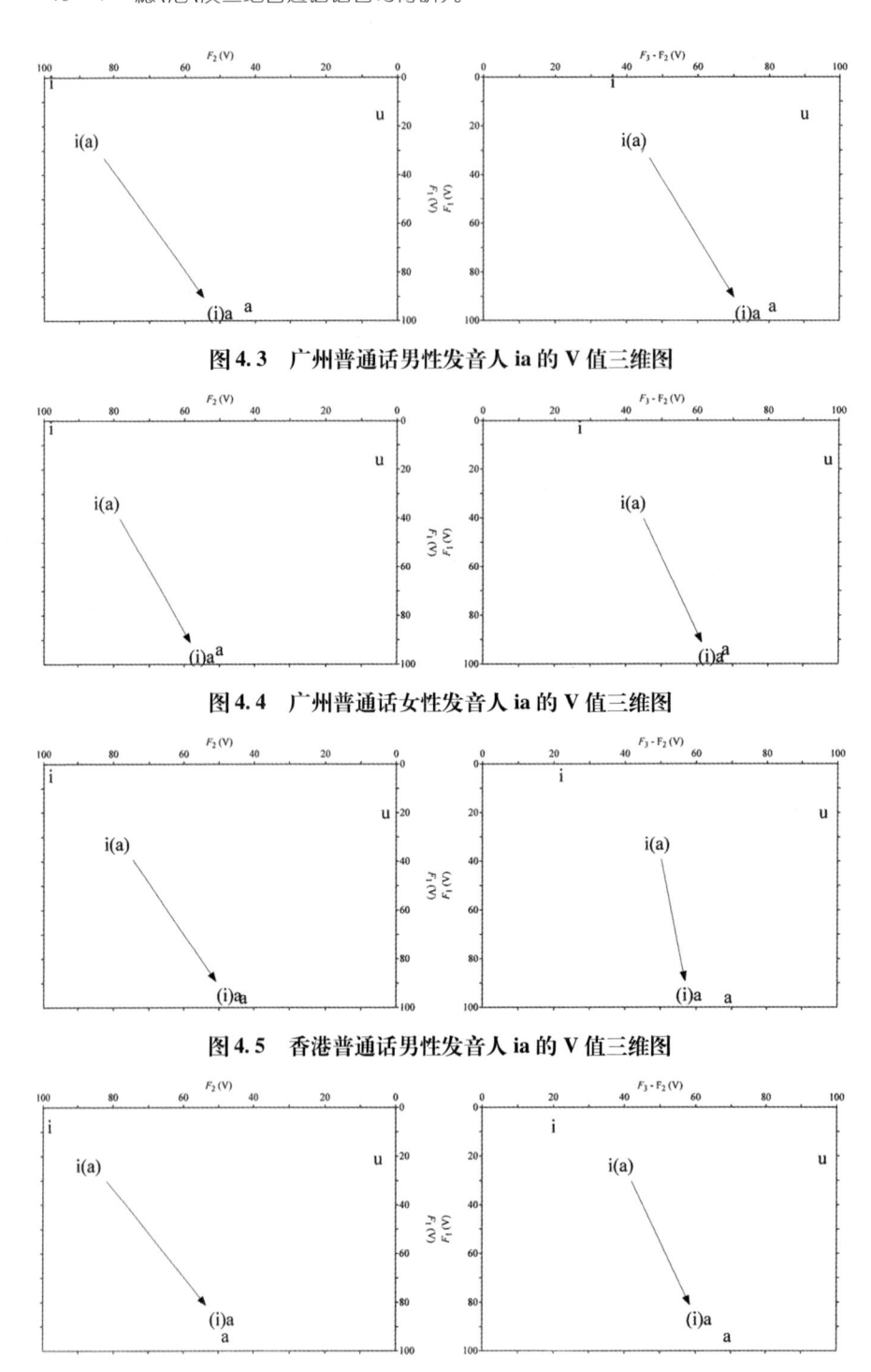

图 4.6 香港普通话女性发音人 ia 的 V 值三维图

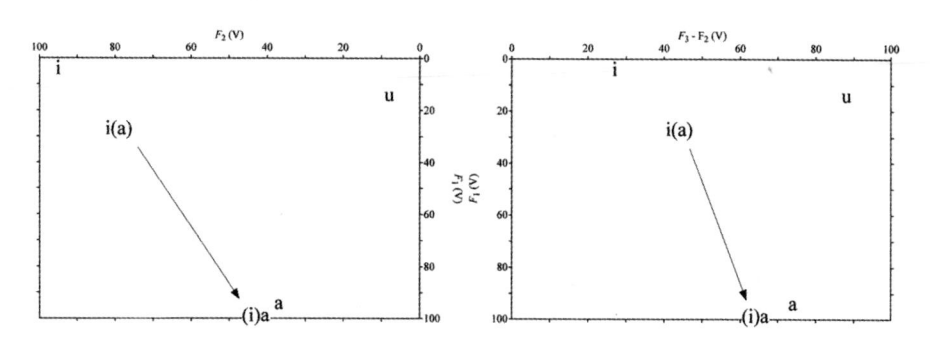

图 4.7　澳门普通话男性发音人 ia 的 V 值三维图

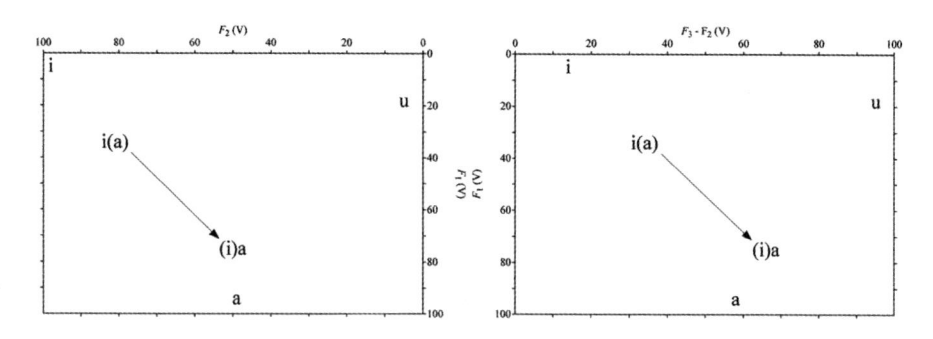

图 4.8　澳门普通话女性发音人 ia 的 V 值三维图

表 4.1　　标准普通话和穗、港、澳三地普通话 ia 的 V 值数据

		i（a）			（i）a		
		F_1	F_2	F_3-F_2	F_1	F_2	F_3-F_2
标准普通话 ia	男性	0	89	56	88	45	72
	女性	10	88	8	96	53	73
广州普通话 ia	男性	26	88	42	97	50	74
	女性	34	82	42	97	55	64
香港普通话 ia	男性	33	79	49	95	47	58
	女性	34	82	42	97	55	64
澳门普通话 ia	男性	27	79	44	99	43	64
	女性	34	81	34	75	50	66

标准普通话 ia 中的韵头 i 接近单元音 i，实际音值为 [i]。广州、香港、澳门三地发音人所发的韵头 i 在高低维度上比标准普通话低，在前后

维度上比标准普通话略后。实际音值接近标准元音［ɪ］或［e］。

标准普通话 ia 中的韵腹 a 接近单元音 a，实际音值为［ᴀ］。澳门女性发音人的在高低维度上比标准普通话的高，实际音值接近标准元音［ɐ］。其他发音人均接近标准普通话。

ia 的习得偏误主要是，韵头 i 发音较低较后，韵腹 a 较高，接近［ɐ］。简言之，动程不够，发音不到位。

此外，还有受粤语影响而发错音的，如香港男性 1 号、4 号发音人把"恰"发成［hɐp］，1 号、3 号发音人把"虾"发成［ha］，把"侠"发成［hap］，香港女性 2 号发音人把"加"发成［ka］，4 号发音人把"虾"发成［ha］。

二　ua 的习得

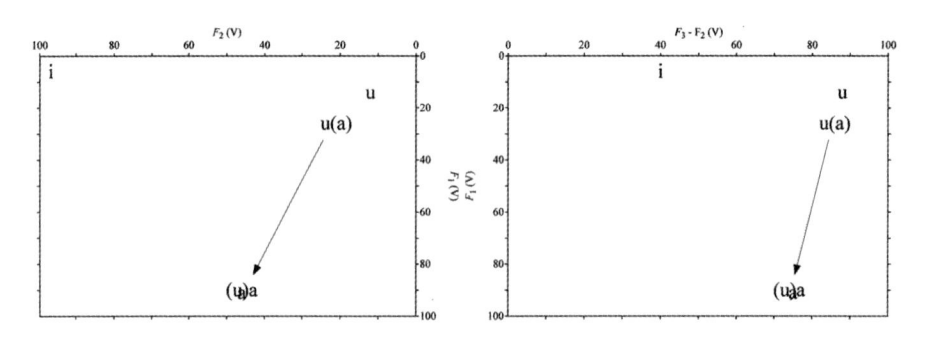

图 4.9　标准普通话男性发音人 ua 的 V 值三维图

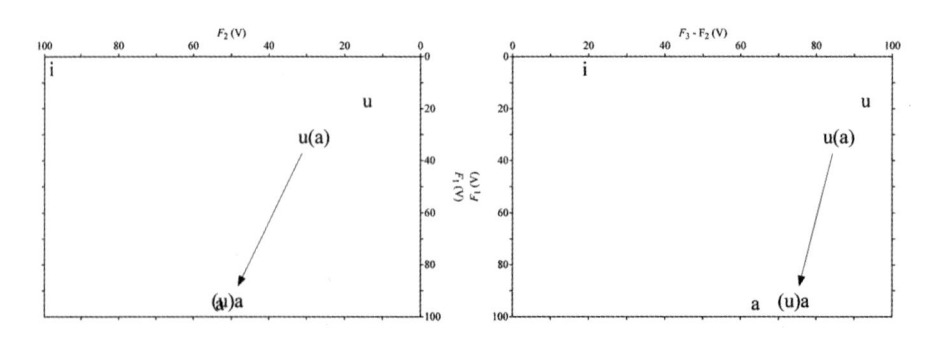

图 4.10　标准普通话女性发音人 ua 的 V 值三维图

第四章 穗、港、澳三地普通话复元音习得的声学分析 / 49

图 4.11 广州普通话男性发音人 ua 的 V 值三维图

图 4.12 广州普通话女性发音人 ua 的 V 值三维图

图 4.13 香港普通话男性发音人 ua 的 V 值三维图

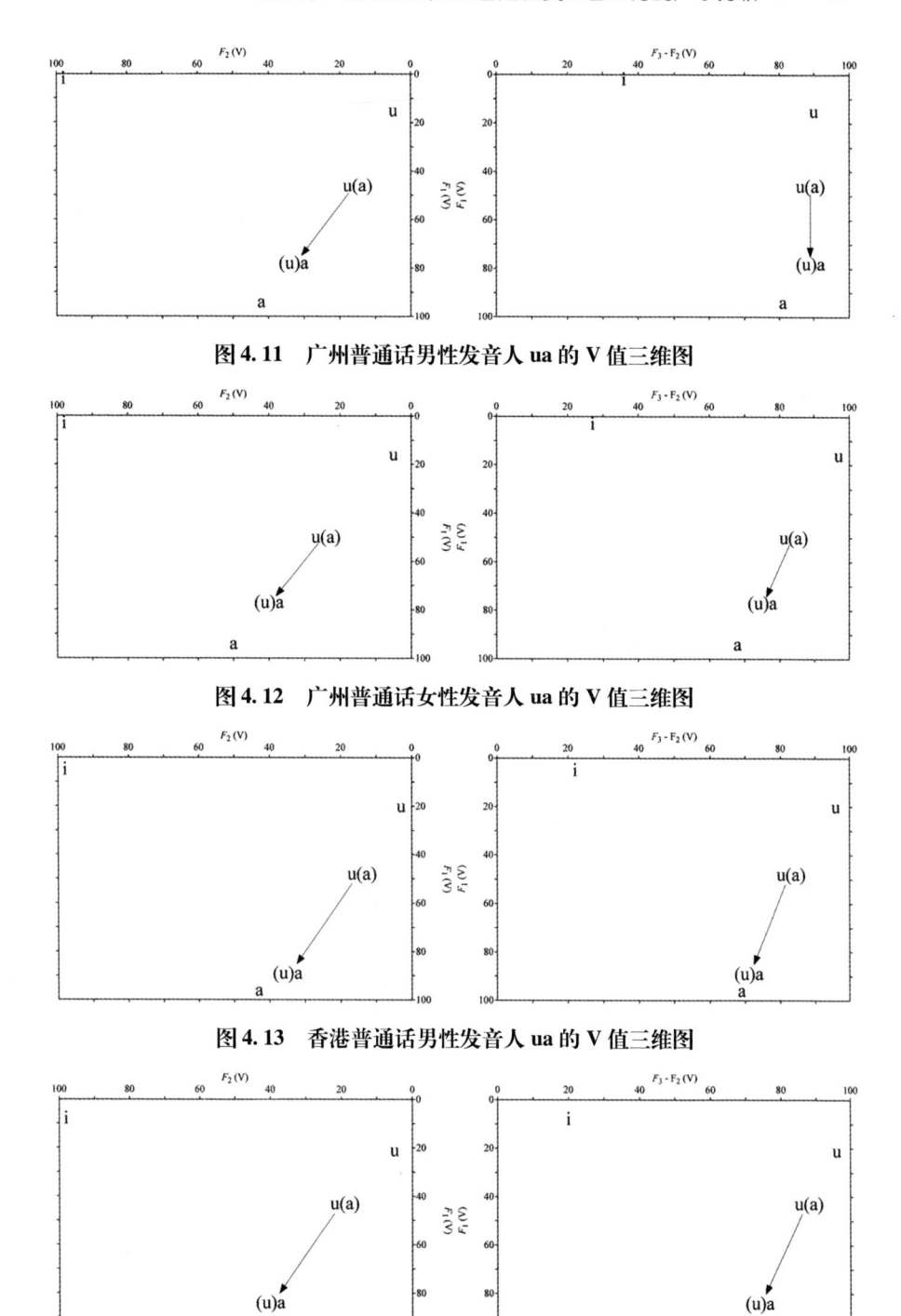

图 4.14 香港普通话女性发音人 ua 的 V 值三维图

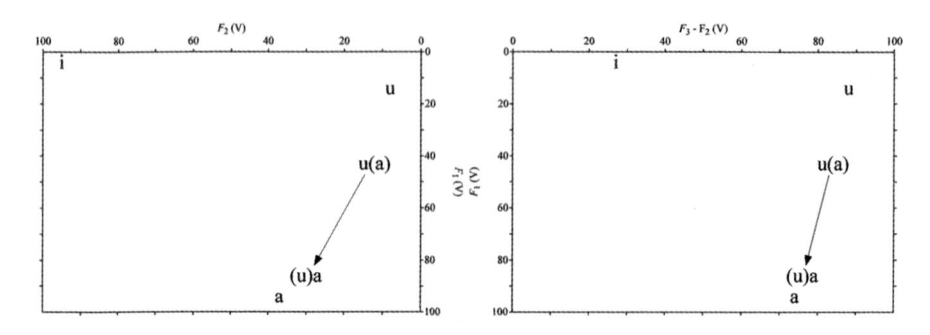

图 4.15　澳门普通话男性发音人 ua 的 V 值三维图

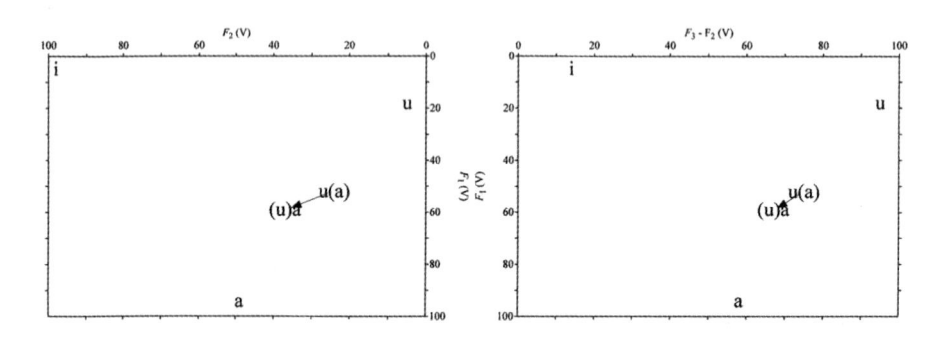

图 4.16　澳门普通话女性发音人 ua 的 V 值三维图

表 4.2　标准普通话和穗、港、澳三地普通话 ua 的 V 值数据

		u（a）			（u）a		
		F_1	F_2	$F_3 - F_2$	F_1	F_2	$F_3 - F_2$
标准普通话	男性	26	21	86	90	46	74
	女性	31	28	86	94	51	74
广州普通话	男性	46	15	89	78	33	89
	女性	50	24	84	77	40	75
香港普通话	男性	48	14	83	89	35	71
	女性	43	19	88	84	40	74
澳门普通话	男性	43	12	84	86	30	76
	女性	52	24	75	59	37	67

标准普通话 ua 中的韵头 u 比单元音 u 要前、低一些。广州、香港、澳门三地发音人所发的 ua 中的韵头 u 在高低维度上比标准普通话低很多，

实际音值接近标准元音［ʊ］或［o］。

标准普通话 ua 中的韵腹 a 接近单元音 a，实际音值为［A］。而广州、香港、澳门三地发音人所发的韵腹 a 在前后维度上相对较后，在高低维度上相对较高，实际音值接近标准元音［ʌ］或［ɐ］，尤其是澳门女性发音人，ua 动程小，整个韵母接近标准元音［ɜ］。

ua 的习得偏误主要是，韵头 u 较低，韵腹 a 较高，有的韵腹 a 接近［ɐ］。整个韵母动程变小，不如普通话的大。

此外，还有受粤语影响而发错音的，如香港男性 1 号、2 号、3 号发音人把"花"发成［fa］，香港男性 3 号发音人、香港女性 2 号和 5 号发音人均把"刷"发成［ʧʰat］。

三 ie 的习得

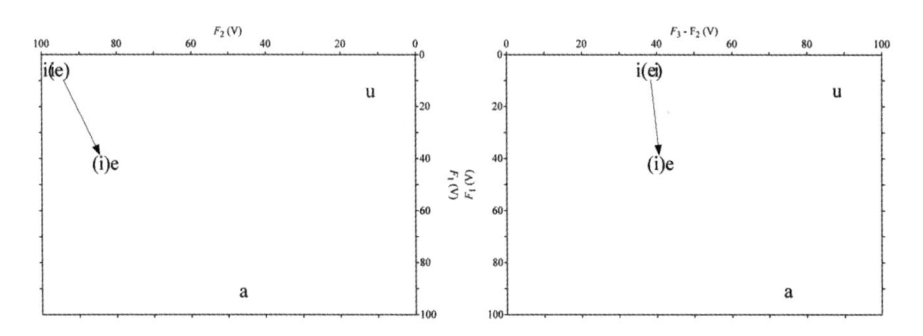

图 4.17 标准普通话男性发音人 ie 的 V 值三维图

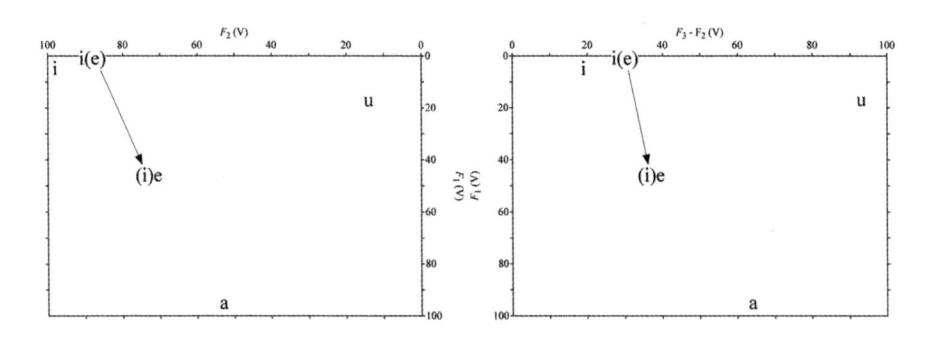

图 4.18 标准普通话女性发音人 ie 的 V 值三维图

图 4.19　广州普通话男性发音人 ie 的 V 值三维图

图 4.20　广州普通话女性发音人 ie 的 V 值三维图

图 4.21　香港普通话男性发音人 ie 的 V 值三维图

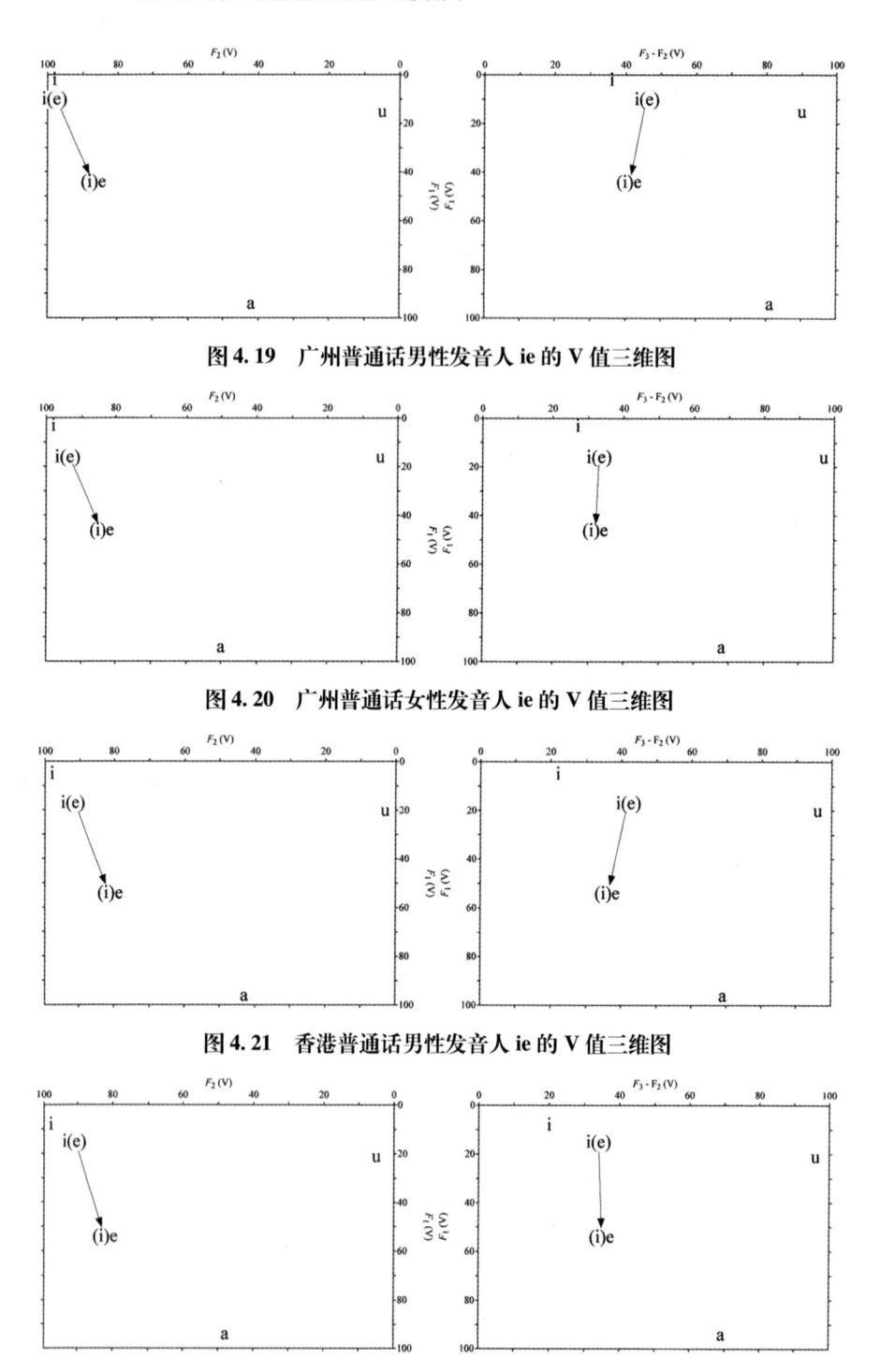

图 4.22　香港普通话女性发音人 ie 的 V 值三维图

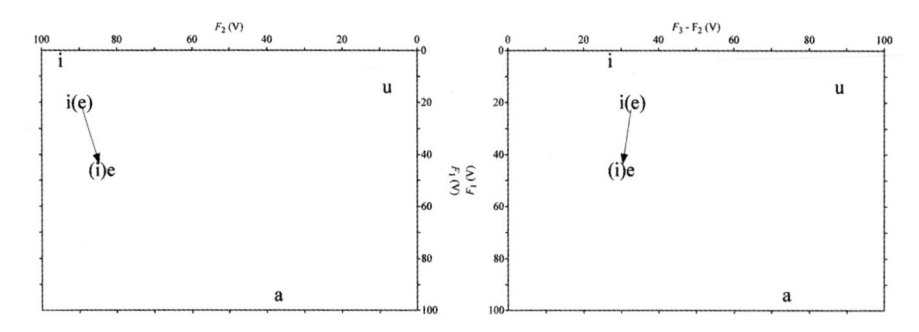

第四章　穗、港、澳三地普通话复元音习得的声学分析　／　53

图 4.23　澳门普通话男性发音人 ie 的 V 值三维图

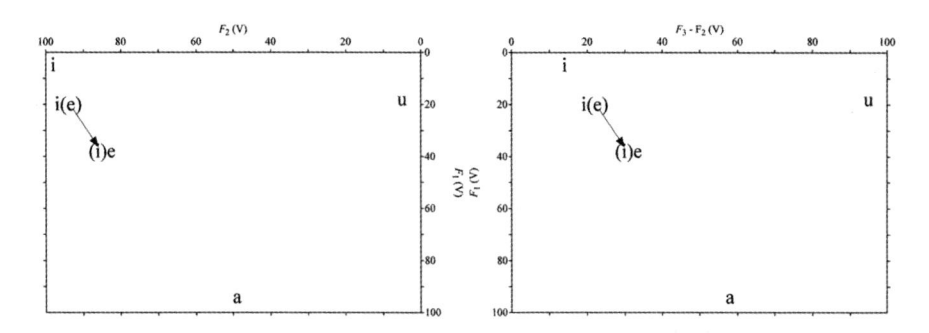

图 4.24　澳门普通话女性发音人 ie 的 V 值三维图

表 4.3　　　　标准普通话和穗、港、澳三地普通话 ie 的 V 值数据

		\multicolumn{3}{c}{i (e)}	\multicolumn{3}{c}{(i) e}
		F_1	F_2	$F_3 - F_2$	F_1	F_2	$F_3 - F_2$
标准普通话	男性	6	96	38	42	83	41
	女性	1	88	30	46	73	37
广州普通话	男性	10	98	46	44	87	41
	女性	16	94	33	46	84	32
香港普通话	男性	17	92	42	54	81	36
	女性	15	91	34	54	82	35
澳门普通话	男性	20	90	33	46	84	30
	女性	20	94	22	38	85	31

　　穗、港、澳三地 ie 的习得情况比较好，ie 中的韵头 i，标准普通话是标准元音 [i]，三地的则略低，接近标准元音 [ɪ]。ie 中的韵腹 e，标准

普通话是标准元音［ɛ］，三地发音人的则略高，接近标准元音［e］。不过，这些都是较小的差异，在可接受范围之内。

另外，值得注意的是，有一位香港男性发音人几乎将所有的 ie 例字的韵母变成了［ɛ］。这是母方言负迁移的影响所致。普通话中韵母为 ie 的字，在粤语里，其韵母很多是念 ɛ，如"椰"念［jɛ］，"些"念［ʃɛ］。所以，有些发音人在念普通话韵母 ie 时，可能受到粤语的影响，念成［ɛ］。另外，香港男性 1 号、女性 4 号发音人把"鳖""别"发成［pit］，把"爹""些"分别发成［tɛ］［ʃɛ］，澳门男性 2 号发音人把"爹"发成［tɛ］。

四　ye 的习得

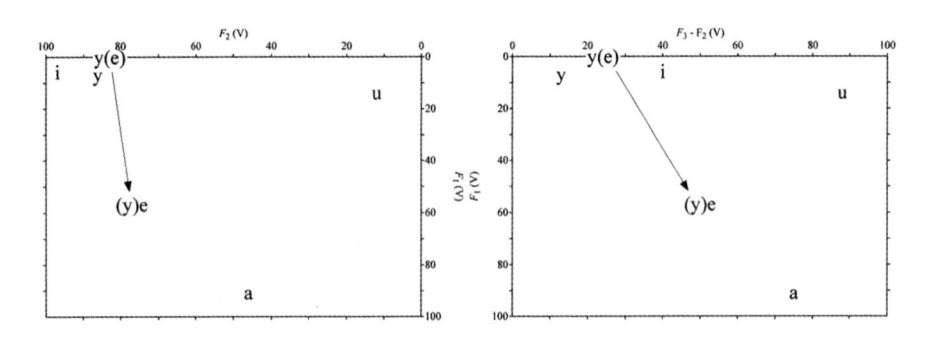

图 4.25　标准普通话男性发音人 ye 的 V 值三维图

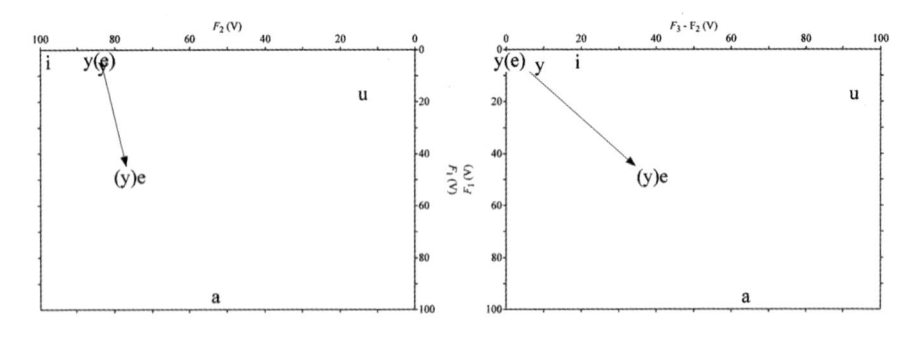

图 4.26　标准普通话女性发音人 ye 的 V 值三维图

图 4.27　广州普通话男性发音人 ye 的 V 值三维图

图 4.28　广州普通话女性发音人 ye 的 V 值三维图

图 4.29　香港普通话男性发音人 ye 的 V 值三维图

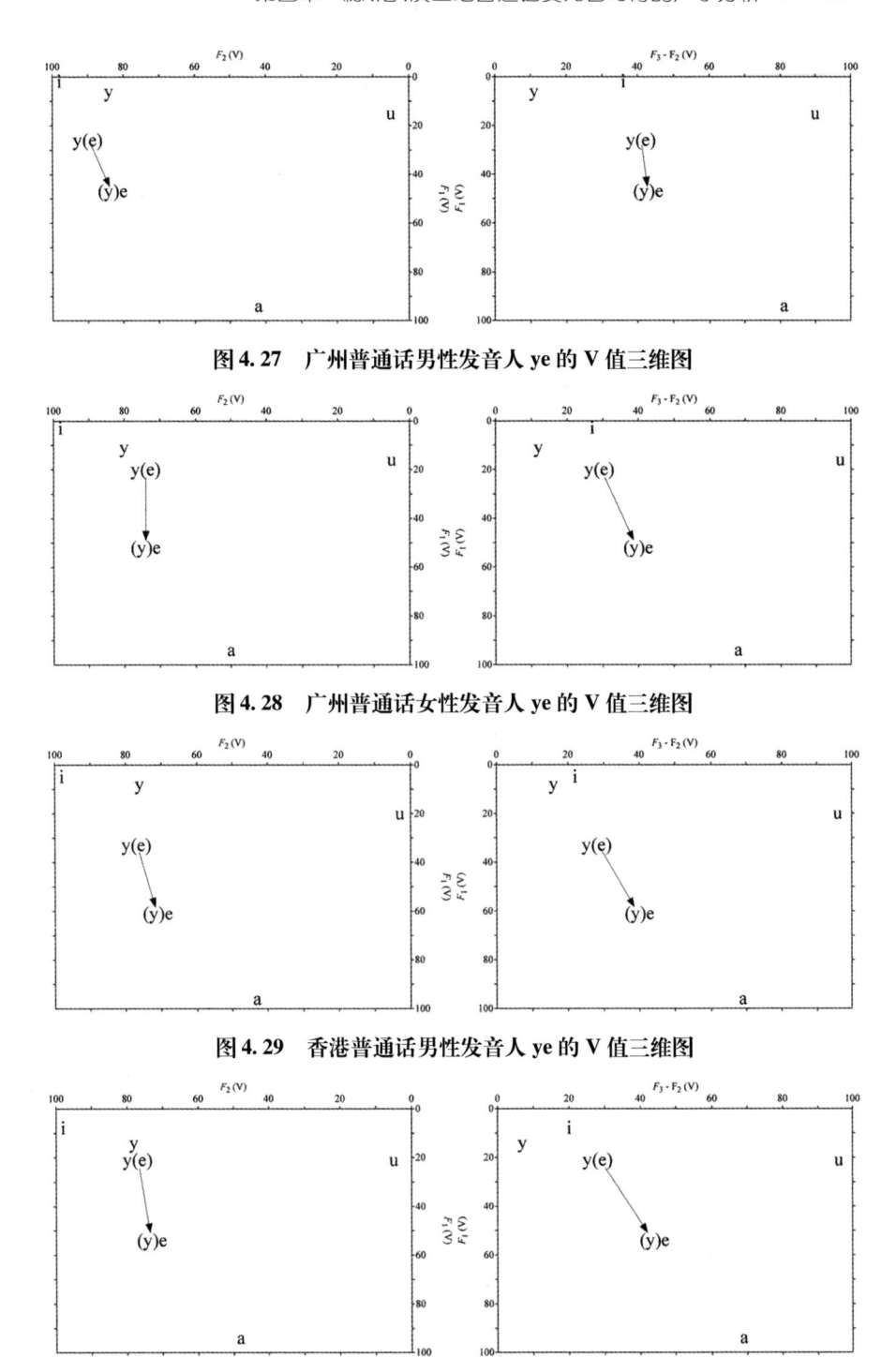

图 4.30　香港普通话女性发音人 ye 的 V 值三维图

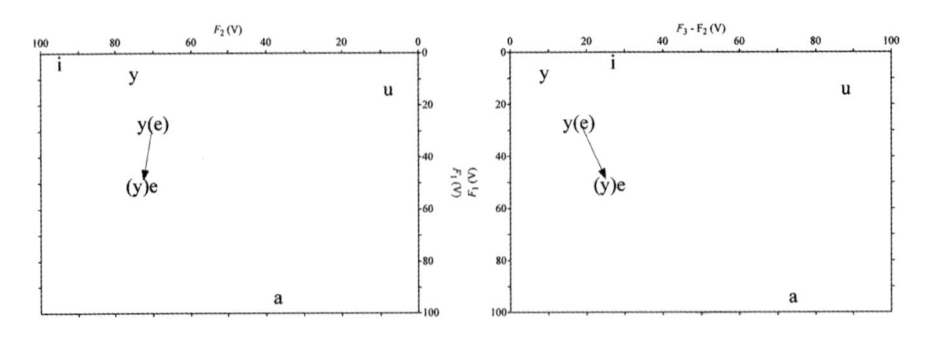

图 4.31　澳门普通话男性发音人 ye 的 V 值三维图

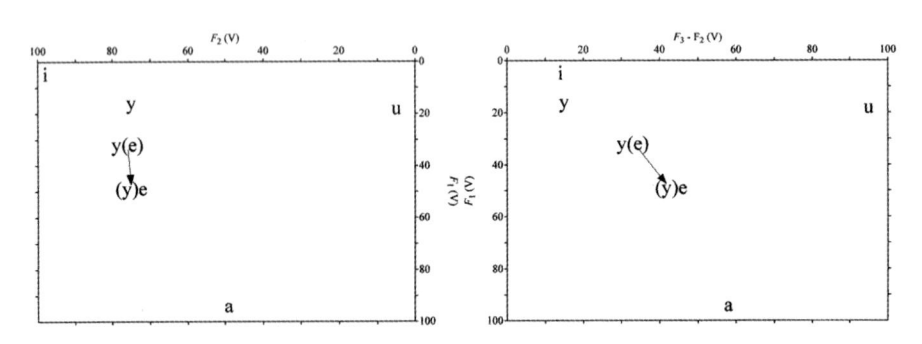

图 4.32　澳门普通话男性发音人 ye 的 V 值三维图

表 4.4　标准普通话和穗、港、澳三地普通话 ye 的 V 值数据

		\multicolumn{3}{c}{y（e）}	\multicolumn{3}{c}{（y）e}
		F_1	F_2	$F_3 - F_2$	F_1	F_2	$F_3 - F_2$
标准普通话	男性	0	83	24	57	77	50
	女性	4	84	1	49	76	39
广州普通话	男性	26	90	41	47	83	43
	女性	20	74	29	52	74	40
香港普通话	男性	33	77	28	61	71	40
	女性	21	77	28	54	73	44
澳门普通话	男性	27	70	18	51	73	26
	女性	32	76	33	49	75	43

　　标准普通话 ye 中的韵头 y 实际音值为标准元音 [y]，除了广州和香港两地女性发音人的实际音值为标准元音 [ʏ]，接近 [y]。其他发音人

的均比标准元音［y］的舌位低，实际音值均接近标准元音［ø］。

标准普通话 ye 中的韵腹 e 实际音值为标准元音［ɛ］。广州、香港、澳门三地发音人所发的韵腹 e 基本跟标准普通话接近，只是香港男性发音人的略低，实际音值为［ɛ］。

穗、港、澳三地 ye 的习得情况比较好，主要偏误是个别发音人（香港男性发音人）将韵腹发成［ɛ］，舌位略低。

此外，还有受粤语影响而发错音的，如香港男性 3 号发音人把"缺"发成［kʰyt］。

五 uo 的习得

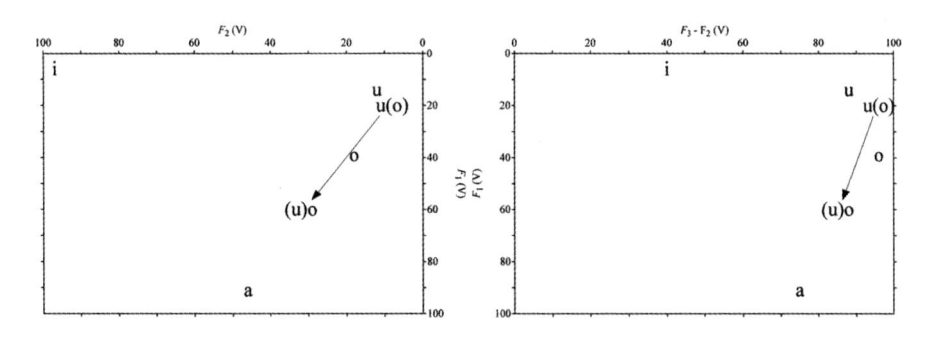

图 4.33 标准普通话男性发音人 uo 的 V 值三维图

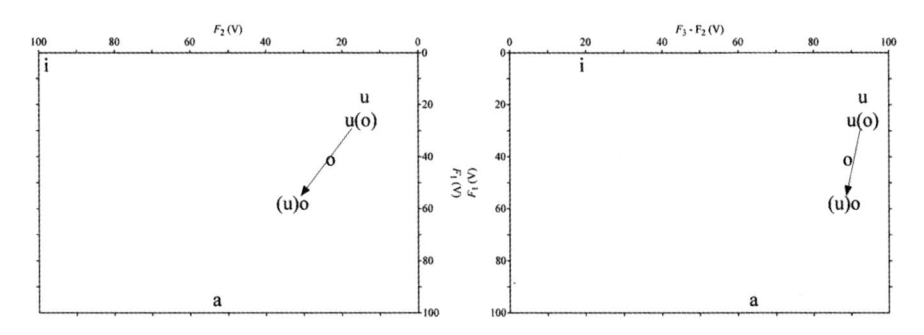

图 4.34 标准普通话女性发音人 uo 的 V 值三维图

图 4.35　广州普通话男性发音人 uo 的 V 值三维图

图 4.36　广州普通话女性发音人 uo 的 V 值三维图

图 4.37　香港普通话男性发音人 uo 的 V 值三维图

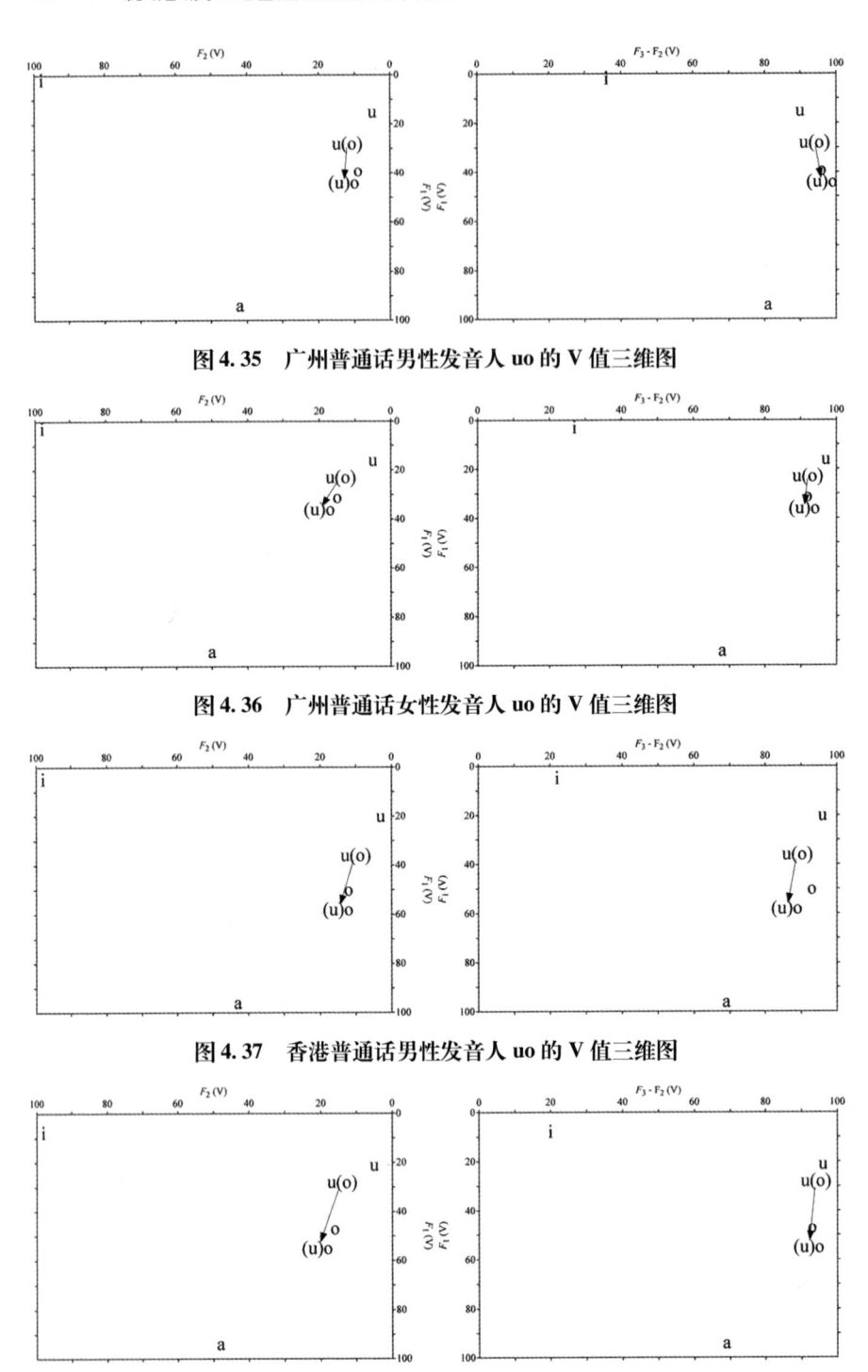

图 4.38　香港普通话女性发音人 uo 的 V 值三维图

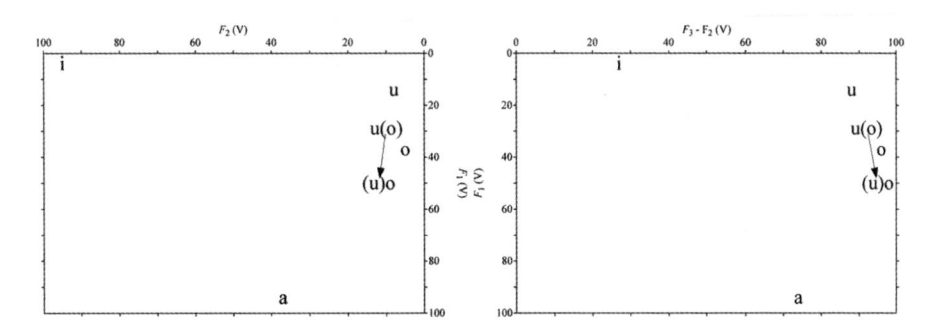

图 4.39　澳门普通话男性发音人 uo 的 V 值三维图

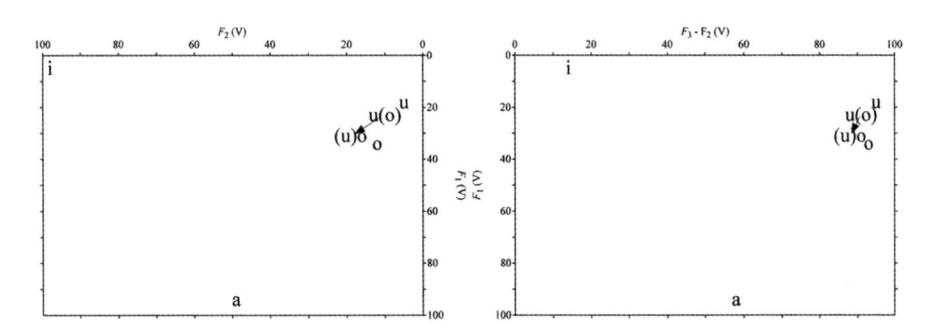

图 4.40　澳门普通话女性发音人 uo 的 V 值三维图

表 4.5　标准普通话和穗、港、澳三地普通话 uo 的 V 值数据

		u（o）			（u）o		
		F_1	F_2	$F_3 - F_2$	F_1	F_2	$F_3 - F_2$
标准普通话	男性	20	8	96	60	32	85
	女性	26	15	93	58	33	88
广州普通话	男性	28	12	94	44	13	96
	女性	23	14	92	36	20	91
香港普通话	男性	36	10	89	58	15	86
	女性	28	14	94	55	21	92
澳门普通话	男性	29	10	92	50	12	95
	女性	23	10	91	31	19	88

标准普通话 uo 中的韵头 u 实际音值为标准元音 [u]，除了香港男性发音人的接近标准元音 [o]，其他发音人的均接近标准元音 [u]，习得情况较好。

标准普通话 uo 中的韵腹 o 实际音值为标准元音 [ɔ]。广州和澳门发音人的接近标准元音 [o]，香港发音人的接近标准元音 [ɔ]，香港发音人习得情况相对略好。

此外，还有受粤语影响而发错音的，如香港男性 1 号发音人把"脱"发成 [tʰyt]，把"桌"发成 [tʃʰœk]。

六　ai 的习得

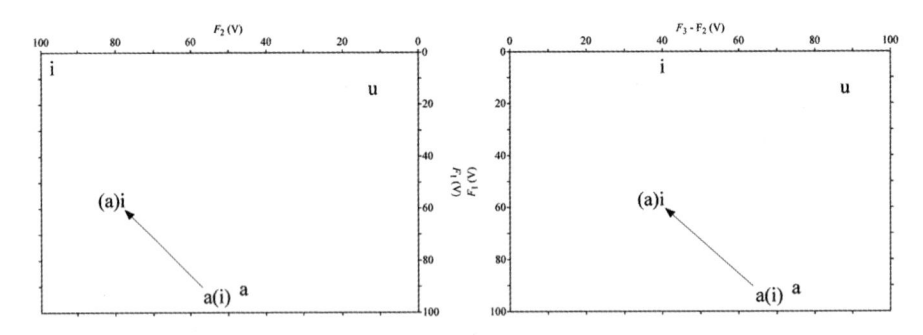

图 4.41　标准普通话男性发音人 ai 的 V 值三维图

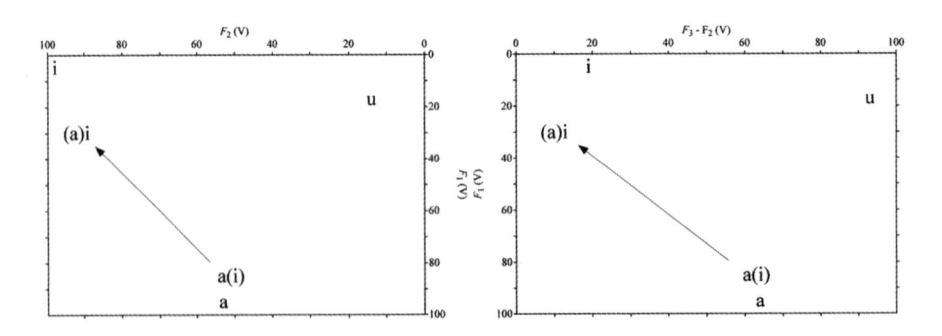

图 4.42　标准普通话女性发音人 ai 的 V 值三维图

图 4.43　广州普通话男性发音人 ai 的 V 值三维图

图 4.44　广州普通话女性发音人 ai 的 V 值三维图

图 4.45　香港普通话男性发音人 ai 的 V 值三维图

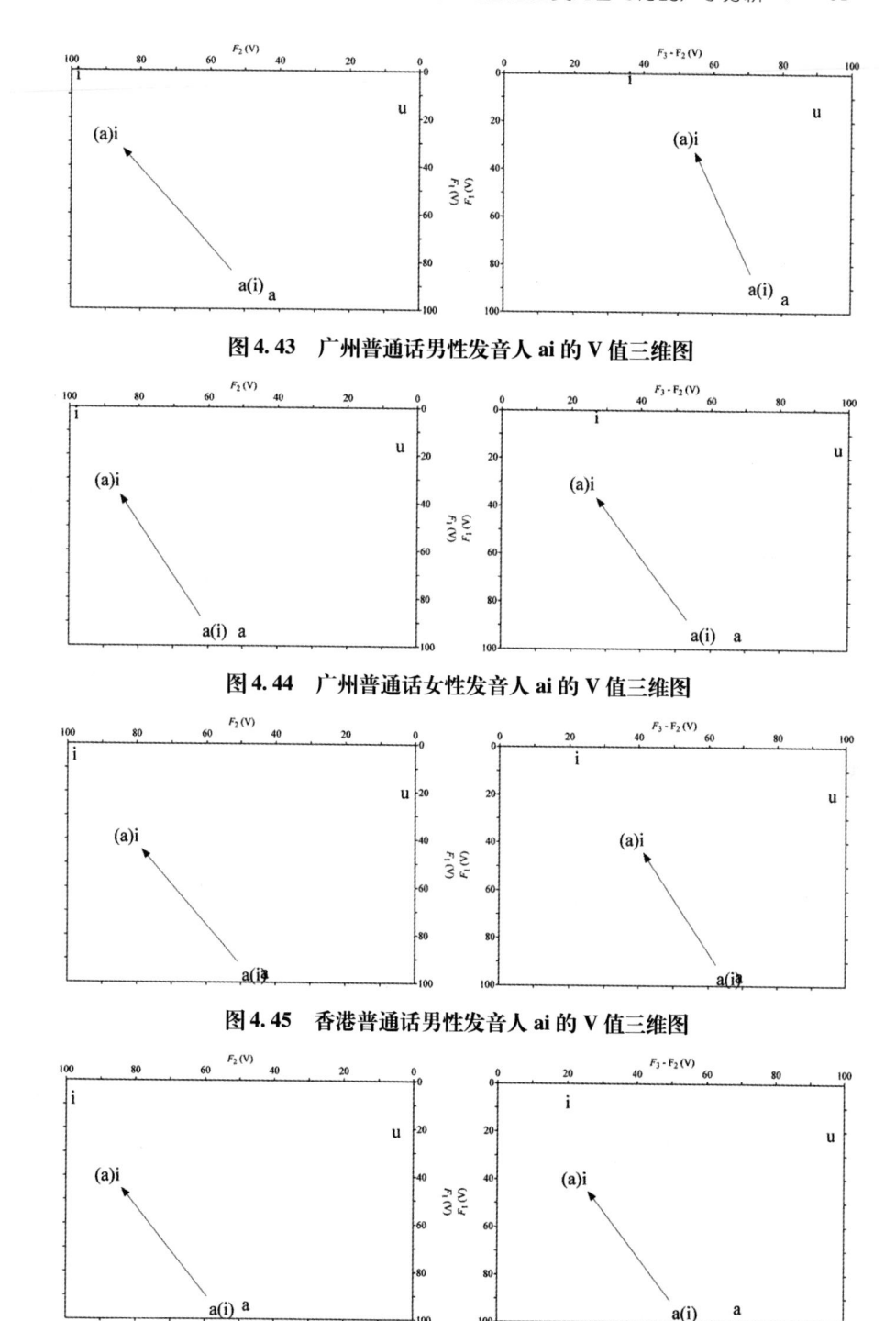

图 4.46　香港普通话女性发音人 ai 的 V 值三维图

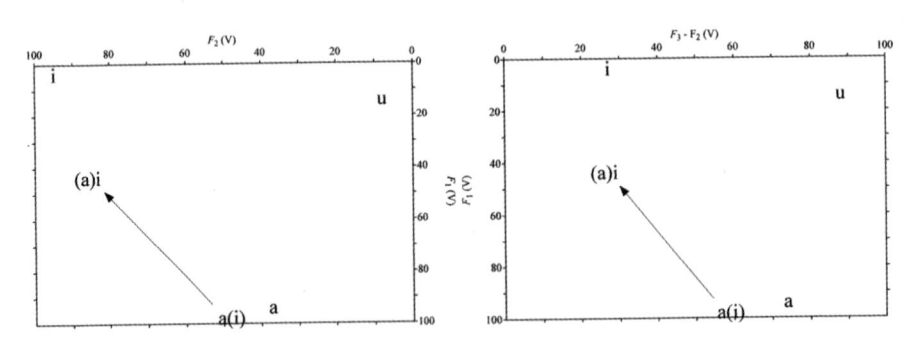

图 4.47　澳门普通话男性发音人 ai 的 V 值三维图

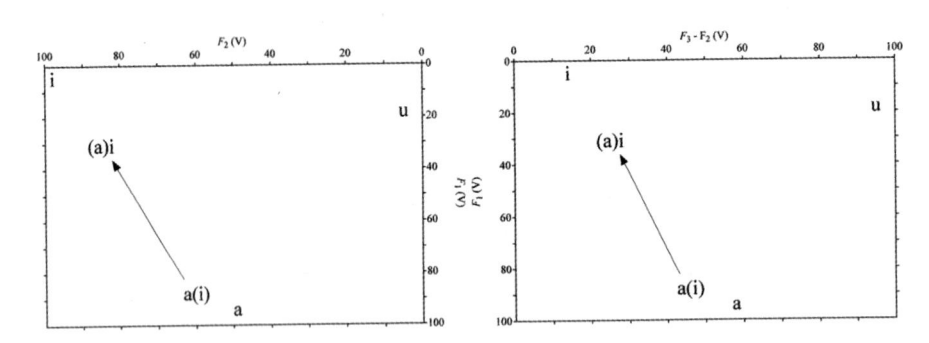

图 4.48　澳门普通话女性发音人 ai 的 V 值三维图

表 4.6　标准普通话和穗、港、澳三地普通话 ai 的 V 值数据

		\multicolumn{3}{c	}{a (i)}	\multicolumn{3}{c	}{(a) i}
		F_1	F_2	$F_3 - F_2$	F_1	F_2	$F_3 - F_2$
标准普通话	男性	94	53	68	57	81	37
	女性	85	51	63	30	92	10
广州普通话	男性	90	48	74	27	90	52
	女性	94	58	58	31	89	23
香港普通话	男性	97	46	66	39	83	38
	女性	96	55	54	40	88	22
澳门普通话	男性	98	48	59	44	86	26
	女性	88	60	46	31	85	25

标准普通话 ai 中的韵腹 a 实际音值为标准元音 [ʌ] 或 [ɐ]，跟单元音 a [A] 接近。除了澳门女性发音人的位于标准元音 [æ][A] 之间，其他发音人的均接近标准元音 [A]，习得情况较好。

标准普通话 ai 中的韵尾 i 只是表现发音的滑动目标，往往会有人际差异。标准普通话男性发音人的实际音值为标准元音 [ɛ]，女性发音人为标准元音 [e]。香港男性发音人和女性发音人以及澳门男性发音人的介于标准元音 [e][ɛ] 之间，其他发音人接近标准元音 [e]。

双元音可以分为前响双元音、后响双元音两类。在听觉对应上，"响"的元音听起来响亮，"响"的程度具有一定的主观性。在声学对应上，"响"的元音具有较高的 F_1、较长的时长。在发音状态上，前响、后响两类元音具有较大的区别，后响双元音的两个元音的音值，跟各自对应的单元音的音值差别不大，在声学元音图上，后响双元音两个元音的声学位置接近各自对应单元音的声学位置。例如，图 4.1 和图 4.2 中，ia 中 i、a 的位置，接近对应单元音 i、a 的位置。而前响双元音的两个元音的音值，跟各自对应的单元音的音值差别较大，尤其是第二个元音，只是发音的滑动目标，至于是否要达到目标位置，或者达到离目标多远的位置，往往会有人际差异。在声学元音图上，前响双元音两个元音（或其中的一个）的声学位置距离对应单元音的声学位置往往较远。例如，图 4.41 和图 4.42 中，ai 的中 i 的位置，距离对应单元音 i 的位置较远。

在习得上，后响双元音由于起点、止点目标明确，母语者人际差异较小，因而习得者的习得也较为容易。相反，前响双元音由于起点、止点尤其是止点目标不太明确，即使是母语者，也存在一定的人际差异，因而习得者的习得也较为复杂。教师应该向学生介绍这些情况，并说明不要受汉语拼音的影响而将后响双元音的第二个元音发成相应的单元音的音值，否则在听感上反而不自然。因此，在教学上，相对后响双元音，前响双元音更应该成为教学的重点。

ai 的习得情况较好，少数发音人的韵腹 a 略前。

七 au 的习得

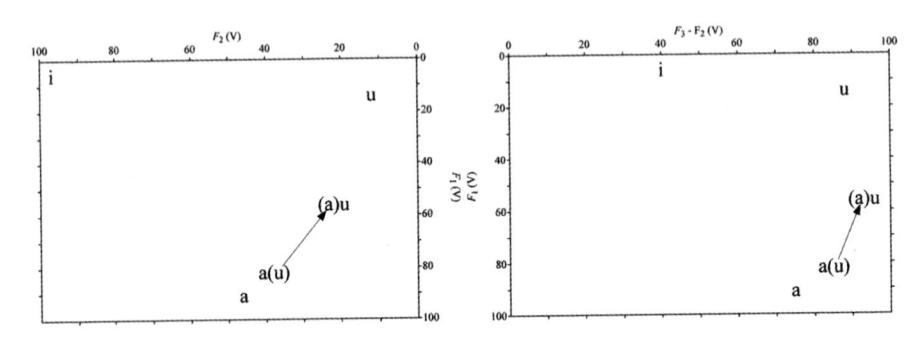

图 4.49 标准普通话男性发音人 au 的 V 值三维图

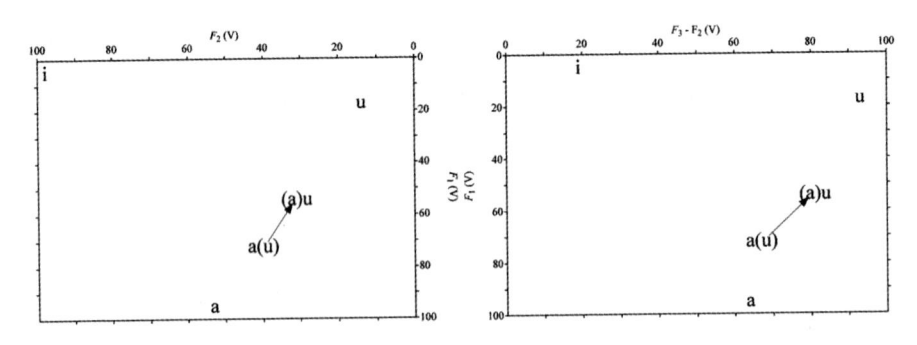

图 4.50 标准普通话女性发音人 au 的 V 值三维图

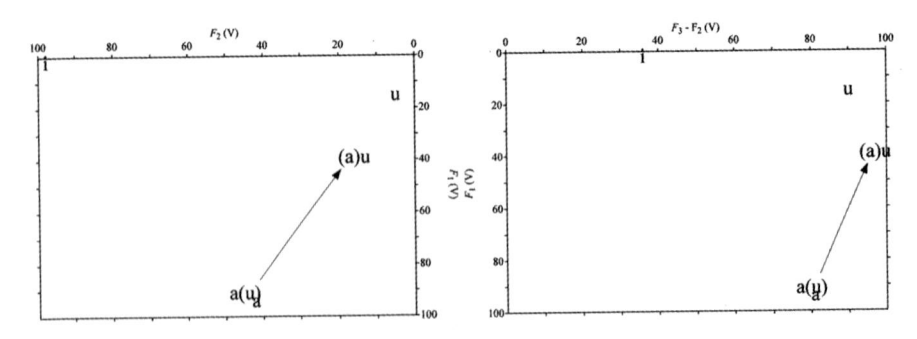

图 4.51 广州普通话男性发音人 au 的 V 值三维图

第四章 穗、港、澳三地普通话复元音习得的声学分析 / 65

图 4.52 广州普通话女性发音人 au 的 V 值三维图

图 4.53 香港普通话男性发音人 au 的 V 值三维图

图 4.54 香港普通话女性发音人 au 的 V 值三维图

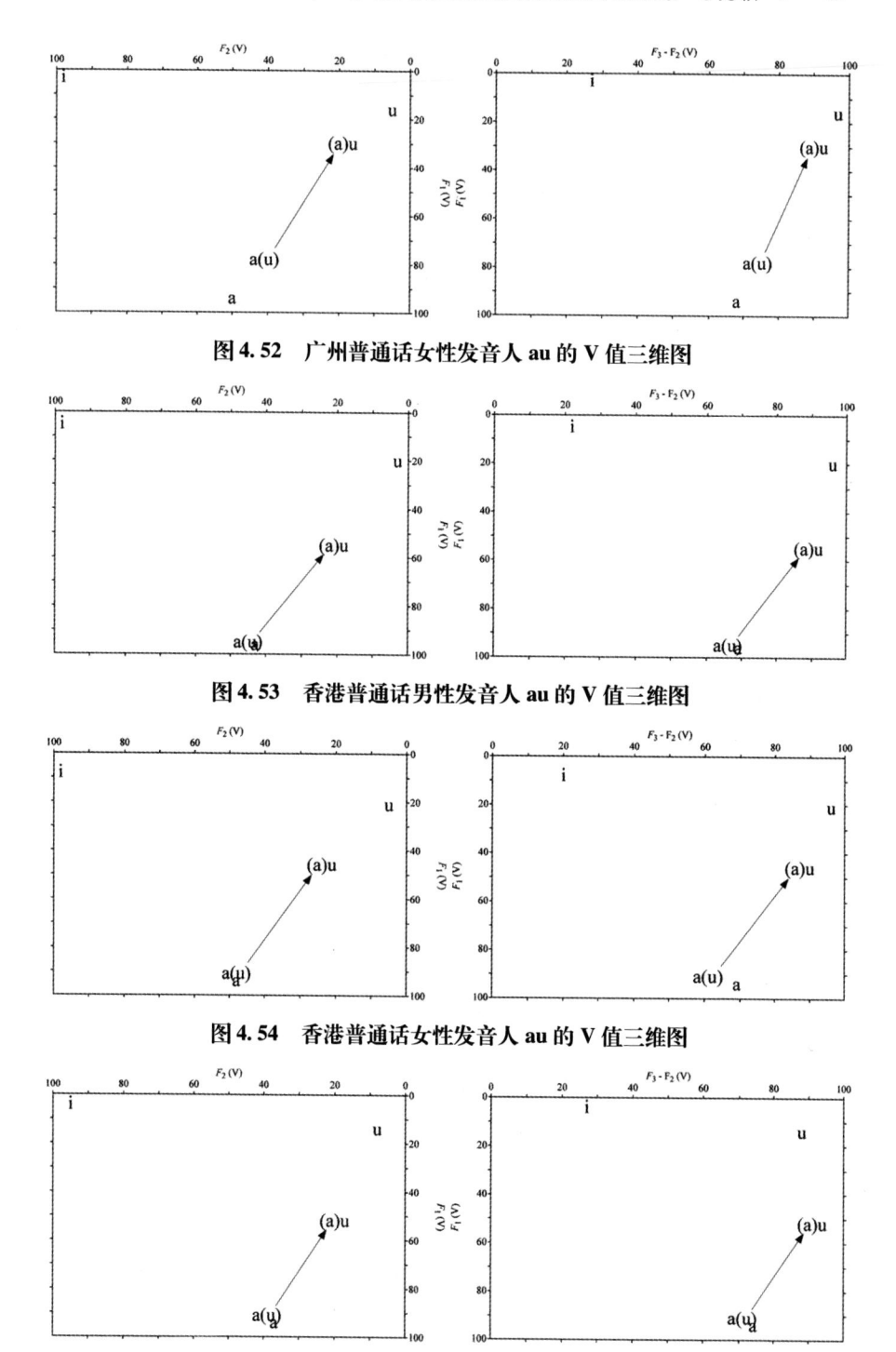

图 4.55 澳门普通话男性发音人 au 的 V 值三维图

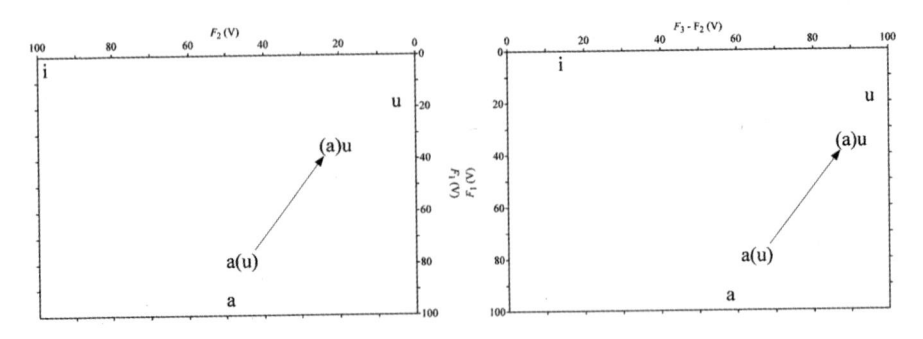

图4.56　澳门普通话女性发音人 au 的 V 值三维图

表4.7　标准普通话和穗、港、澳三地普通话 au 的 V 值数据

		a（u）			(a) u		
		F_1	F_2	F_3-F_2	F_1	F_2	F_3-F_2
标准普通话	男性	82	38	85	56	22	93
	女性	72	40	67	54	31	81
广州普通话	男性	91	45	80	39	16	97
	女性	78	41	74	30	19	90
香港普通话	男性	95	45	66	55	21	89
	女性	91	48	61	46	24	87
澳门普通话	男性	91	39	71	52	20	91
	女性	79	46	65	35	21	90

标准普通话 au 中的韵腹 a 实际音值接近标准元音［ɑ］，比单元音 a ［ʌ］略高、略后。广州女性的接近标准元音［ɑ］，澳门女性的接近标准元音［ɐ］，三地其余发音人的接近标准元音［ʌ］。au 中的 a 的习得存在一定的人际差异，主要偏误是大部分发音人舌位略偏前。

标准普通话 au 中的韵尾 u 只是表现发音的滑动目标，往往会有人际差异。标准普通话的实际音值接近标准元音［ɔ］。香港、澳门男性发音人的接近标准元音［ɔ］，其余发音的接近标准元音［o］。au 中的 u 的习得存在一定的人际差异。很多发音人虽然把 au 中的 u 发得略高一点儿，不过偏误程度较小。

au 的主要偏误是有发音人将韵腹 a 发得较前，还有的发音人的韵尾 u 略高,不过程度很小。当然,即使是标准普通话里的发音,au 也存在一定的人际差异,因此,穗、港、澳三地人们 au 的习得,同样具有一定的人际差异。

此外,还有受粤语影响而发错音的,如香港男性 1 号、2 号发音人把"刀""高"分别发成[tou][kou],1 号、2 号、3 号发音人把"烧"发成[ʃiu],女性 3 号发音人把"高"发成[kou],把"早"发成[ʧou],4 号发音人把"烧"发成[ʃiau]。

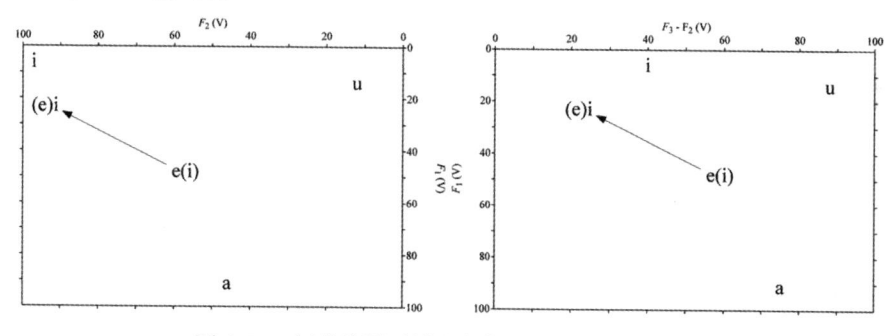

八　ei 的习得

图 4.57　标准普通话男性发音人 ei 的 V 值三维图

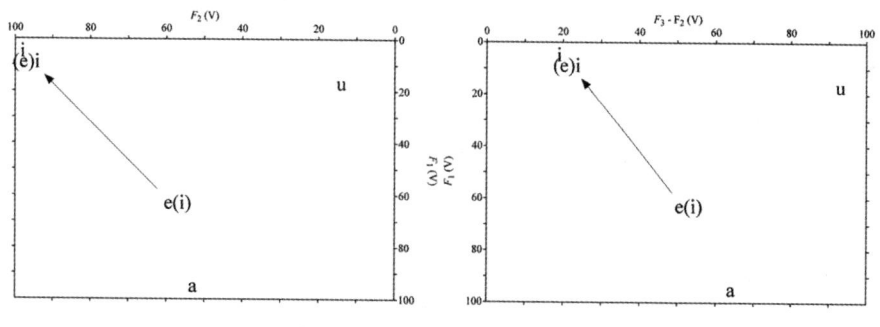

图 4.58　标准普通话女性发音人 ei 的 V 值三维图

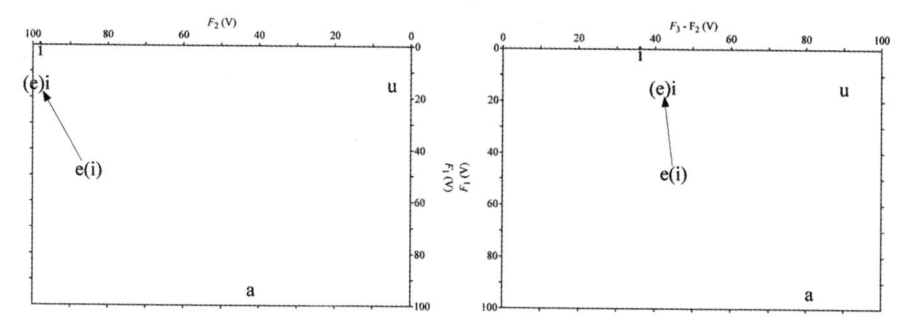

图 4.59　广州普通话男性发音人 ei 的 V 值三维图

图 4.60　广州普通话女性发音人 ei 的 V 值三维图

图 4.61　香港普通话男性发音人 ei 的 V 值三维图

图 4.62　香港普通话女性发音人 ei 的 V 值三维图

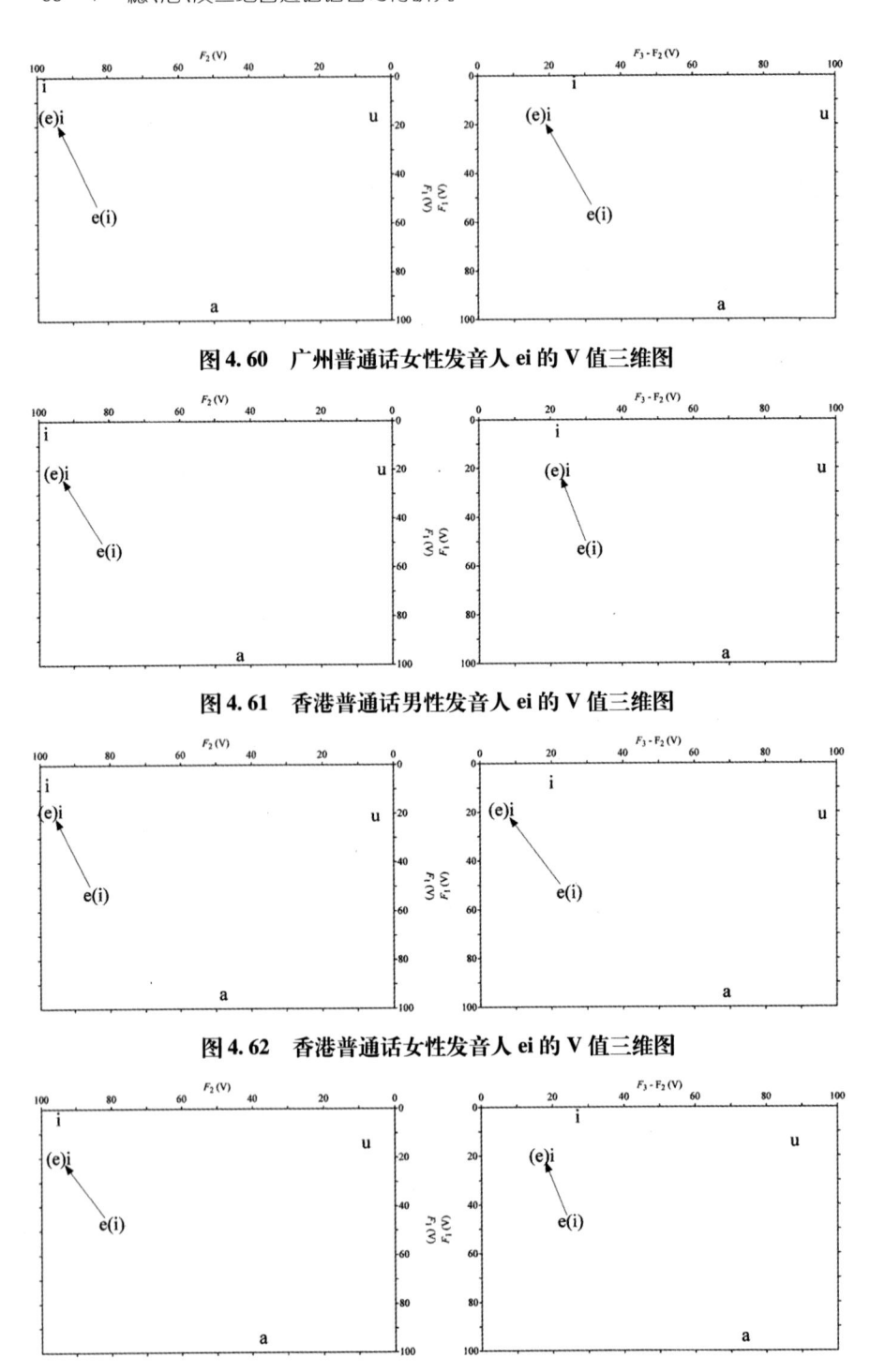

图 4.63　澳门普通话男性发音人 ei 的 V 值三维图

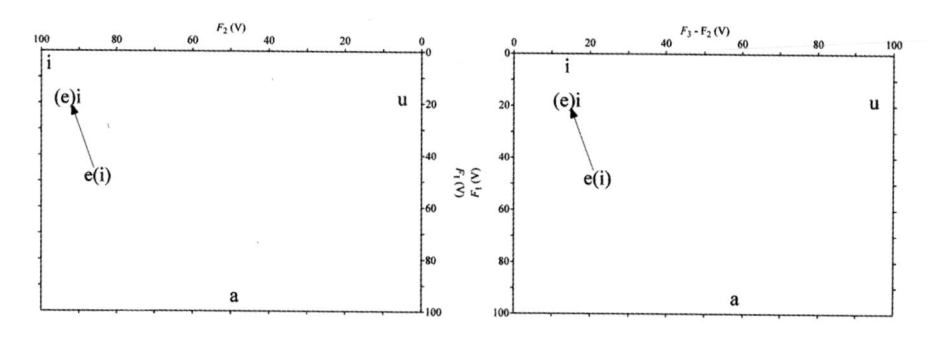

图 4.64　澳门普通话女性发音人 ei 的 V 值三维图

表 4.8　标准普通话和穗、港、澳三地普通话 ei 的 V 值数据

		\multicolumn{3}{c}{e（i）}	\multicolumn{3}{c}{(e) i}
		F_1	F_2	F_3-F_2	F_1	F_2	F_3-F_2
标准普通话	男性	48	57	59	23	94	22
	女性	63	57	53	9	97	21
广州普通话	男性	48	85	45	15	99	42
	女性	57	81	34	16	96	17
香港普通话	男性	53	80	31	21	95	22
	女性	53	84	25	19	97	6
澳门普通话	男性	47	80	25	20	95	17
	女性	48	85	22	18	93	14

标准普通话 ei 的具体音值为［əɪ］或［ɜi］，广州、香港、澳门三地发音人的实际音值基本为［ɛɪ］，其中广州女性的［ɛ］较低，香港男性、香港女性、澳门男性的［ɪ］介于标准元音［ɪ］［e］之间。与标准普通话的 ei 相比，穗、港、澳三地 ei 的习得偏误主要是 ei 的韵腹 e 相对靠前。

穗、港、澳三地粤语的 ei 跟普通话的 ei 并不是相同的音，穗、港、澳三地粤语 ei 的音值为［ei］，而普通话 ei 的音值为［əɪ］（男性发音人）、［ɜi］（女性发音人），普通话的低、后一些。所以，三地发音人普通话 ei 的习得，受到母语的负迁移影响，在舌位的前后维度上产生了偏误。

这就提醒我们，语音习得研究或语音比较研究不能着眼于两个系统音位的音标符号哪怕是国际音标符号相同与否，而应该用客观、科学的方法，考察音位的具体音值。

此外，还有受粤语影响而发错音的，如香港男性1号发音人把"杯"发成[pui]，3号发音人把"给"发成[kʰɐp]。

九 ou 的习得

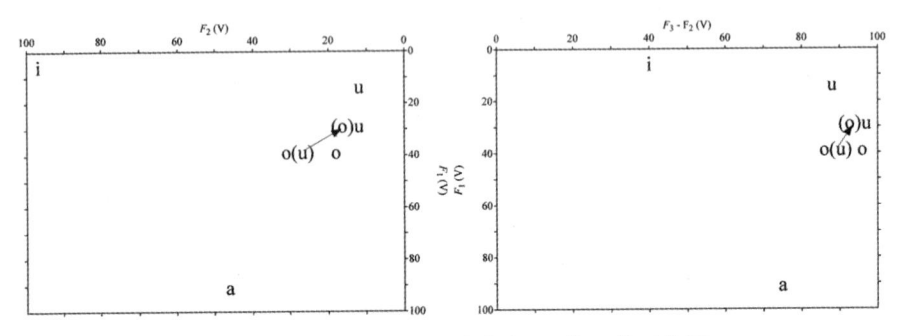

图 4.65　标准普通话男性发音人 ou 的 V 值三维图

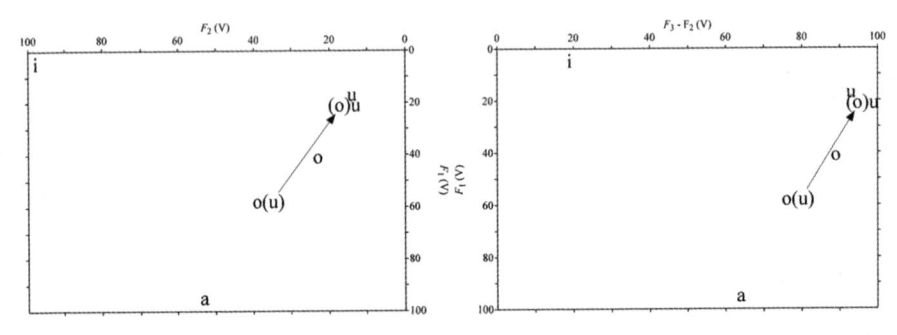

图 4.66　标准普通话女性发音人 ou 的 V 值三维图

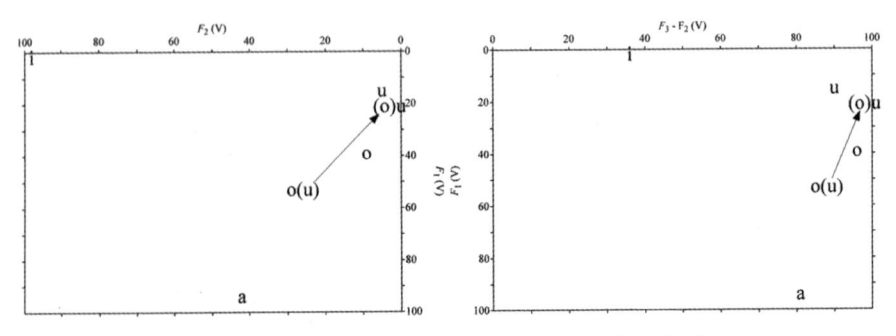

图 4.67　广州普通话男性发音人 ou 的 V 值三维图

图 4.68　广州普通话女性发音人 ou 的 V 值三维图

图 4.69　香港普通话男性发音人 ou 的 V 值三维图

图 4.70　香港普通话女性发音人 ou 的 V 值三维图

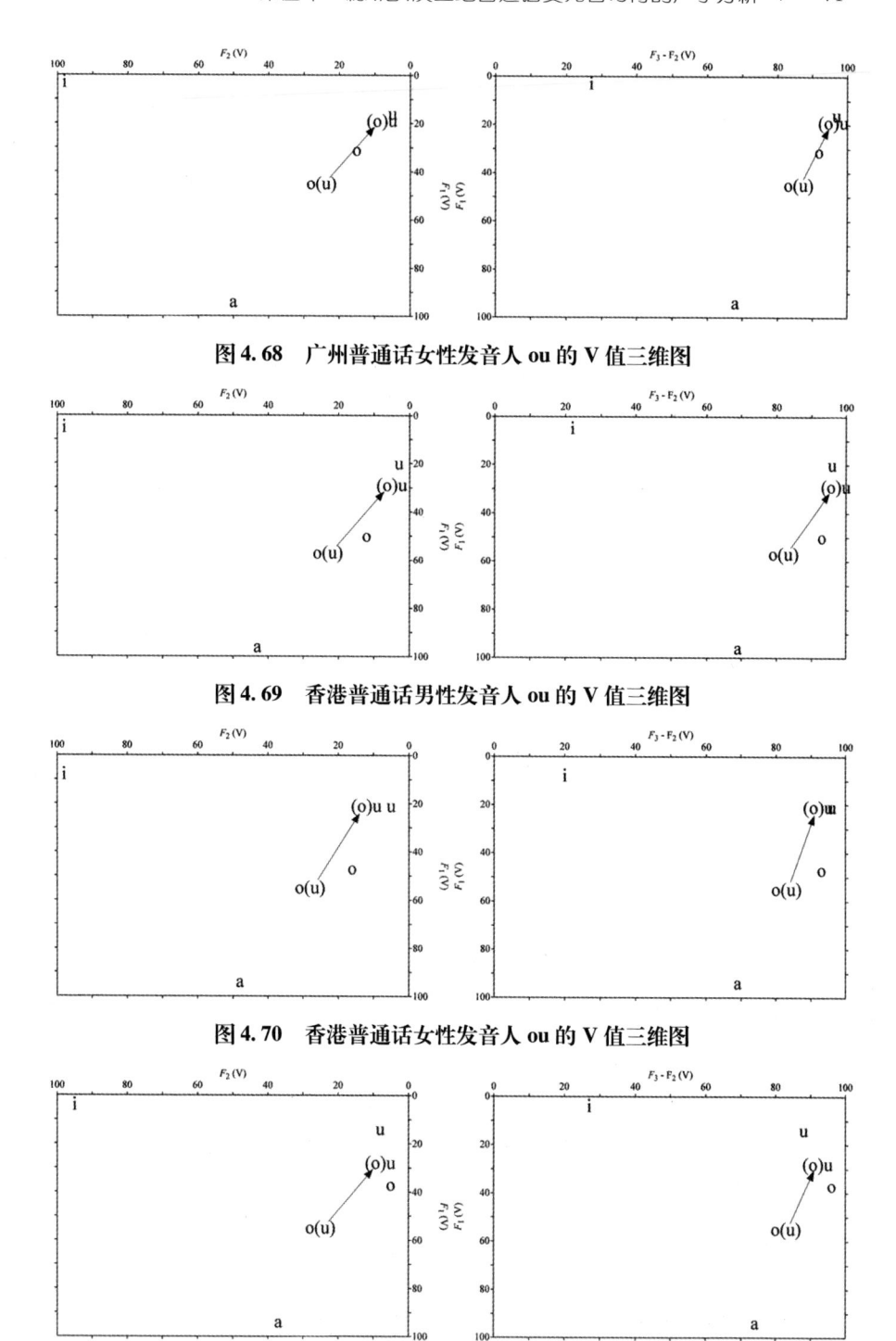

图 4.71　澳门普通话男性发音人 ou 的 V 值三维图

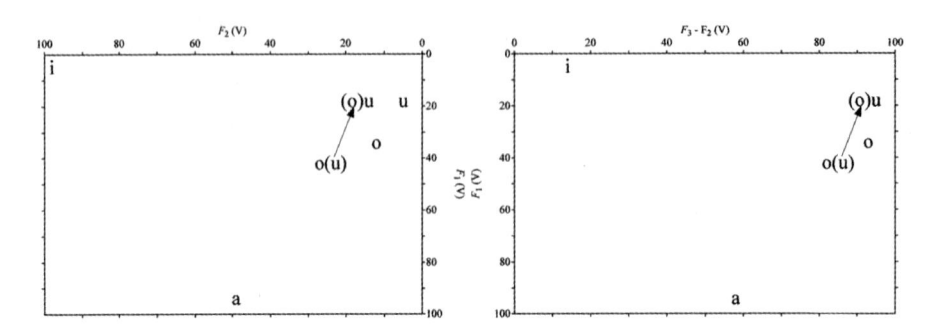

图4.72　澳门普通话女性发音人 ou 的 V 值三维图

表4.9　标准普通话和穗、港、澳三地普通话 ou 的 V 值数据

		o (u)			(o) u		
		F_1	F_2	$F_3 - F_2$	F_1	F_2	$F_3 - F_2$
标准普通话	男性	39	28	89	29	15	94
	女性	58	36	79	21	16	96
广州普通话	男性	53	26	88	21	3	98
	女性	45	25	86	19	8	96
香港普通话	男性	57	23	82	29	5	97
	女性	55	28	83	21	12	92
澳门普通话	男性	55	25	83	28	8	92
	女性	42	24	85	18	17	92

标准普通话 ou 的实际音值为［ʊu］或［əu］，广州男性、广州女性、澳门女性发音人 ou 的实际音值为［ou］，o 大致介于标准元音［o］［ɔ］之间，并且略前。香港男性、香港女性、澳门男性发音人 ou 的实际音值为［ɔʊ］，存在一定的偏误，即韵腹的舌位略低，整个元音动程略大。作为前响双元音，ou 的 o、u 的音值往往都不同于单元音 o、u，ou 的 o 往往比单元音 o 低、前，ou 的 u 有时候比单元音 u 低、前。即使是标准普通话的发音人，ou 也有一定的人际差异。在广州、香港、澳门三地的普通话中，同样存在人际、地际之间的差异。既然普通话 ou 音值本身就因人而略有差异，因此三地的习得情况，可以说是比较好的。

此外，还有受粤语影响而发错音的，如香港男性1号、3号、4号、女性 4 号发音人均把"都"发成 [tɐu]。

第二节　穗、港、澳三地普通话三元音习得的声学分析

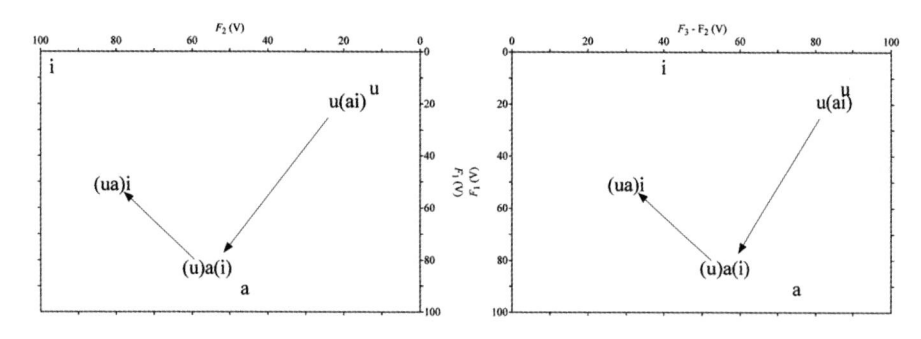

一　uai 的习得

图 4.73　标准普通话男性发音人 uai 的 V 值三维图

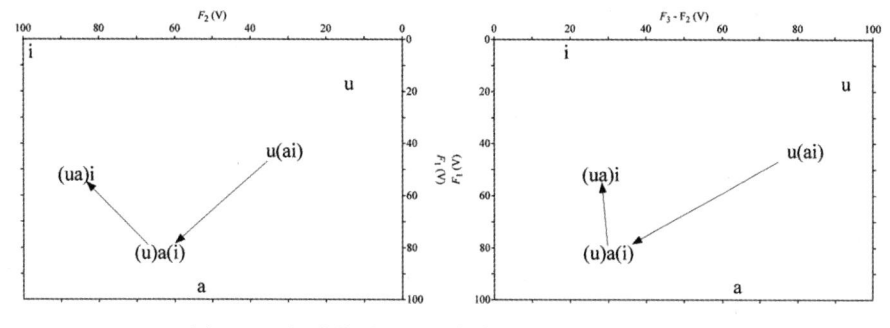

图 4.74　标准普通话女性发音人 uai 的 V 值三维图

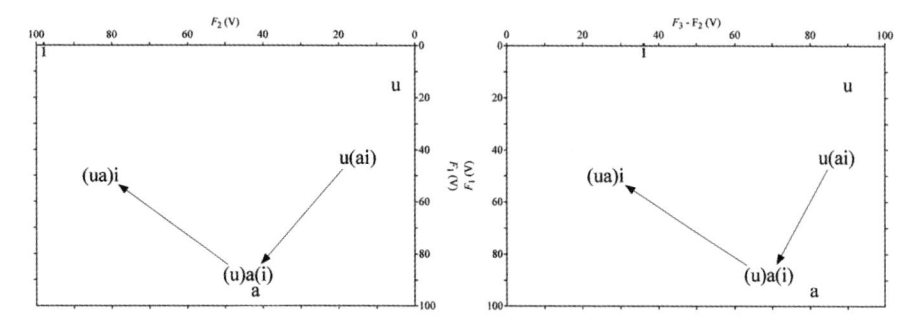

图 4.75　广州普通话男性发音人 uai 的 V 值三维图

图 4.76　广州普通话女性发音人 uai 的 V 值三维图

图 4.77　香港普通话男性发音人 uai 的 V 值三维图

图 4.78　香港普通话女性发音人 uai 的 V 值三维图

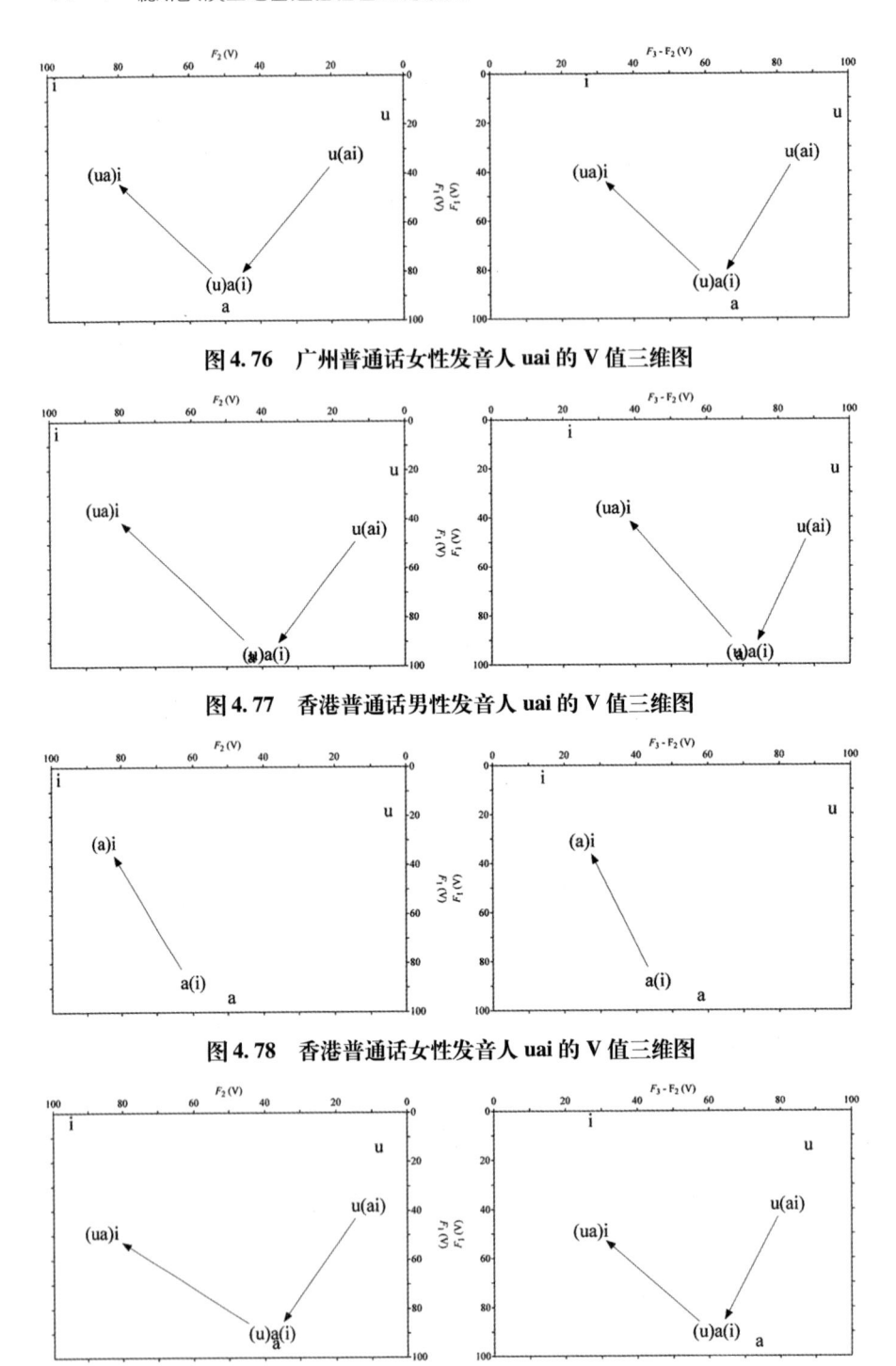

图 4.79　澳门普通话男性发音人 uai 的 V 值三维图

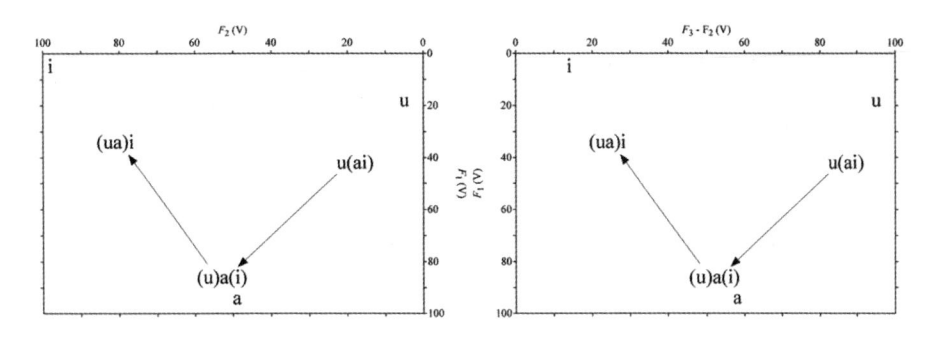

图 4.80　澳门普通话女性发音人 uai 的 V 值三维图

表 4.10　标准普通话和穗、港、澳三地普通话 uai 的 V 值数据

		u（ai）			（u）a（i）			（ua）i		
		F_1	F_2	$F_3 - F_2$	F_1	F_2	$F_3 - F_2$	F_1	F_2	$F_3 - F_2$
标准普通话	男性	19	19	85	83	56	56	51	81	30
	女性	43	31	82	82	64	30	52	86	28
广州普通话	男性	43	15	87	88	44	69	50	83	26
	女性	32	16	87	85	49	63	40	84	28
香港普通话	男性	44	10	90	95	39	72	36	85	34
	女性	43	17	89	92	48	66	34	86	26
澳门普通话	男性	38	11	82	90	38	62	49	86	27
	女性	42	18	87	86	53	52	34	81	24

　　标准普通话 uai 的实际音值接近［uɐe］或［oɐe］，广州、香港、澳门三地发音人 uai 的 u、i 发音均不到位，离各自相应的单元音较远，广州男性、广州女性、澳门男性发音人 uai 的实际音值接近［oʌe］，其中广州男性 uai 中的韵腹 a 介于标准元音［ʌ］［ɐ］之间，澳门男性 uai 中的 a 介于标准元音［ʌ］［ɑ］之间，广州女性 uai 中的［i］介于标准元音［e］［ɛ］之间。香港男性、香港女性、澳门女性发音人 uai 的实际音值接近［oʌe］，其中香港男性 uai 中的 a 介于标准元音［ʌ］［ɑ］之间。总的来说，三地发音人 uai 中的 a 比普通话的略低，香港男性、香港女性、澳门女性发音人 uai 的 i 比普通话的高一些。

　　uai 的习得偏误主要是韵腹 a 略低，韵尾 i 略高。动程大于标准普通话的 uai。这可能是受到汉语拼音或者有关教学策略的影响。

此外，还有受粤语影响而发错音的，如香港男性 1 号、3 号发音人把"快"发成 [fai]，3 号发音人把"块"发成 [fai]。

二　iau 的习得

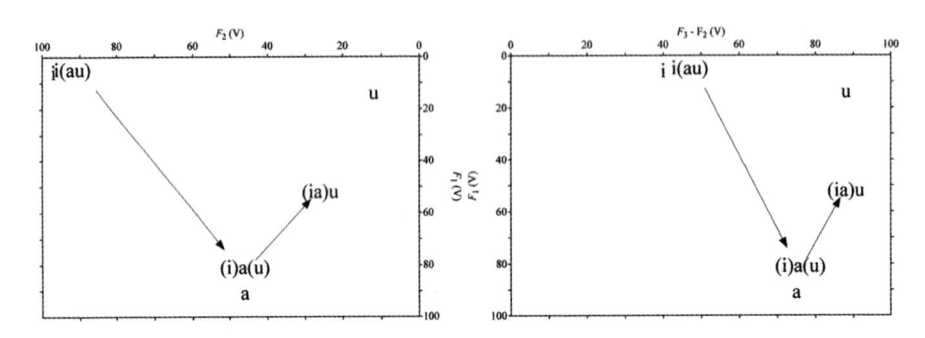

图 4.81　标准普通话男性发音人 iau 的 V 值三维图

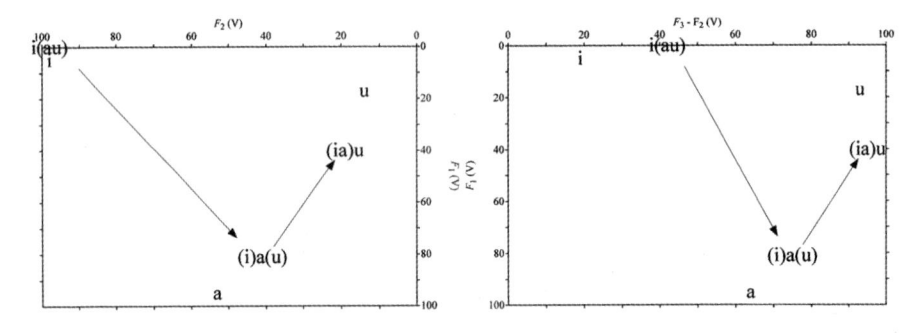

图 4.82　标准普通话女性发音人 iau 的 V 值三维图

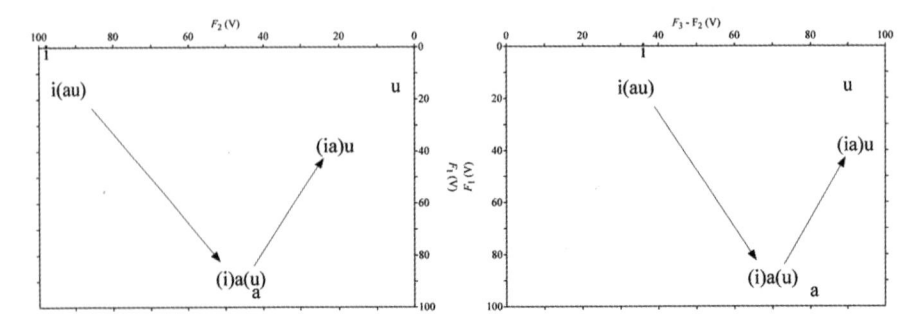

图 4.83　广州普通话男性发音人 iau 的 V 值三维图

第四章 穗、港、澳三地普通话复元音习得的声学分析 / 77

图 4.84 广州普通话女性发音人 iau 的 V 值三维图

图 4.85 香港普通话男性发音人 iau 的 V 值三维图

图 4.86 香港普通话女性发音人 iau 的 V 值三维图

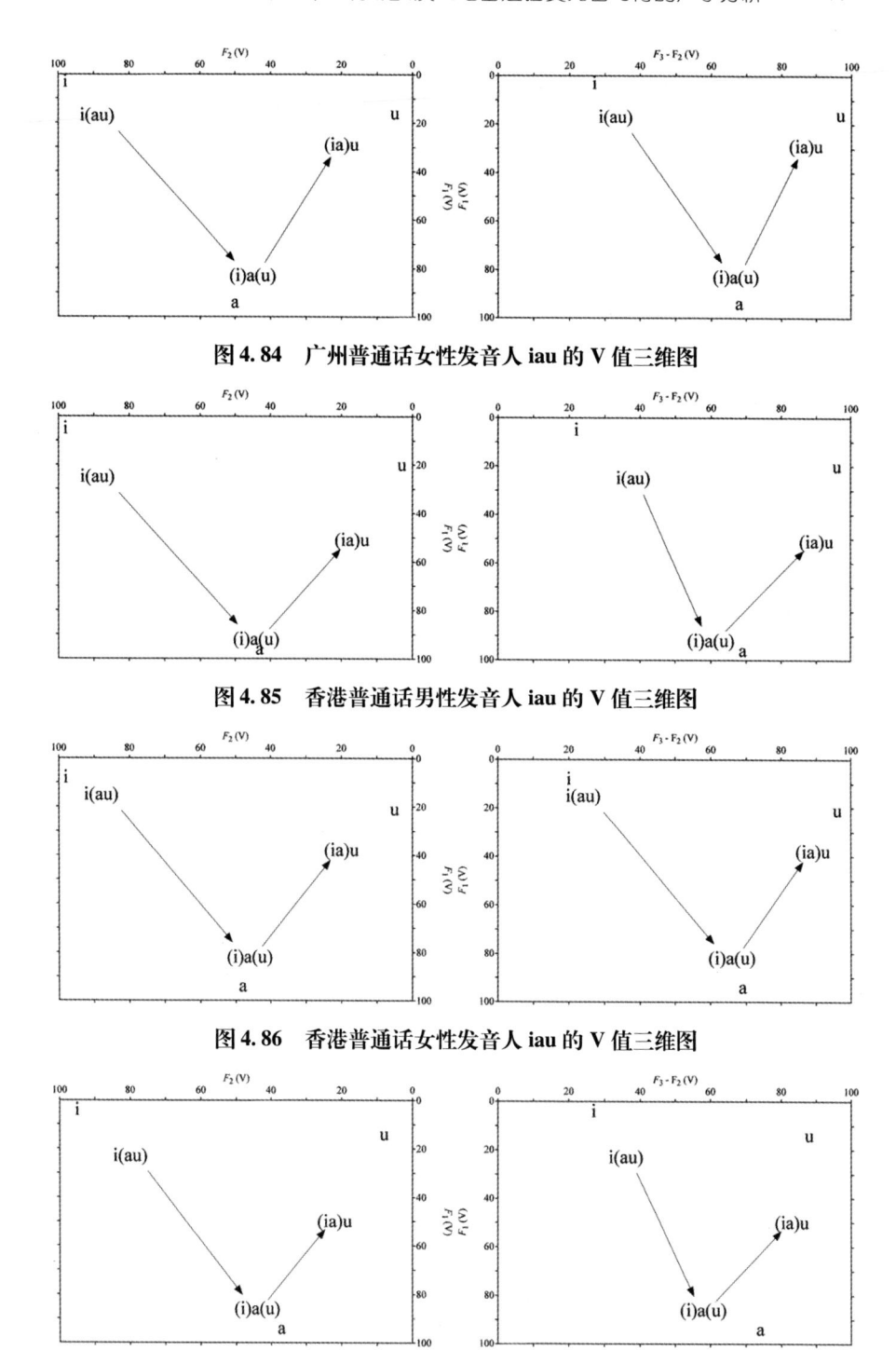

图 4.87 澳门普通话男性发音人 iau 的 V 值三维图

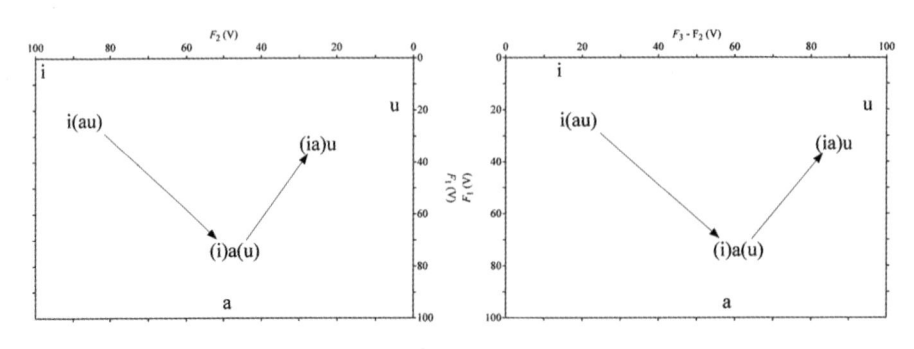

图4.88 澳门普通话女性发音人 iau 的 V 值三维图

表4.11 标准普通话和穗、港、澳三地普通话 iau 的 V 值数据

		i (au)			(i) a (u)			(ia) u		
		F_1	F_2	F_3-F_2	F_1	F_2	F_3-F_2	F_1	F_2	F_3-F_2
标准普通话	男性	5	92	47	81	46	76	52	26	88
	女性	0	98	42	81	41	75	40	19	95
广州普通话	男性	16	92	34	89	46	70	38	21	92
	女性	17	89	33	83	45	67	29	20	87
香港普通话	男性	25	89	38	92	44	60	51	17	90
	女性	15	88	24	82	46	66	38	20	89
澳门普通话	男性	23	80	36	86	44	58	50	22	83
	女性	24	87	19	74	47	61	33	25	86

标准普通话 iau 的韵腹 a 比单元音 a [A] 略高，u 比单元音 u [u] 低、略前。iau 的实际音值接近 [iɐɔ] 或 [iɐo]，广州男性发音人 iau 的 i 比单元音 i 略低，a 接近标准元音 [A]，u 接近标准元音 [o]，iau 的实际音值为 [iAo]。广州女性、香港女性发音人 iau 的 i 比单元音 i 略低、略后，a 比单元音 a 略高，u 比单元音 u 低、略前，iau 的实际音值为 [iɐo]。香港男性发音人 iau 的 i 比单元音低、后，接近标准元音 e，a 接近标准元音 [A]，u 比单元音 u 低、前，iau 的实际音值为 [eAɔ]。澳门男性、澳门女性发音人 iau 的 i 比单元音低、后，接近标准元音 [e]，a 比单元音 a 略高，u 比单元音 u 低、前，iau 的实际音值为 [iɐo]。

iau 的习得偏误主要是有的发音人将韵腹 a 念得比较低，本来是

[ɐ]，结果念成了 [A]。

此外，还有受粤语影响而发错音的，如香港女性3号发音人把"消"发成 [ʃiu]，澳门女性5号发音人把"雕"发成 [tiu]。

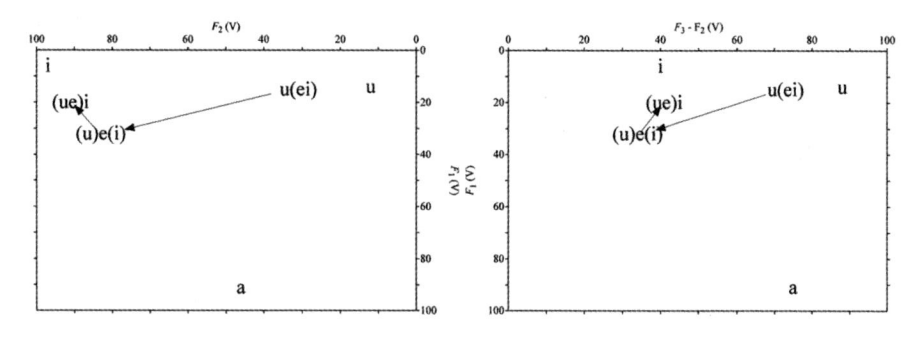

三　uei 的习得

图 4.89　标准普通话男性发音人 uei 的 V 值三维图

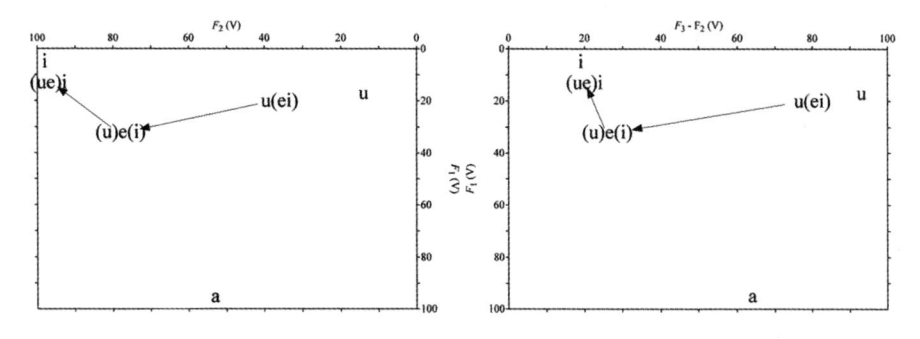

图 4.90　标准普通话女性发音人 uei 的 V 值三维图

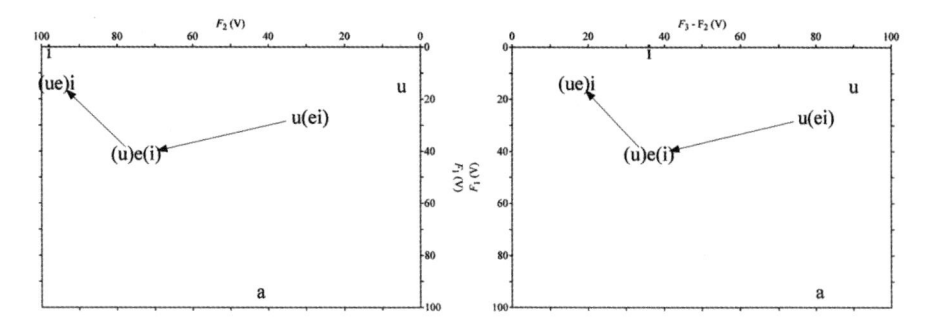

图 4.91　广州普通话男性发音人 uei 的 V 值三维图

图 4.92　广州普通话女性发音人 uei 的 V 值三维图

图 4.93　香港普通话男性发音人 uei 的 V 值三维图

图 4.94　香港普通话女性发音人 uei 的 V 值三维图

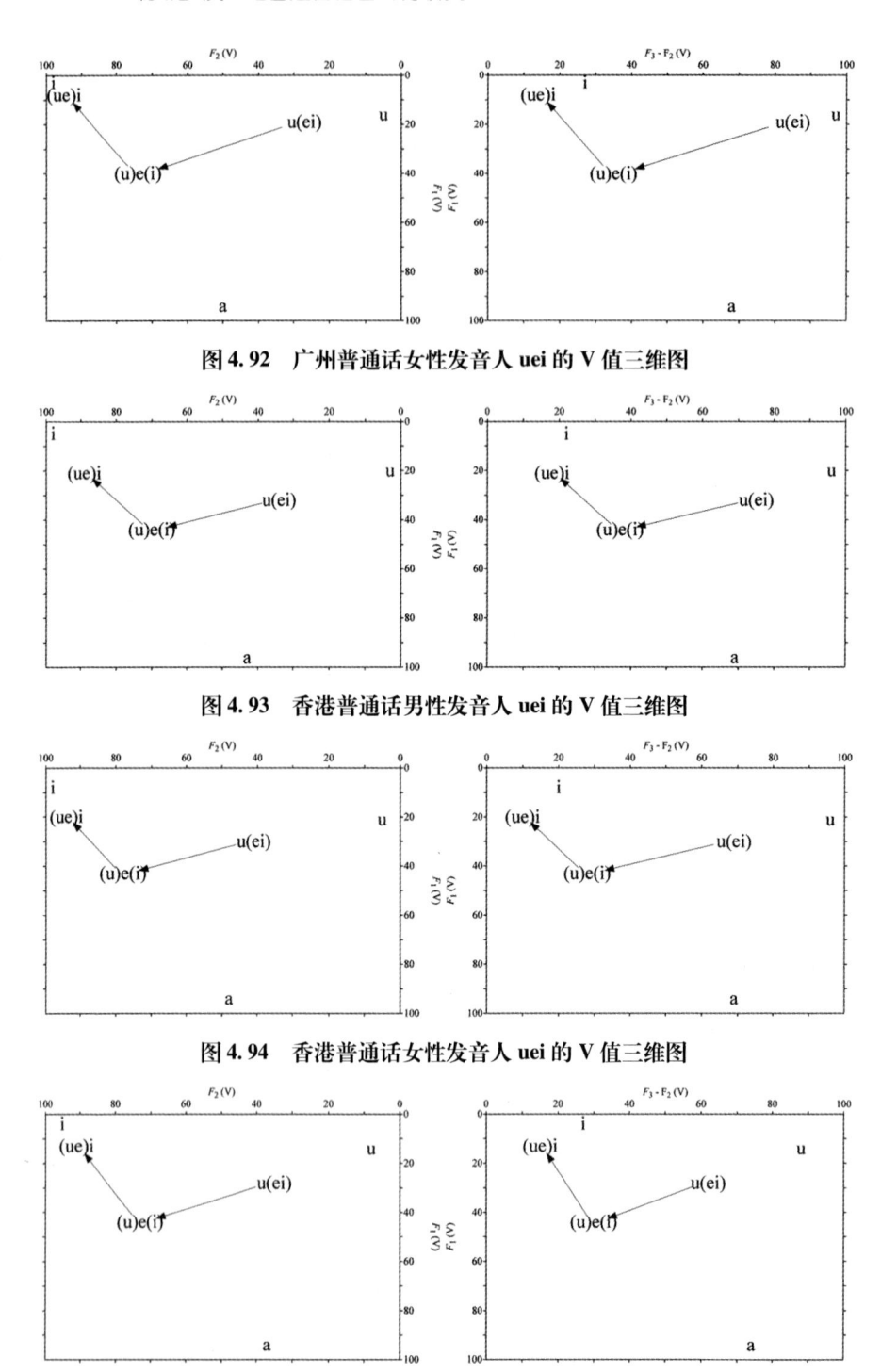

图 4.95　澳门普通话男性发音人 uei 的 V 值三维图

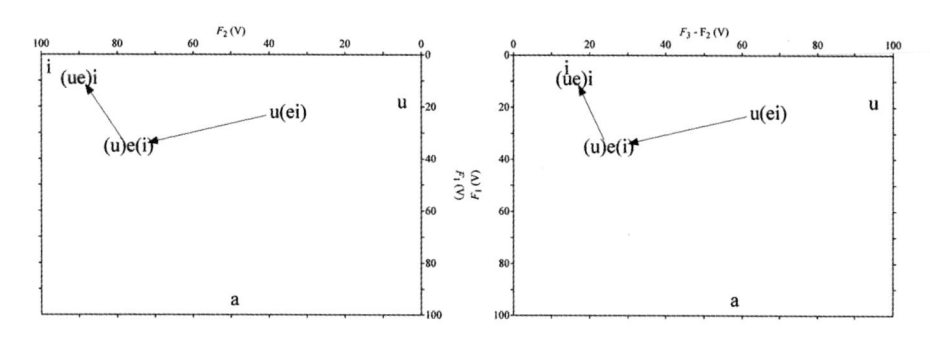

第四章 穗、港、澳三地普通话复元音习得的声学分析 / 81

图 4.96　澳门普通话女性发音人 uei 的 V 值三维图

表 4.12　标准普通话和穗、港、澳三地普通话 uei 的 V 值数据

		u (ei)			(u) e (i)			(ue) i		
		F_1	F_2	F_3-F_2	F_1	F_2	F_3-F_2	F_1	F_2	F_3-F_2
标准普通话	男性	15	31	73	32	83	34	20	91	41
	女性	20	36	80	32	78	26	13	97	20
广州普通话	男性	27	29	80	41	75	36	14	96	17
	女性	19	27	85	40	74	35	8	95	14
香港普通话	男性	32	34	75	44	70	37	21	89	18
	女性	30	41	69	43	78	28	20	94	10
澳门普通话	男性	28	35	62	44	73	30	13	91	15
	女性	22	35	67	35	77	25	9	90	16

标准普通话 uei 的韵头 u 比单元音 u 前，韵腹 e 略后，实际音值可大致记为 [uei]。广州男性、广州女性、澳门女性发音人的韵头 u 比单元音 u 前，尤其是澳门女性，u 介于标准元音 [u] [ʉ] 之间。

标准普通话 uei 的韵腹 e 比标准元音 [e] 低，前后维度介于标准元音 [e] [ə] 之间，实际音值可记为 [uei]。香港男性、香港女性、澳门男性发音人的韵头 u 介于标准元音 [o] [ɵ] 之间，韵腹 e 接近标准元音 [ɛ]，略后，uei 的实际音值可记为 [oɛi]。

uei 的习得偏误主要是有的发音人将韵头 u 和韵腹 e 念得比较低，例如将 u 念成 [o]，将 e 念成 [ɛ]。

此外，还有受粤语影响而发错音的，如香港男性 3 号发音人把"灰"

发成［fui］，把"追"发成［tʃɵy］，香港女性 3 号发音人把"归""灰"分别发成［kuɐi］［fui］，澳门女性 1 号发音人把"灰"发成［fui］。

四 iou 的习得

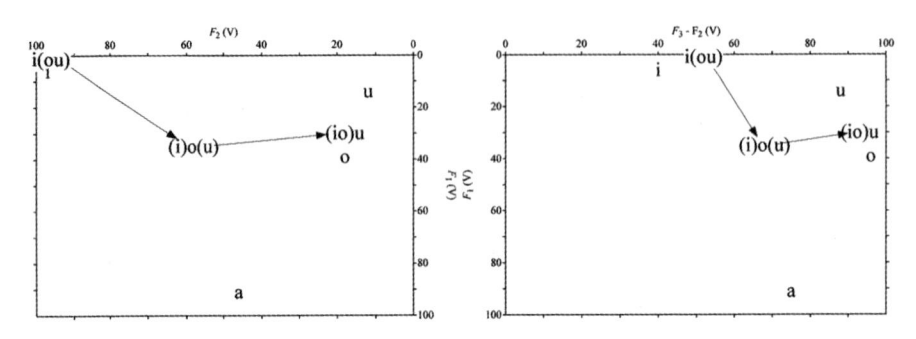

图 4.97　标准普通话男性发音人 iou 的 V 值三维图

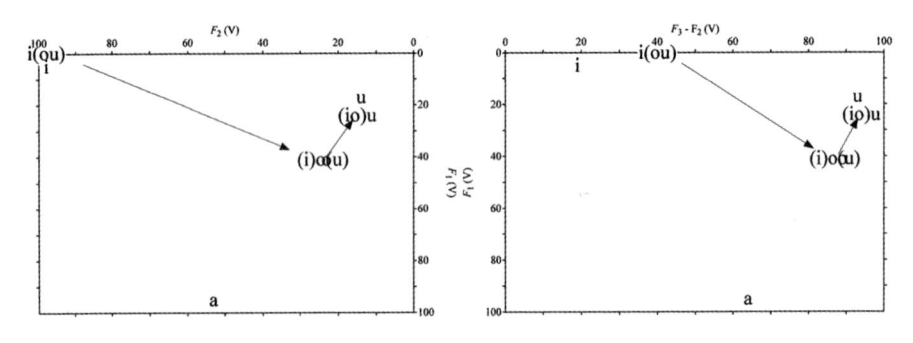

图 4.98　标准普通话女性发音人 iou 的 V 值三维图

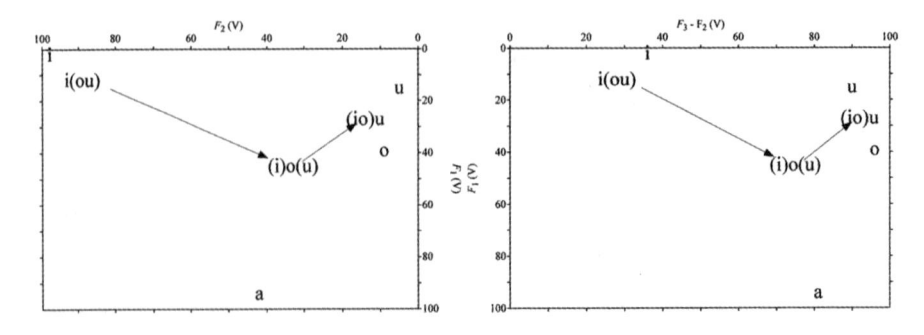

图 4.99　广州普通话男性发音人 iou 的 V 值三维图

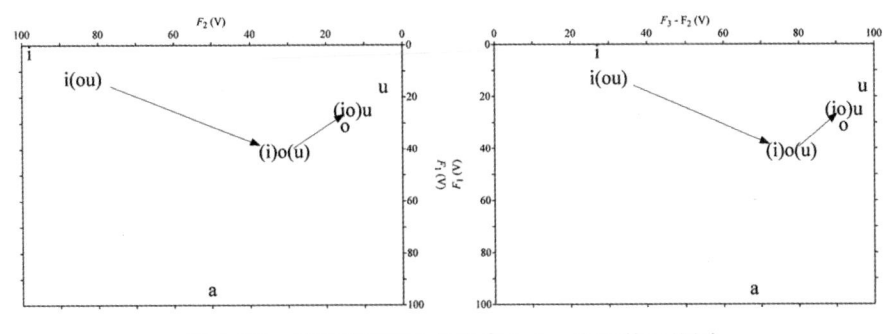

图 4.100　广州普通话女性发音人 iou 的 V 值三维图

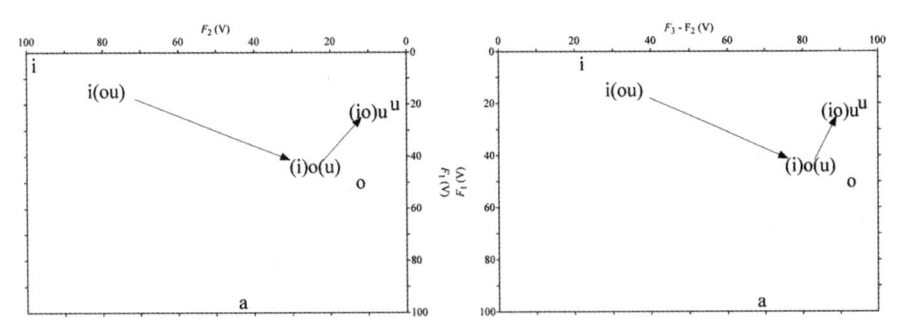

图 4.101　香港普通话男性发音人 iou 的 V 值三维图

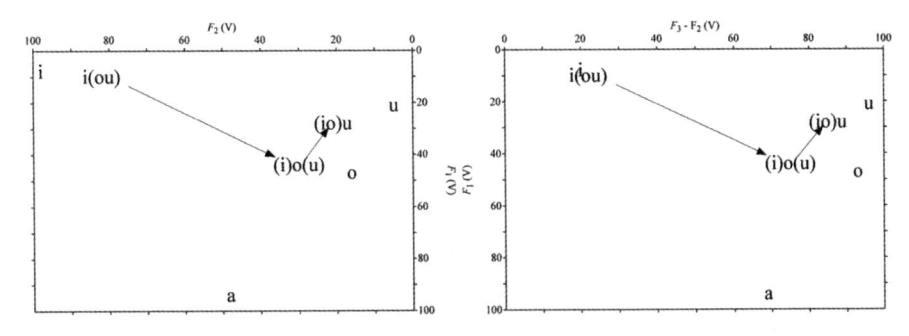

图 4.102　香港普通话女性发音人 iou 的 V 值三维图

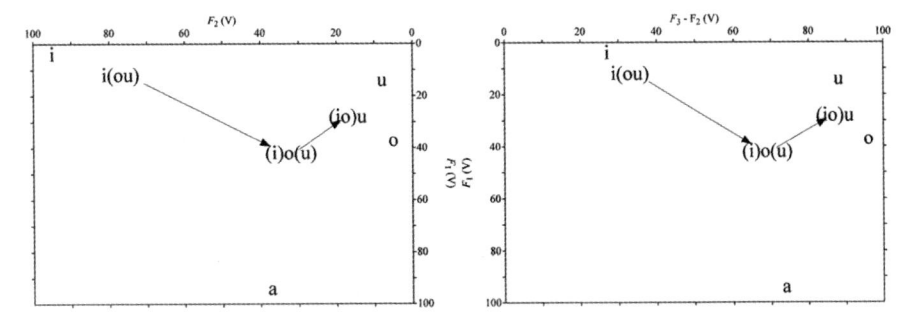

图 4.103　澳门普通话男性发音人 iou 的 V 值三维图

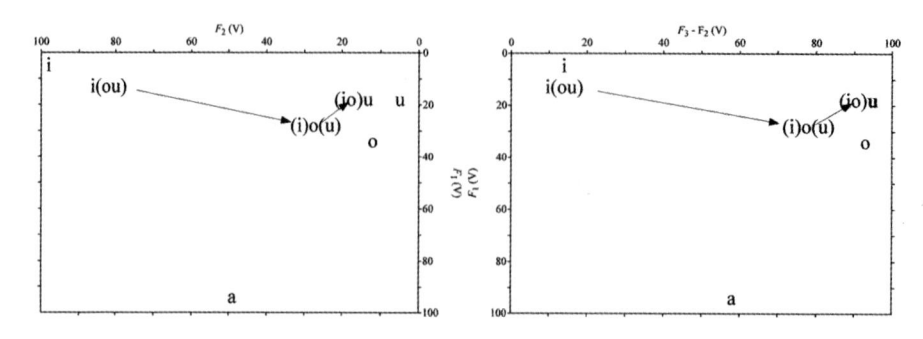

图 4.104　澳门普通话女性发音人 iou 的 V 值三维图

表 4.13　标准普通话和穗、港、澳三地普通话 iou 的 V 值数据

		i（ou）			（i）o（u）			（io）u		
		F_1	F_2	F_3-F_2	F_1	F_2	F_3-F_2	F_1	F_2	F_3-F_2
标准普通话	男性	1	96	52	35	58	68	30	18	93
	女性	0	98	40	41	24	87	24	15	94
广州普通话	男性	12	89	28	45	33	75	27	14	92
	女性	13	84	30	41	31	78	25	13	92
香港普通话	男性	15	79	33	44	24	82	23	10	90
	女性	10	82	22	44	30	75	28	21	85
澳门普通话	男性	12	77	33	42	32	69	28	17	87
	女性	13	82	14	28	27	78	18	17	91

标准普通话男性发音人 iou 的韵腹 o 比单元音 o 前很多，变为央元音了，韵尾 u 比单元音 u 低，介于单元音 u 和 o 之间，iou 的实际音值接近［iɘʊ］。标准普通话女性发音人 iou 的 o 较为接近单元音 o，u 比单元音 u 略低，iou 的实际音值接近［ioʊ］。可见，标准普通话 iou 的主要元音存在一定的人际差异。广州男性、广州女性、香港男性、香港女性、澳门男性发音人 iou 的 i 略低、略后，o 比单元音 o 前，比标准元音［ə］后，u 比单元音 u 低，iou 的实际音值接近［ioʊ］。澳门女性发音人 iou 的 i 略低、略后，o 比单元音 o 前、高，u 比单元音 u 前，iou 的实际音值接近［iou］，也接近［iu］。普通话发音例字中的"丢"在三地粤语中念［iu］，澳门女性发音人在习得 iou 时，有接近［iu］的表现，可能是母方

言的负迁移导致的。

iou 的习得偏误主要是有的发音人将韵头 i 念得略低、略后，将韵腹 o 念得较高、较后，同时 u 也念得比较高，接近［iou］或［iu］。

此外，还有受粤语影响而发错音的，如香港男性 1 号发音人把"救"发成［kɐu］，4 号发音人把"酒"发成［ʧɐu］，3 号、4 号发音人把"秋""修"均发成［ʧʰɐu］［ʃɐu］，香港女性 3 号、5 号发音人把"丢""酒""秋"均发成［tiu］［ʧɐu］［ʧʰɐu］，4 号、5 号发音人把"修"发成［ʃɐu］，澳门男性 2 号发音人把"酒""秋"分别发成［ʧɐu］［ʧʰɐu］，1 号发音人把"修"发成［ʃɐu］，5 号发音人把"丢"发成［tiau］，女性 2 号发音人把"酒"发成［ʧɐu］，10 号发音人把"酒""修"分别发成［ʧɐu］［ʃɐu］。

第五章

穗、港、澳三地普通话鼻尾元音和卷舌元音习得的声学分析

第一节 穗、港、澳三地普通话鼻尾元音习得的声学分析

一 a(n)的习得

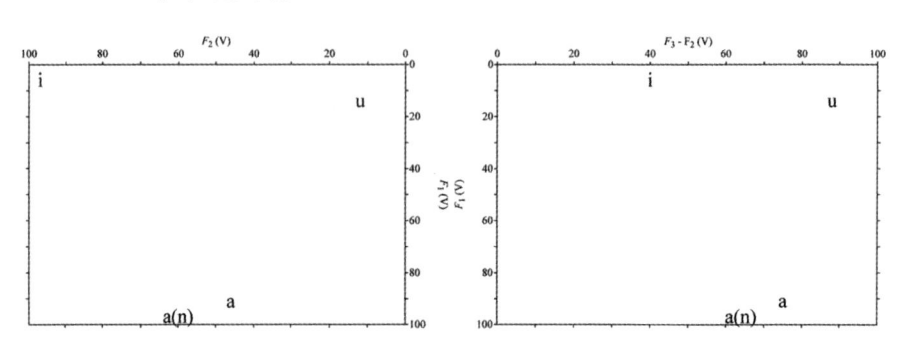

图5.1 标准普通话男性发音人a(n)的V值三维图

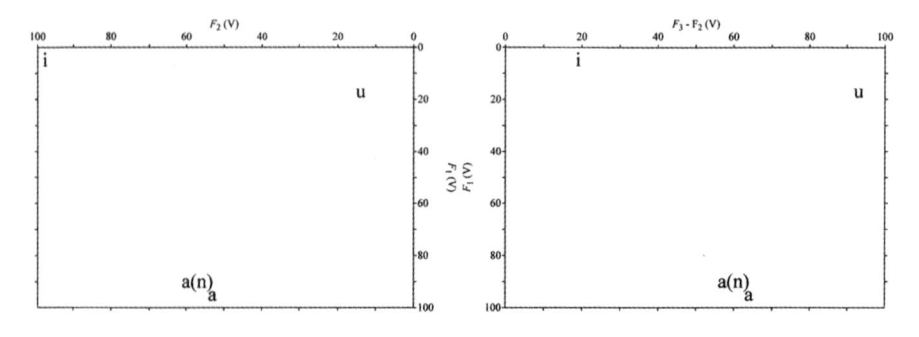

图5.2 标准普通话女性发音人a(n)的V值三维图

第五章　穗、港、澳三地普通话鼻尾元音和卷舌元音习得的声学分析　/　87

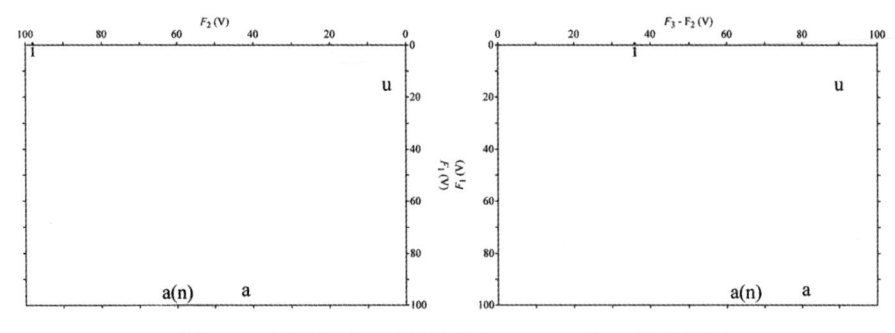

图 5.3　广州普通话男性发音人 a（n）的 V 值三维图

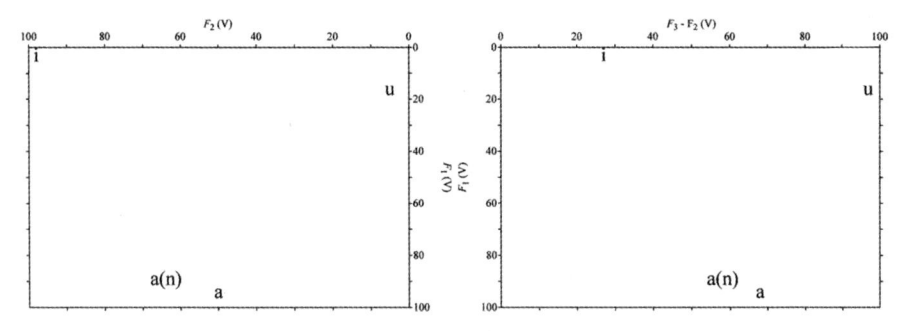

图 5.4　广州普通话女性发音人 a（n）的 V 值三维图

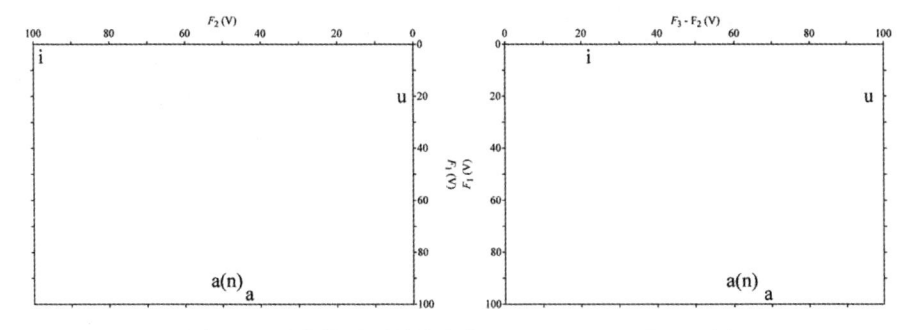

图 5.5　香港普通话男性发音人 a（n）的 V 值三维图

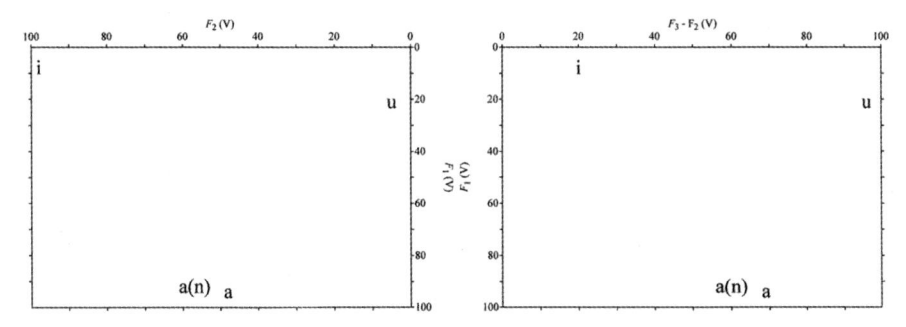

图 5.6　香港普通话女性发音人 a（n）的 V 值三维图

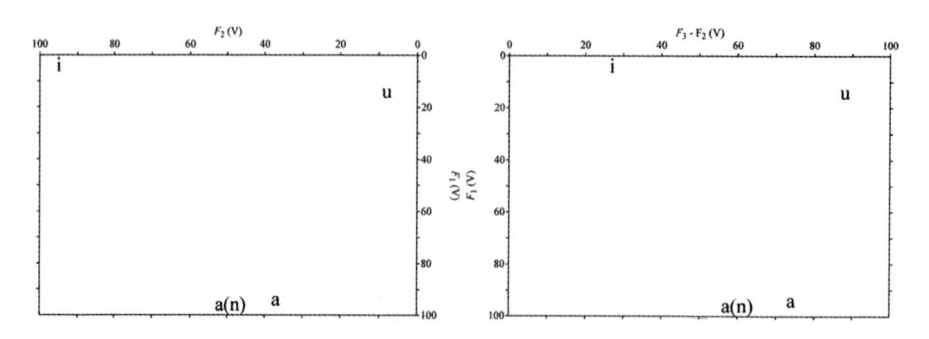

图 5.7　澳门普通话男性发音人 a（n）的 V 值三维图

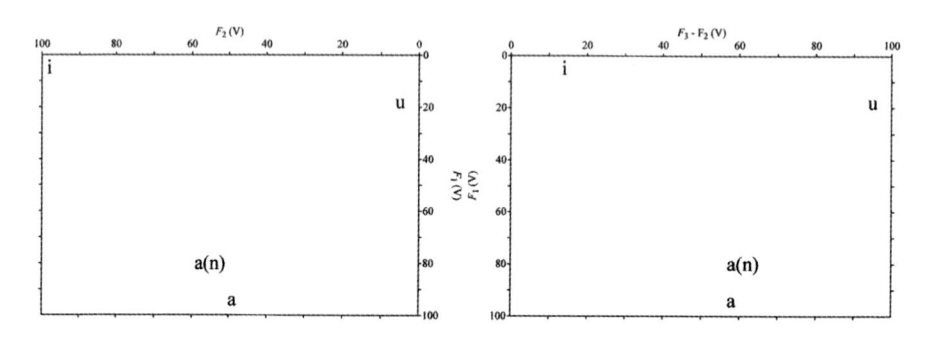

图 5.8　澳门普通话女性发音人 a（n）的 V 值三维图

表 5.1　标准普通话和穗、港、澳三地普通话 a（n）的 V 值数据

		a（n）		
		F_1	F_2	$F_3 - F_2$
标准普通话	男性	97	60	64
	女性	90	57	60
广州普通话	男性	95	60	65
	女性	89	64	58
香港普通话	男性	91	49	62
	女性	92	57	60
澳门普通话	男性	96	49	60
	女性	80	55	61

标准普通话 an 中的韵腹 a 比标准元音［A］要略前。广州男性发音人的 an 中的韵腹 a 在前后维度上介于标准元音［a］［æ］之间，广州女性发音人的实际音值接近标准元音［a］。香港男性、澳门男性发音人的

实际音值接近标准元音［A］，香港女性发音人的比标准元音［A］略前，他们的实际音值接都近［A］。澳门女性发音人的实际音值接近［ɐ］，舌位略高。

普通话 an 中的韵腹 a 的习得偏误主要在于部分发音人的发音略高，接近［ɐ］。

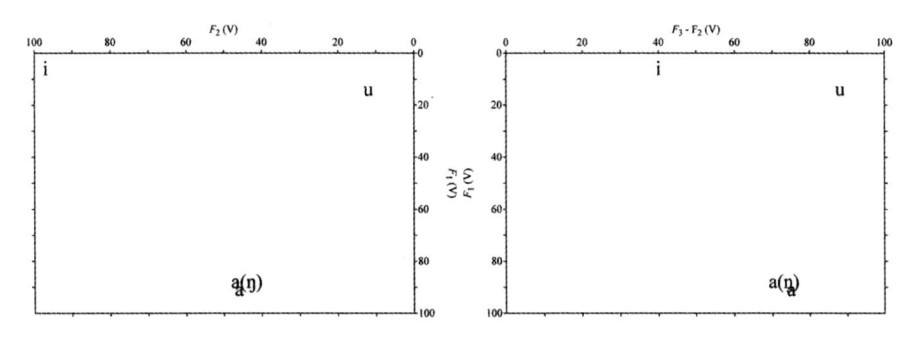

二　a（ŋ）的习得

图 5.9　标准普通话男性发音人 a（ŋ）的 V 值三维图

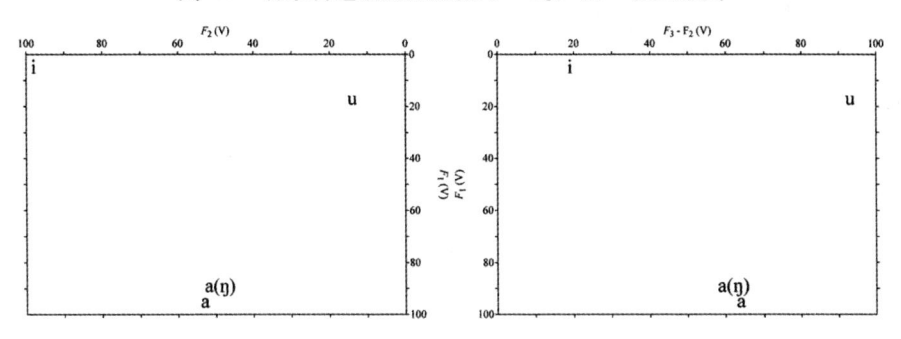

图 5.10　标准普通话女性发音人 a（ŋ）的 V 值三维图

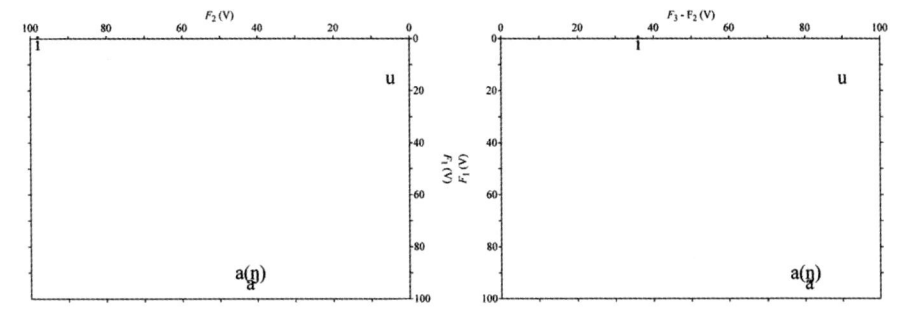

图 5.11　广州普通话男性发音人 a（ŋ）的 V 值三维图

图 5.12　广州普通话女性发音人 a（ŋ）的 V 值三维图

图 5.13　香港普通话男性发音人 a（ŋ）的 V 值三维图

图 5.14　香港普通话女性发音人 a（ŋ）的 V 值三维图

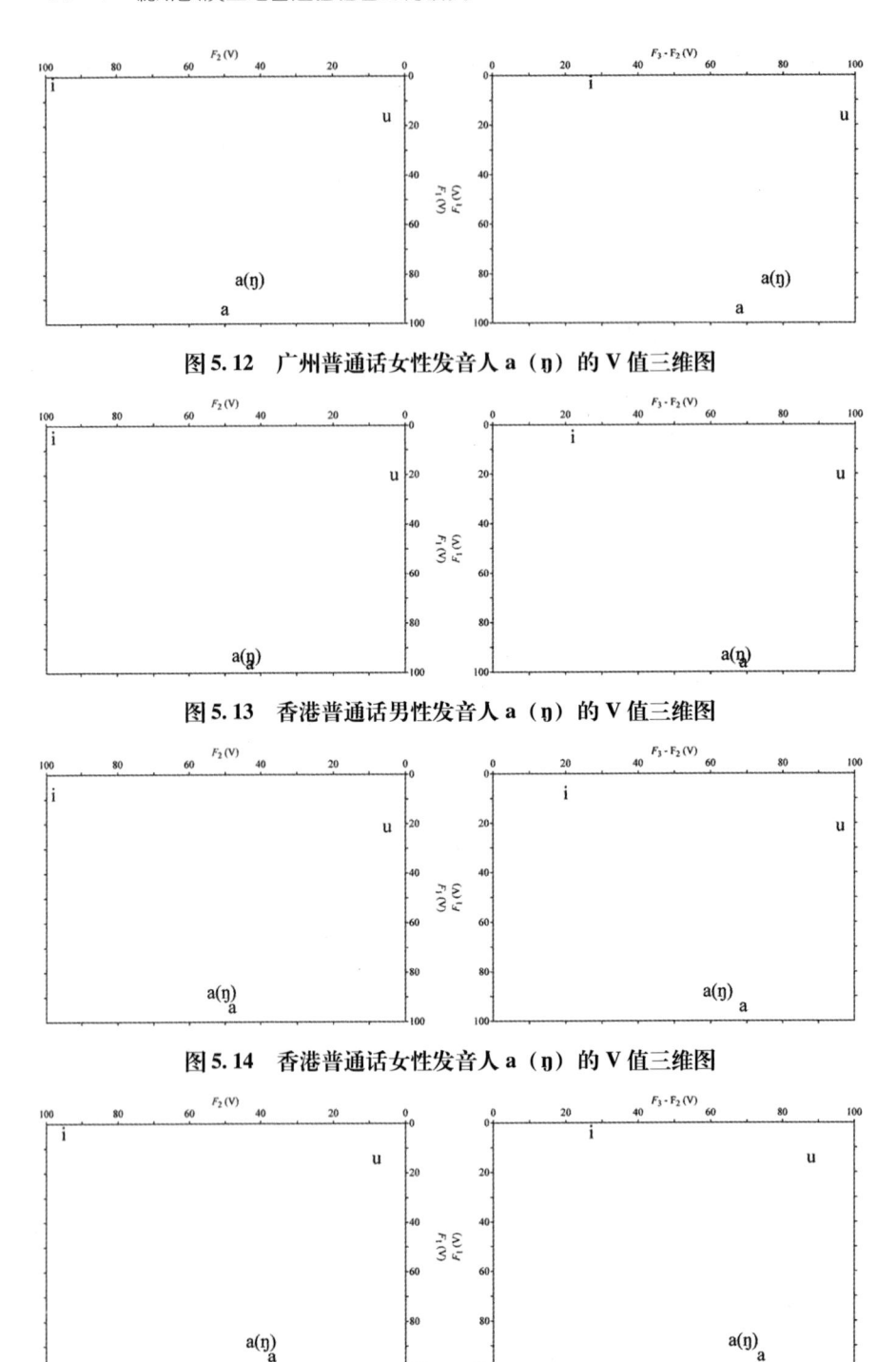

图 5.15　澳门普通话男性发音人 a（ŋ）的 V 值三维图

第五章 穗、港、澳三地普通话鼻尾元音和卷舌元音习得的声学分析 / 91

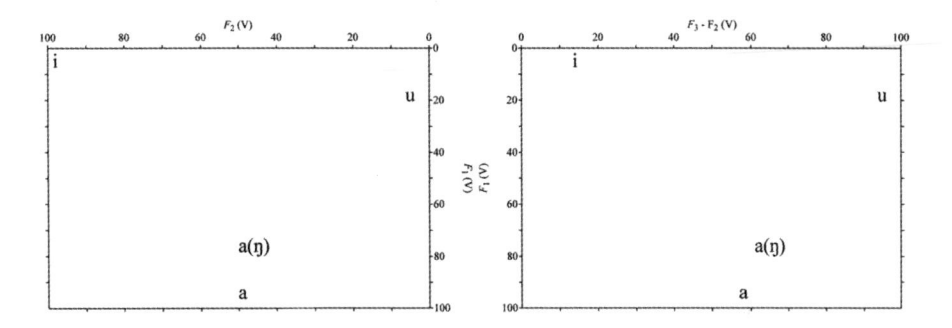

图 5.16 澳门普通话女性发音人 a（ŋ）的 V 值三维图

表 5.2 标准普通话和穗、港、澳三地普通话 a（ŋ）的 V 值数据

		a（ŋ）		
		F_1	F_2	$F_3 - F_2$
标准普通话	男性	88	44	73
	女性	89	49	62
广州普通话	男性	90	42	80
	女性	82	43	78
香港普通话	男性	93	44	67
	女性	88	51	62
澳门普通话	男性	88	40	69
	女性	76	46	65

标准普通话男性、女性发音人 aŋ 的韵腹 a 都比标准元音［A］略高。广州男性、香港男性发音人的比标准元音［A］略后，香港女性发音人的比标准元音［A］略高，三者实际音值接近［A］。广州女性发音人的比标准元音［ɐ］略后，介于标准元音［ɐ］［ɑ］之间，澳门女性的实际音值接近标准元音［ɐ］。澳门男性发音人的实际音值介于标准元音［A］［ɑ］之间，实际音值接近［ɑ］。

普通话 aŋ 的韵腹 a 的习得偏误主要在于部分发音人（广州、澳门女性发音人）舌位比普通话的略高，发音接近［ɐ］。

此外，还有受粤语影响而发错音的，如香港女性 2 号、5 号发音人把"商""张"均发成［ʃœŋ］［tʃœŋ］。

三 e（n）的习得

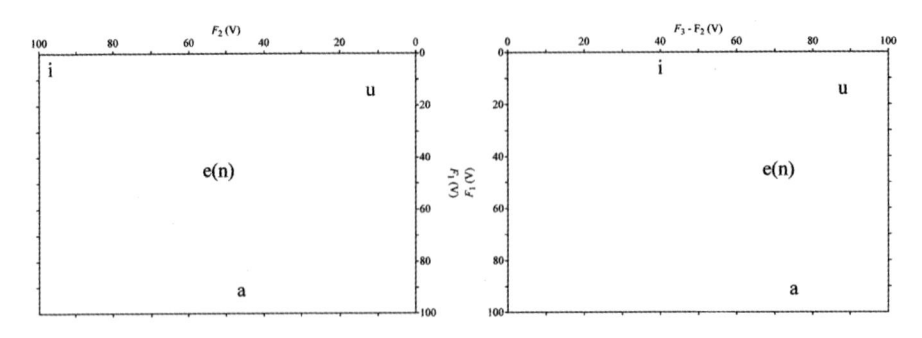

图 5.17 标准普通话男性发音人 e（n）的 V 值三维图

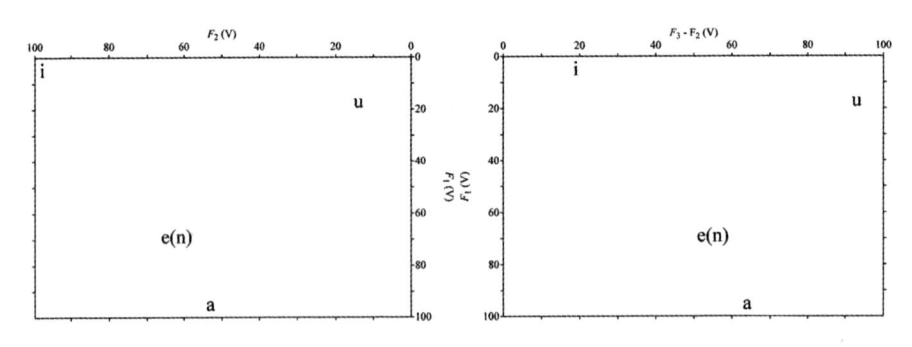

图 5.18 标准普通话女性发音人 e（n）的 V 值三维图

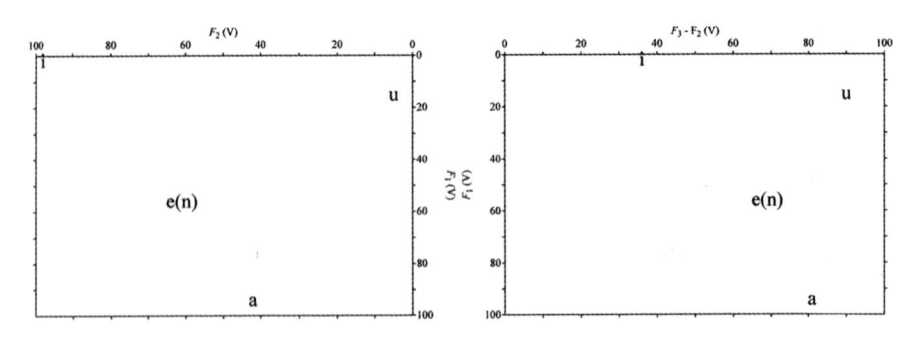

图 5.19 广州普通话男性发音人 e（n）的 V 值三维图

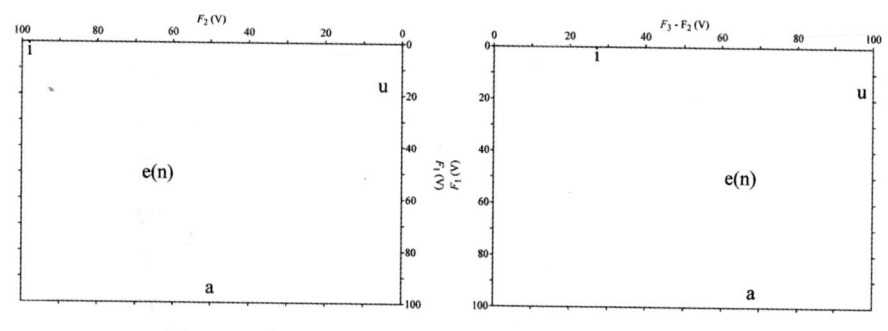

第五章 穗、港、澳三地普通话鼻尾元音和卷舌元音习得的声学分析 / 93

图 5.20 广州普通话女性发音人 e (n) 的 V 值三维图

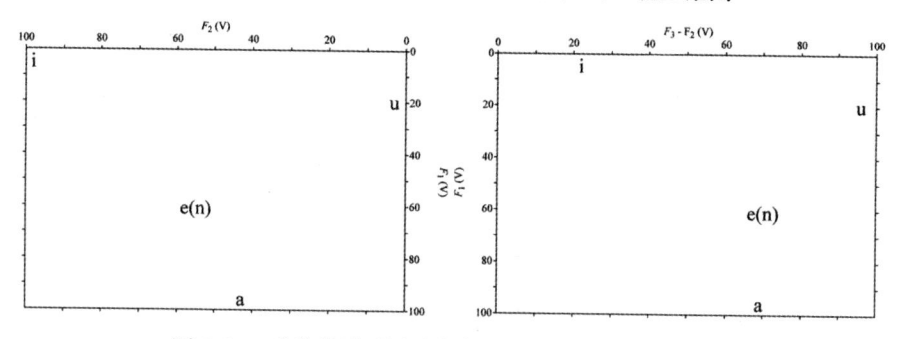

图 5.21 香港普通话男性发音人 e (n) 的 V 值三维图

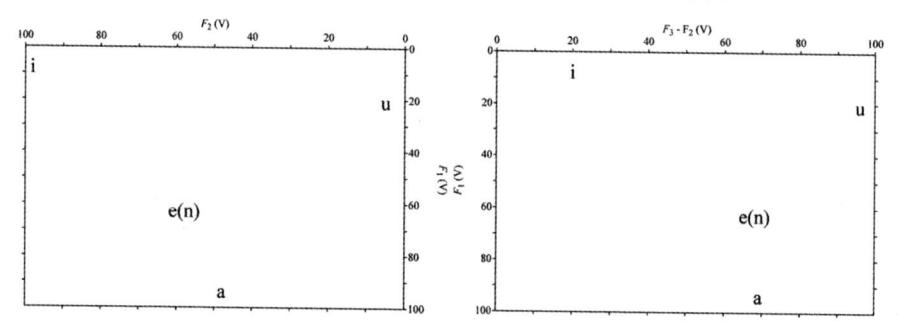

图 5.22 香港普通话女性发音人 e (n) 的 V 值三维图

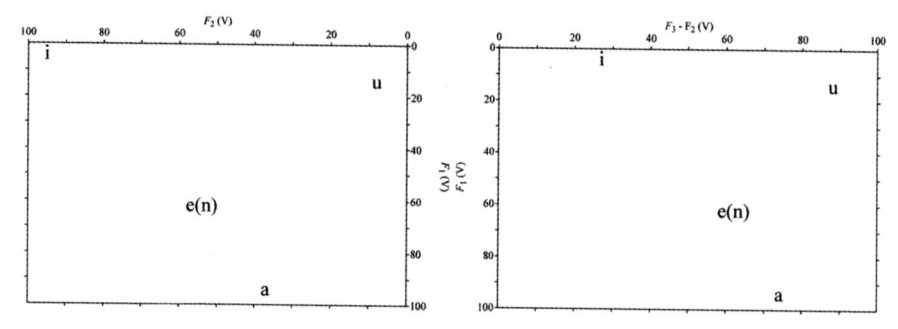

图 5.23 澳门普通话男性发音人 e (n) 的 V 值三维图

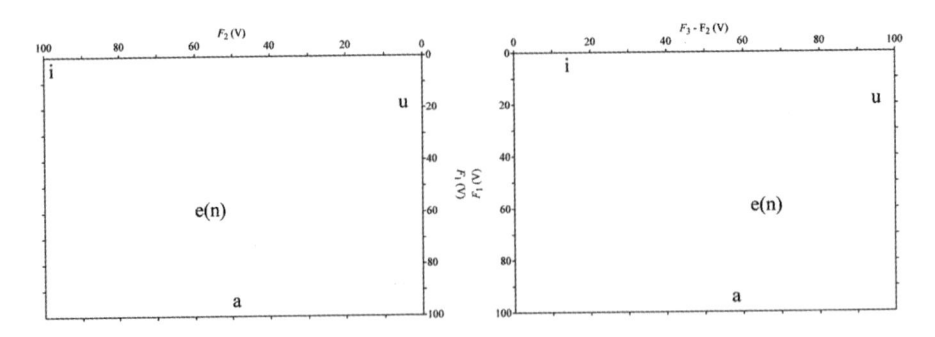

图 5.24　澳门普通话女性发音人 e（n）的 V 值三维图

表 5.3　标准普通话和穗、港、澳三地普通话 e（n）的 V 值数据

		e（n）		
		F_1	F_2	$F_3 - F_2$
标准普通话	男性	45	52	71
	女性	69	62	55
广州普通话	男性	56	61	69
	女性	50	64	65
香港普通话	男性	61	55	70
	女性	63	58	68
澳门普通话	男性	62	54	62
	女性	59	56	66

标准普通话 en 的韵腹 e 的音值接近标准元音 [ə]，有时候要略低，接近 [ɜ]。广州男性、广州女性发音人的实际音值比标准元音 [ə] 略前。香港男性、澳门男性、澳门女性发音人的实际音值接近标准元音 [ɜ]，香港女性发音人的比标准元音 [ɜ] 略前。

普通话 en 的韵腹 e 的习得情况较好。

此外，还有受粤语影响而发错音的，如香港女性 3 号发音人把"奔"发成 [pɐn]。

四 ɤ(ŋ) 的习得

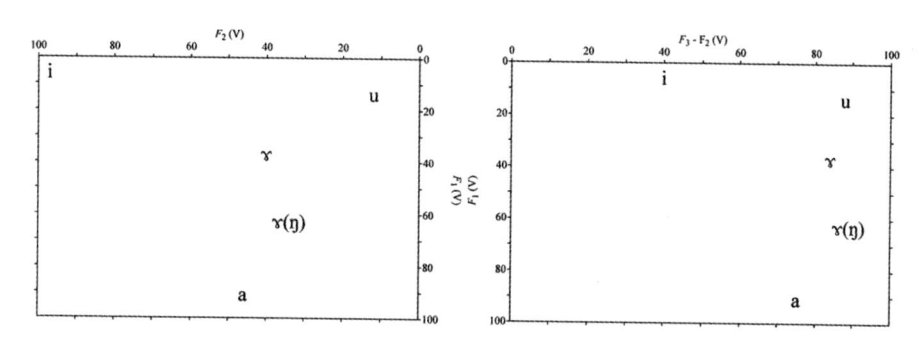

图 5.25 标准普通话男性发音人 ɤ(ŋ) 的 V 值三维图

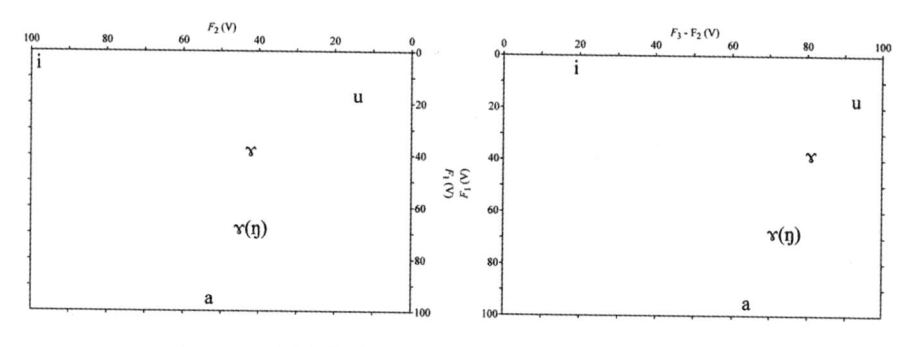

图 5.26 标准普通话女性发音人 ɤ(ŋ) 的 V 值三维图

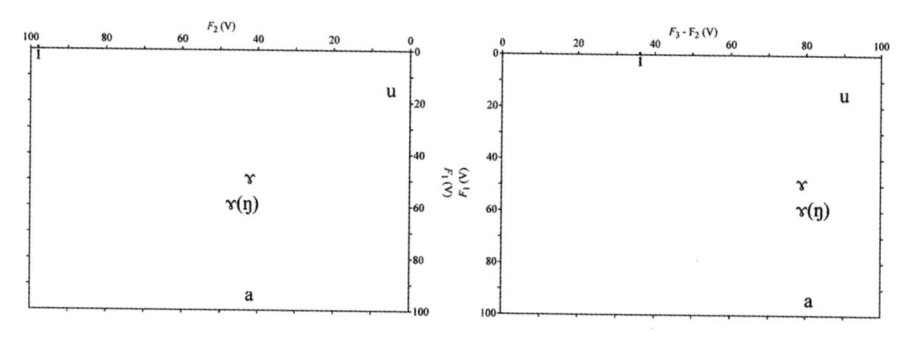

图 5.27 广州普通话男性发音人 ɤ(ŋ) 的 V 值三维图

图 5.28　广州普通话女性发音人ɤ（ŋ）的 V 值三维图

图 5.29　香港普通话男性发音人ɤ（ŋ）的 V 值三维图

图 5.30　香港普通话女性发音人ɤ（ŋ）的 V 值三维图

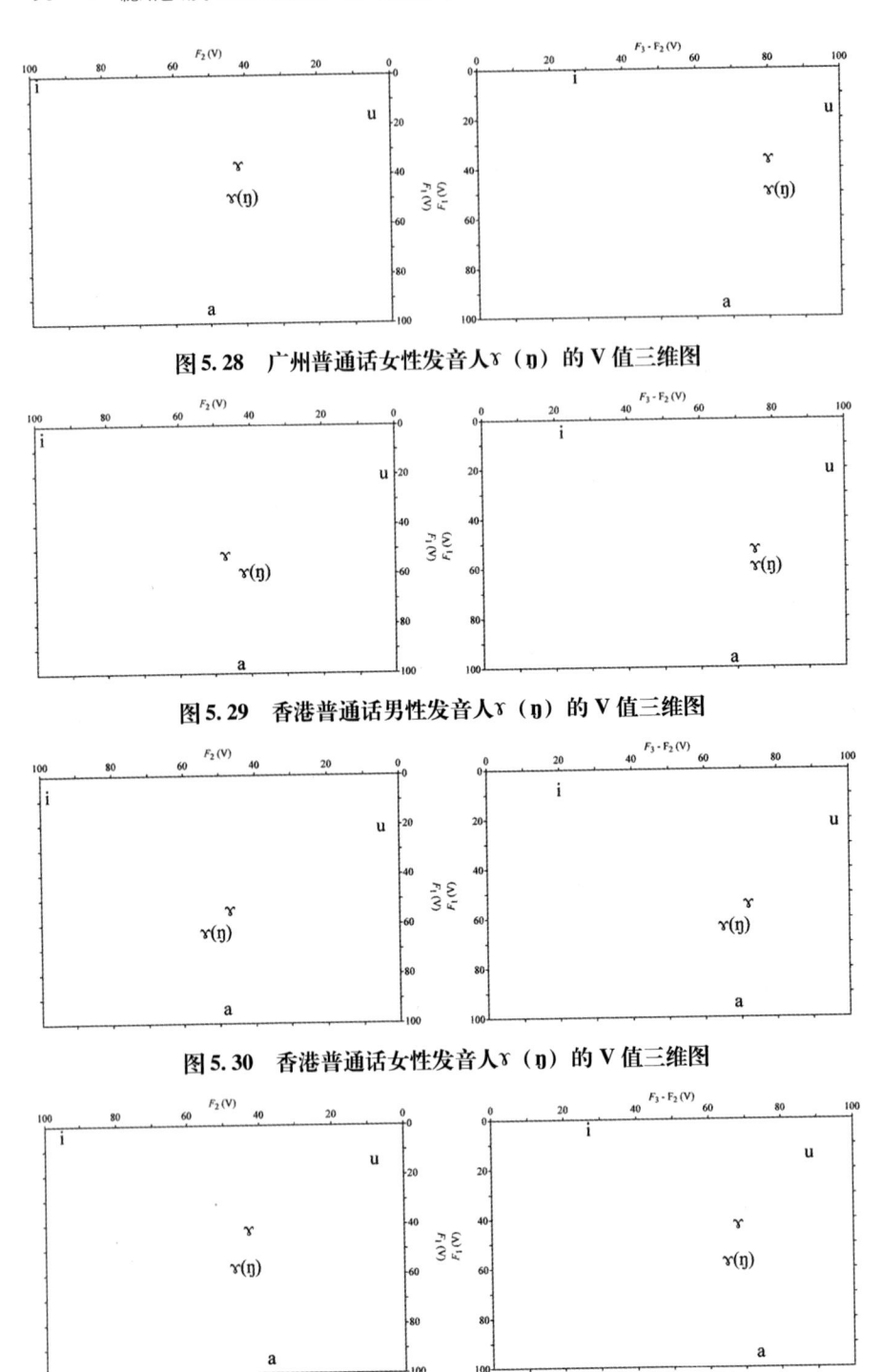

图 5.31　澳门普通话男性发音人ɤ（ŋ）的 V 值三维图

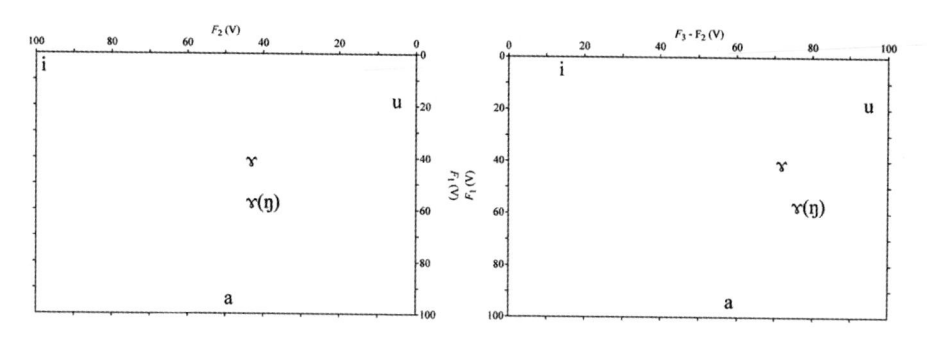

第五章　穗、港、澳三地普通话鼻尾元音和卷舌元音习得的声学分析 / 97

图 5.32　澳门普通话女性发音人 ɤ（ŋ）的 V 值三维图

表 5.4　标准普通话和穗、港、澳三地普通话 ɤ（ŋ）的 V 值数据

		ɤ（ŋ）		
		F_1	F_2	$F_3 - F_2$
标准普通话	男性	63	34	89
	女性	68	42	74
广州普通话	男性	59	44	82
	女性	49	41	83
香港普通话	男性	59	39	78
	女性	63	51	68
澳门普通话	男性	57	44	68
	女性	57	40	79

　　标准普通话 ɤŋ 的韵腹 ɤ 比单元音 ɤ 低很多，实际音值接近 [ɜ] 而略后。广州男性、香港男性发音人的比单元音 ɤ 略低，实际音值介于 [ə][ɜ] 之间，略后，香港女性的音值接近标准元音 [ɜ]。广州女性发音人的比单元音 ɤ 略低，实际音值接近 [ə]，略后。澳门男性、澳门女性发音人的实际音值介于 [ə][ɜ] 之间，略后。

　　普通话 ɤŋ 的韵腹 ɤ 的习得偏误是部分发音人（广州女性、澳门男性、澳门女性）的发音在高低维度上略高。

　　此外，还有受粤语影响而发错音的，如广州女性 5 号、香港男性 1 号、2 号发音人把"风"发成 [foŋ]，香港男性 1 号、3 号发音人把"耕"发成 [kaŋ]，香港男性 3 号发音人把"崩"发成 [peŋ]。香港女性 3 号、5 号发音人把"风"发成［foŋ］,香港女性3号、4号发音人把"耕"发成［kaŋ］,香港女性2号发音人把"争"发成［tʃɐŋ］,澳门男性4号、5号发音人把"风"发成［foŋ］,澳门男性2号发音人把"耕"发成［kaŋ］,澳门女性2号、5号发音人把"风""耕"分别发成［foŋ］［kaŋ］。

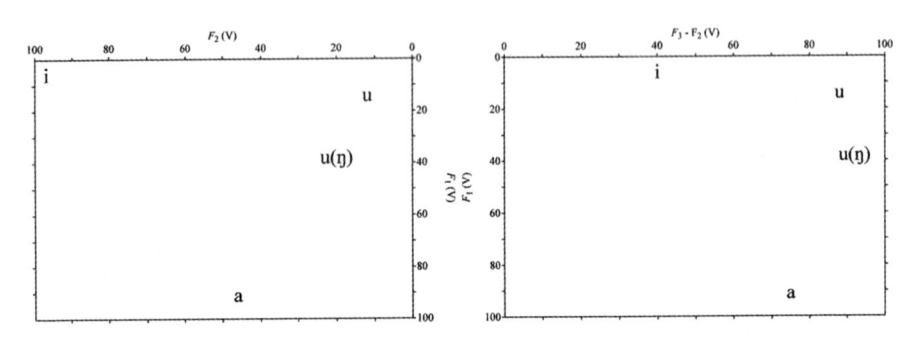

五 u（ŋ）的习得

图5.33 标准普通话男性发音人u（ŋ）的V值三维图

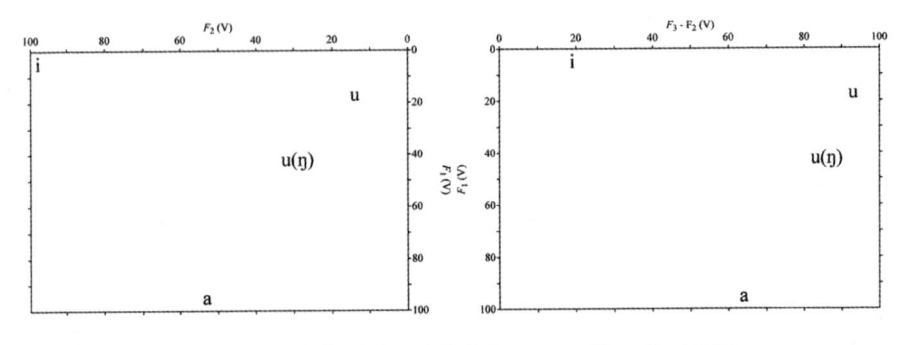

图5.34 标准普通话女性发音人u（ŋ）的V值三维图

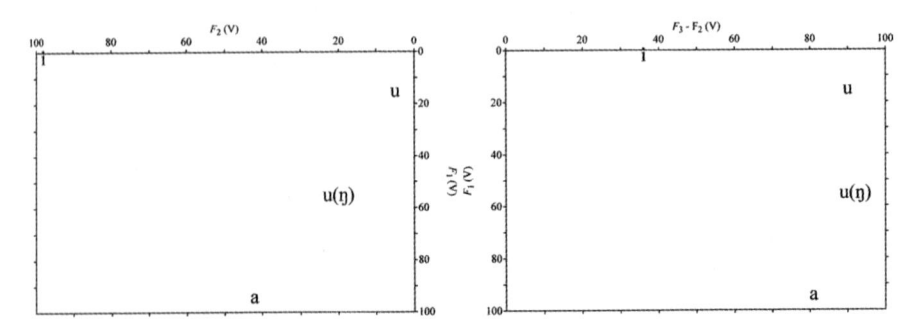

图5.35 广州普通话男性发音人u（ŋ）的V值三维图

第五章 穗、港、澳三地普通话鼻尾元音和卷舌元音习得的声学分析 / 99

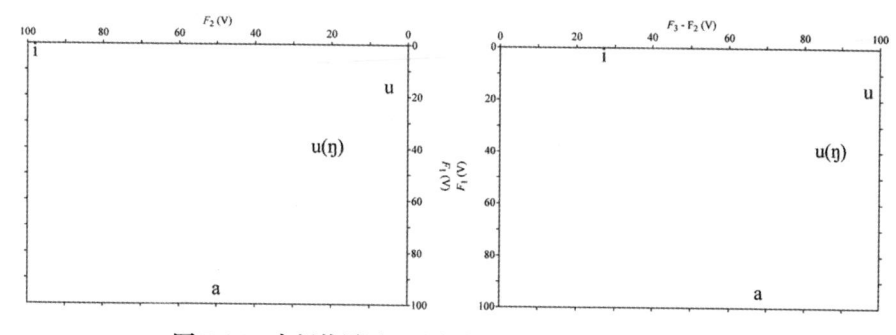

图 5.36 广州普通话女性发音人 u（ŋ）的 V 值三维图

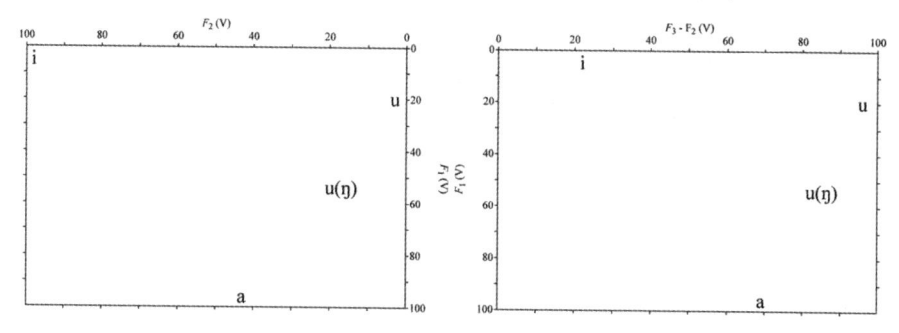

图 5.37 香港普通话男性发音人 u（ŋ）的 V 值三维图

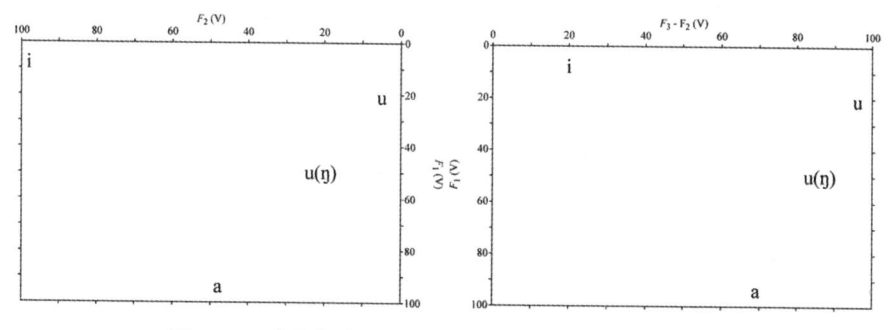

图 5.38 香港普通话女性发音人 u（ŋ）的 V 值三维图

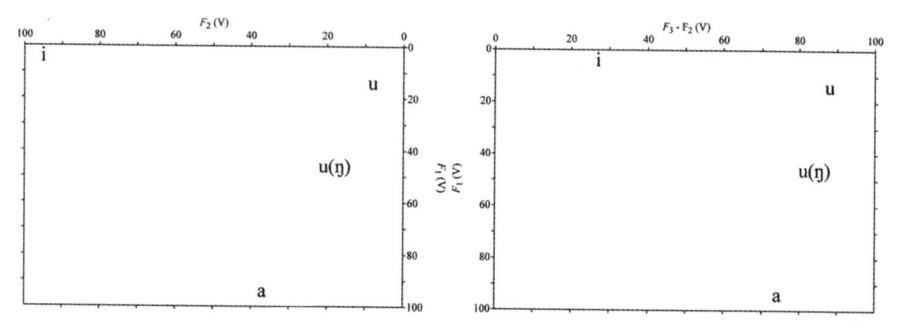

图 5.39 澳门普通话男性发音人 u（ŋ）的 V 值三维图

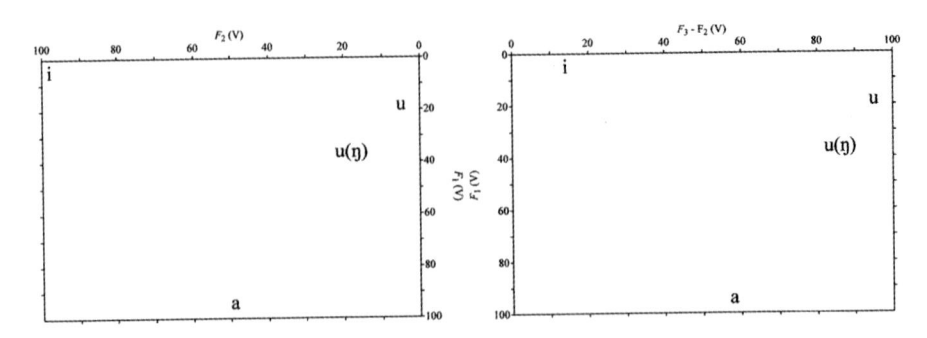

图5.40　澳门普通话女性发音人 u（ŋ）的 V 值三维图

表5.5　标准普通话和穗、港、澳三地普通话 u（ŋ）的 V 值数据

		u（ŋ）		
		F_1	F_2	F_3-F_2
标准普通话	男性	38	20	92
	女性	42	29	86
广州普通话	男性	55	20	92
	女性	39	21	87
香港普通话	男性	54	17	85
	女性	50	21	86
澳门普通话	男性	46	18	84
	女性	36	18	86

标准普通话男性发音人 uŋ 的韵腹 u 比单元音 u 低很多，略前，实际音值接近标准元音［o］，女性发音人的比单元音 u 低很多、前一些，实际音值介于标准元音［o］［ɵ］之间。两者 uŋ 的实际音值接近［oŋ］。广州男性、香港男性发音人的比单元音 u 低很多，前一些，实际音值接近标准元音［ɔ］。广州女性、香港女性、澳门男性、澳门女性发音人的比单元音 u 低一些、前一些，实际音值为［o］。

普通话 uŋ 的韵腹 u 的习得偏误是部分发音人（广州男性、香港男性）的发音在高低维度上略低，发成［ɔ］。

第二节 穗、港、澳三地普通话卷舌元音习得的声学分析[①]

ɤ的习得情况如图 5.41 至图 5.48 和表 5.6 所示。

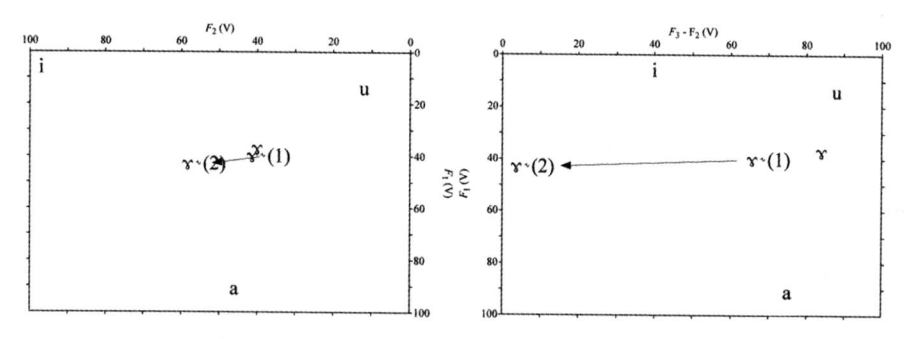

图 5.41 标准普通话男性发音人ɤ 的 V 值三维图

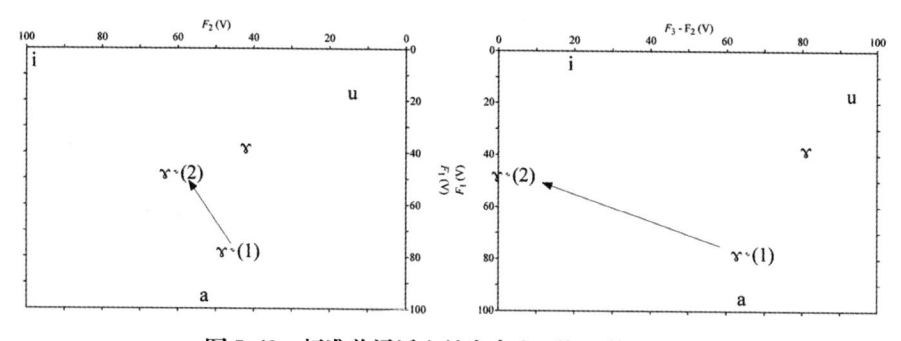

图 5.42 标准普通话女性发音人ɤ的 V 值三维图

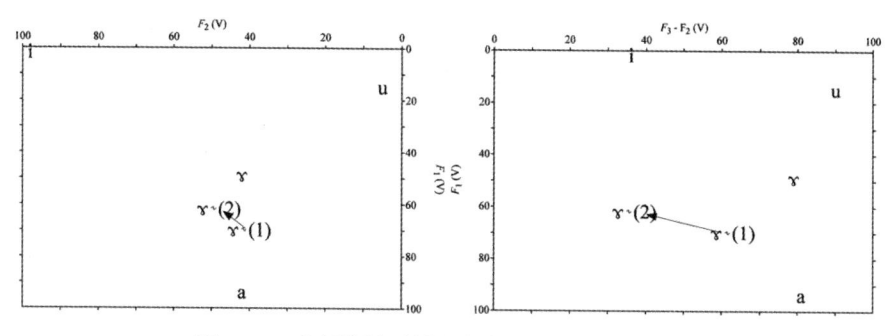

图 5.43 广州普通话男性发音人ɤ 的 V 值三维图

---

① V 值图中ɤ(1)、ɤ(2) 分别表示在卷舌元音ɤ 的开始部分和结束部分的测量点。

图 5.44　广州普通话女性发音人ɤ的V值三维图

图 5.45　香港普通话男性发音人ɤ的V值三维图

图 5.46　香港普通话女性发音人ɤ的V值三维图

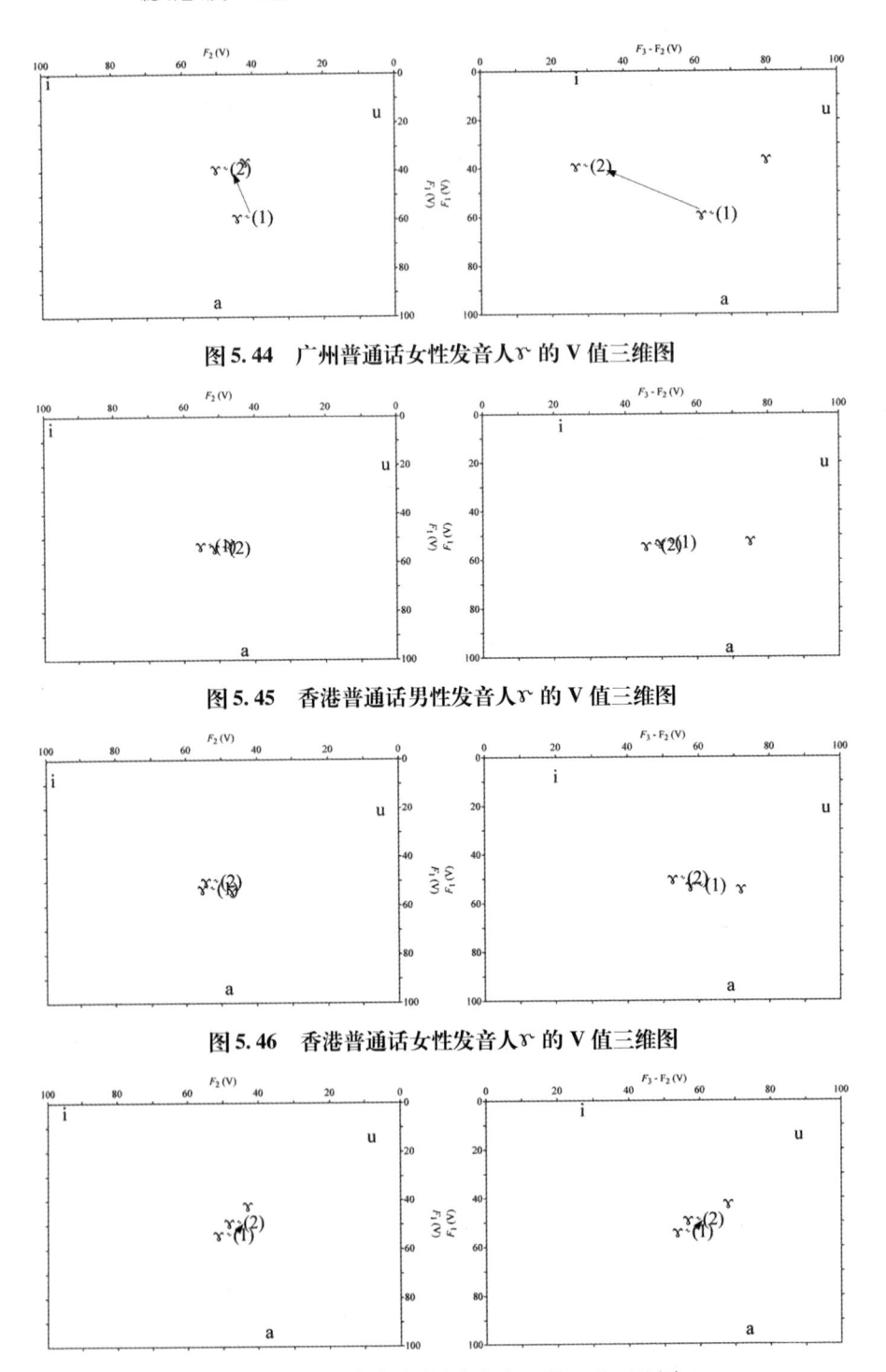

图 5.47　澳门普通话男性发音人ɤ的V值三维图

第五章 穗、港、澳三地普通话鼻尾元音和卷舌元音习得的声学分析 / 103

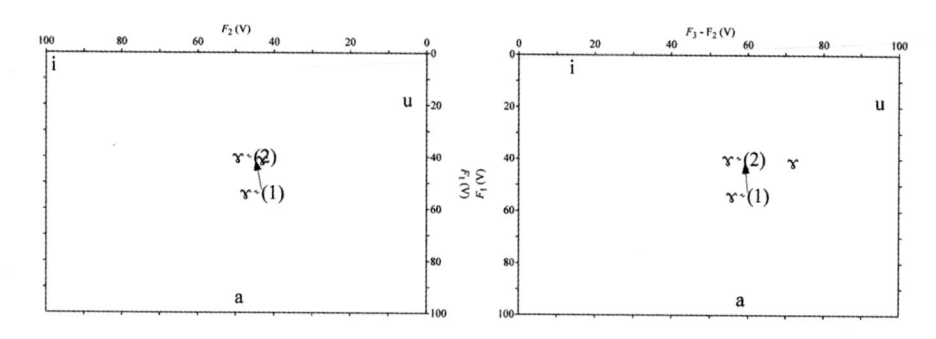

图 5.48 澳门普通话女性发音人 ɚ 的 V 值三维图

表 5.6 标准普通话和穗、港、澳三地普通话 ɚ 的 V 值数据

		ɚ（元音开始部分）			ɚ（元音结束部分）		
		F_1	F_2	$F_3 - F_2$	F_1	F_2	$F_3 - F_2$
标准普通话ɚ	男性	40	37	70	43	54	8
	女性	78	44	67	48	59	4
广州普通话ɚ	男性	70	40	63	62	48	37
	女性	59	40	66	39	46	31
香港普通话ɚ	男性	53	51	54	54	47	50
	女性	53	51	62	50	50	57
澳门普通话ɚ	男性	54	47	58	49	44	61
	女性	54	43	60	40	45	59

ɚ 是一个卷舌元音，它不是单元音，因为它的共振峰是急剧变化的，主要是 F_3 急速下降，迅速向 F_2 靠拢，使得 $F_3 - F_2$ 的值变小，这是卷舌元音最主要的声学特征。同时，舌位还有一定程度的从后往前滑动。众所周知，普通话 o、ɤ 不是单元音，在声学图上 F_1、F_2 并不平直。相比之下，ɚ 就更加不是单元音了，它不但 F_1、F_2 不是平直的，连 F_3 都是急速下降的。另外，还有部分发音人的舌位有从低到高的变化。在音系处理上，可以将 ɚ 视为特殊的元音或者复元音。ɚ 的发音也存在较大的个人差异，标准普通话男性发音人的实际音值接近 ɤɚ，其中反映卷舌程度的 $F_3 - F_2$ 从元音开始处到结尾处 V 值变动 62（70 - 8），女性发音人的实际音值接近 ɐɚ，其中反映卷舌程度的 $F_3 - F_2$ 从元音开始处到结尾处 V 值变动

63（67－4）。$F_3－F_2$ 的 V 值的变动量在 60 以上，说明男女发音人的卷舌程度非常明显。

广州男性发音人 ɚ 的实际音值接近 [ɜʵ]，其中反映卷舌程度的 $F_3－F_2$ 从元音开始处到结尾处 V 值变动量才 26（63－37），说明卷舌非常不明显。另外，还有两位发音人的 V 值变动量低于 5，他们将 ɚ 发成了不卷舌的普通单元音 [ɜ] 了。

广州女性发音人 ɚ 的实际音值接近 [ɜeʵ]，其中反映卷舌程度的 $F_3－F_2$ 从元音开始处到结尾处 V 值变动量为 35（66－31），说明卷舌不是很明显。另外，还有一位发音人的 V 值变动量低于 5，她将 ɚ 发成了不卷舌的普通单元音 [ɜ] 了。

香港男性发音人 ɚ 的实际音值接近标准元音 [ə]，其中反映卷舌程度的 $F_3－F_2$ 从元音开始处到结尾处 V 值变动量才 4（54－50），说明卷舌音被发成了不卷舌的普通单元音 [ə] 了。另外，还有一位发音人的 V 值变动量为 39，说明她的发音有卷舌特征，只是不如普通话明显。

香港女性发音人 ɚ 的实际音值接近标准元音 [ə]，其中反映卷舌程度的 $F_3－F_2$ 从元音开始处到结尾处 V 值变动量才 5（62－57），说明卷舌音被发成了不卷舌的 [ə] 了。另外，还有一位发音人 $F_3－F_2$ 的 V 值变动量为 59，说明她的发音有卷舌特征，而且比较明显。

澳门男性发音人 ɚ 的实际音值接近标准元音 [ə]，其中反映卷舌程度的 $F_3－F_2$ 从元音开始处到结尾处 V 值变动量才 －3（58－61），ɚ 发成了不卷舌的 [ə] 了。

澳门女性发音人 ɚ 的实际音值接近 [ɜe]，其中反映卷舌程度的 $F_3－F_2$ 从元音开始处到结尾处 V 值变动量仅为 1（60－59），说明卷舌音被发成了不卷舌的复元音。另外，还有一位发音人 $F_3－F_2$ 的 V 值变动量为 35，说明她的发音有卷舌特征，只是不如普通话明显。

综上，卷舌元音 ɚ 的习得偏误主要是没有卷舌或者卷舌程度不够。

第 六 章

穗、港、澳三地普通话辅音习得的声学分析

第一节　辅音声学实验的方法

本章主要考察穗、港、澳三地普通话辅音的习得。辅音声学分析使用我们汉化修改后的 Praat 语音软件。采用以下两种声学分析方法。

一是频带能量分析。将待考察的辅音部分（塞音可考察爆破段，擦音和近音可都考察全段）通过快速傅立叶变换（FFT）技术，生成功率谱（Spectrum）。在 0—10000Hz 的频率范围内，以 500Hz 为一个频率区间，分成 20 个频带区间，对每个区间分别提取平均能量。各频带区间跟频率范围的对应如表 6.1。

表 6.1　　　　　　　　频带区间跟频率范围对应

频带区间	对应的频率范围（Hz）	频带区间	对应的频率范围（Hz）
1	0—500	11	5001—5500
2	501—1000	12	5501—6000
3	1001—1500	13	6001—6500
4	1501—2000	14	6501—7000
5	2001—2500	15	7001—7500
6	2501—3000	16	7501—8000
7	3001—3500	17	8001—8500
8	3501—4000	18	8501—9000

续表

频带区间	对应的频率范围（Hz）	频带区间	对应的频率范围（Hz）
9	4001—4500	19	9001—9500
10	4501—5000	20	9501—10000

由于辅音频带能量随机变动较大，我们进行归一化处理。归一化按照辅音的发音方法分类进行，分成塞音、擦音、塞擦音三类（其中近音可放到擦音一类中去考察，鼻音、边音则可用共振峰进行分析），同一类发音方法的辅音放在一起归一化。贝先明（2015）依据石锋、冉启斌、王萍（2010）提出的元音 V 值、声调 T 值公式，提出辅音的 C 值公式（6—1）：

$$C = (Ex - Emin) / (Emax - Emin) \times 100 \quad (6—1)$$

公式中 Emax 是某类辅音（如所有塞音）各测量点频带能量平均值中的最大值，Emin 是某类辅音（如所有塞音）各测量点频带能量平均值中的最小值，Ex 是某测量点频带能量的平均值。通过计算得到某个辅音某测量点频带能量归一化后的 C 值。如果是基于大样本的数据，则可以用以下基于统计分析的 C 值公式（6—2）：

$$C = [Ex - E(min - SDmin)] / [E(max + SDmax) - E(min - SDmin)] \times 100 \quad (6—2)$$

公式中 E（max + SDmax）是某类辅音（如所有塞音）各测量点频带能量平均值中的最大值加上最大值的标准差，E（min - SDmin）是某类辅音（如所有塞音）各测量点频带能量平均值中的最小值减去最小值的标准差，Ex 是某测量点频带能量的平均值。通过计算得到某个辅音某测量点频带能量归一化后的 C 值。

能量的提取分两种方法，一种以 $Pa^2 \cdot s$ 为单位，一种以 dB 为单位。基于 $Pa^2 \cdot s$ 单位的计算涉及时间，C 值变动很敏感，适合观察频带能量的峰值。基于 dB 单位的计算适于观察整个辅音能量变动的趋势。本次实验我们只采用以 dB 为单位的方法。此外，在频带能量归一化计算时，我们没有将第一个频带（0—500Hz）的数据考虑进去。

C 值的优点是计算简单，可比性强，可用来进行统计分析。基于统计分析的 C 值公式适合多个发音人的大样本数据统计，也适合单个发音

第六章 穗、港、澳三地普通话辅音习得的声学分析 / 107

人的大样本（即多次发音）数据统计。

跟元音 V 值的归一化一样，辅音 C 值同样遵循"先各人归一化，再所有人（或男女分组）平均"，也就是每个人都单独计算自己的 C 值，然后所有人（或男女分组）计算 C 值的平均值。

二是谱重心分析（Centre of Gravity），谱重心的单位为 Hz。

通过 C 值可以考察擦音能量的分布情况。擦音能量峰值所在的频率范围（频带）跟辅音发音部位（主要指被动发音部位）的对应关系大致是：发音部位越前，能量峰值所在的频率范围（频带）越高，反之，发音部位越后，能量峰值所在的频率范围（频带）越低。这体现了发音生理背后的空气动力学原理。

擦音谱重心高低跟辅音发音部位（主要指被动发音部位）的对应关系大致是：发音部位越前，谱重心越高，反之，发音部位越后，谱重心越低。但是谱重心的这种表现没有前述能量峰值所在频率范围（频带）对应发音部位那么整齐，个别音（例如 f）可能不太符合。

第二节　普通话擦音习得的声学分析

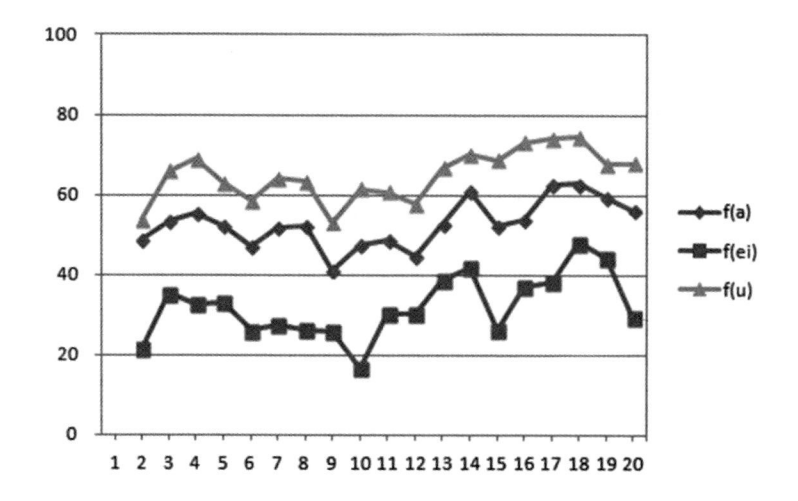

一　f 的习得

图 6.1　标准普通话男性发音人 f 的频带能量图

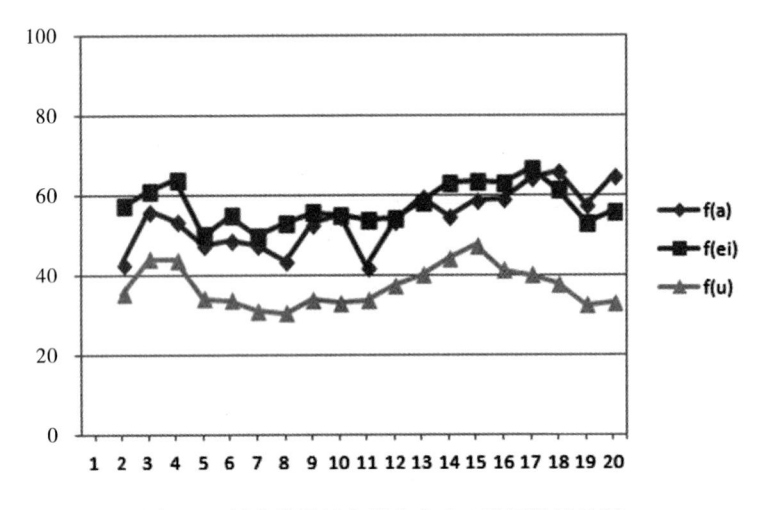

图 6.2 标准普通话女性发音人 f 的频带能量图

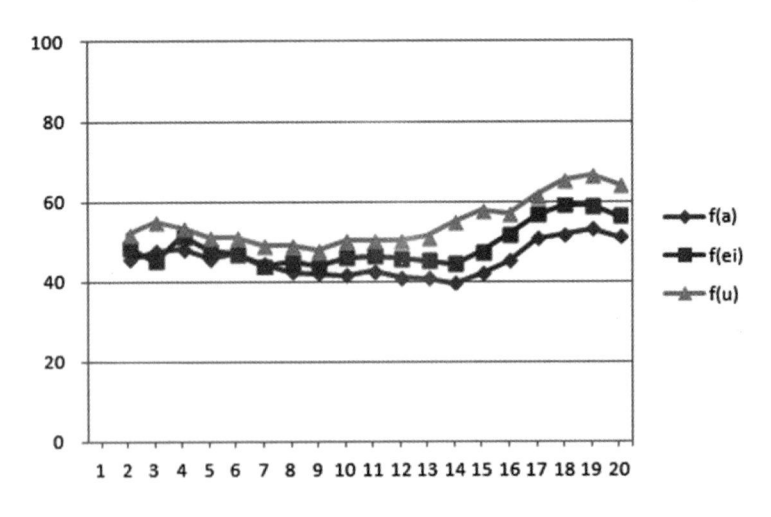

图 6.3 广州普通话男性发音人 f 的频带能量图

第六章　穗、港、澳三地普通话辅音习得的声学分析　／　109

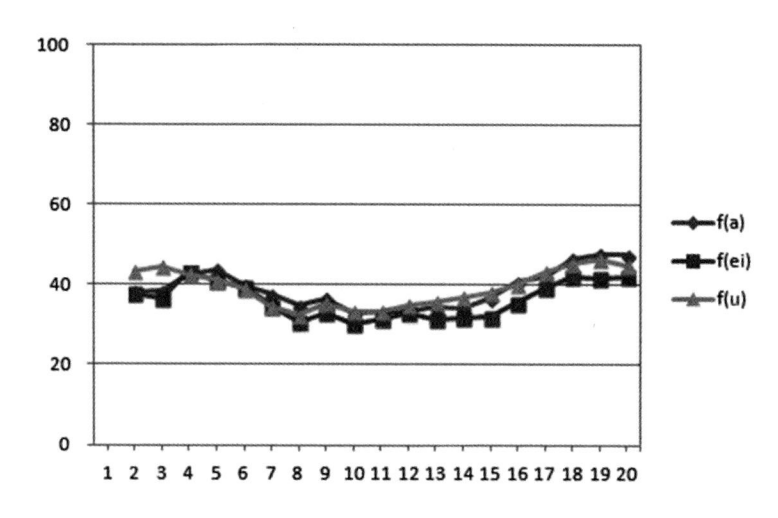

图 6.4　广州普通话女性发音人 f 的频带能量图

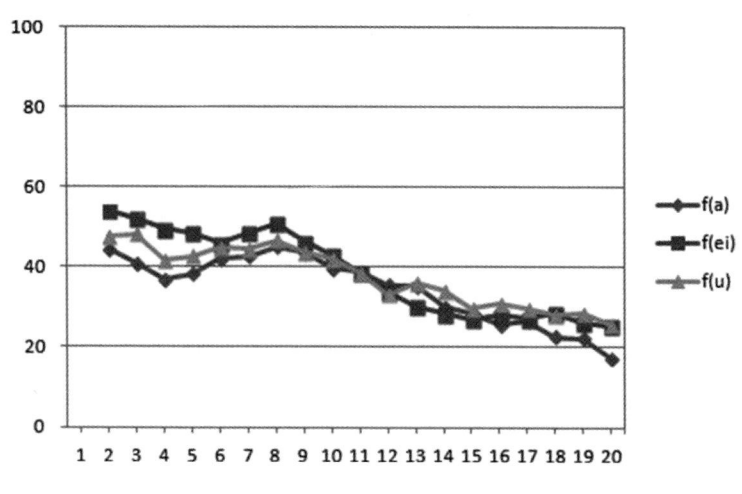

图 6.5　香港普通话男性发音人 f 的频带能量图

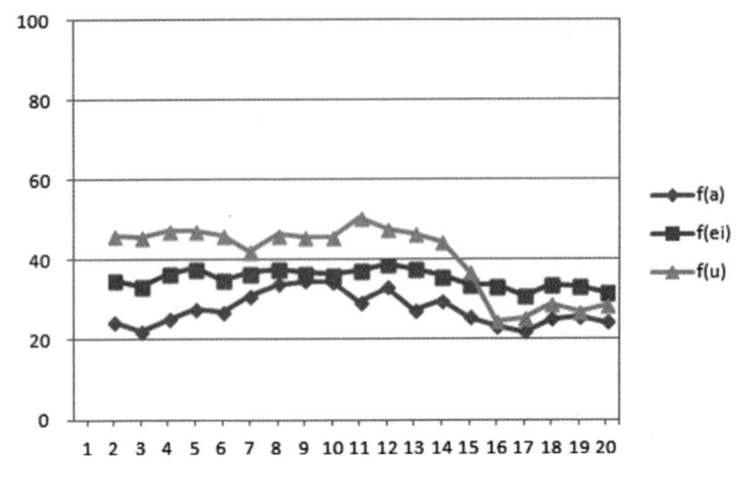

图 6.6　香港普通话女性发音人 f 的频带能量图

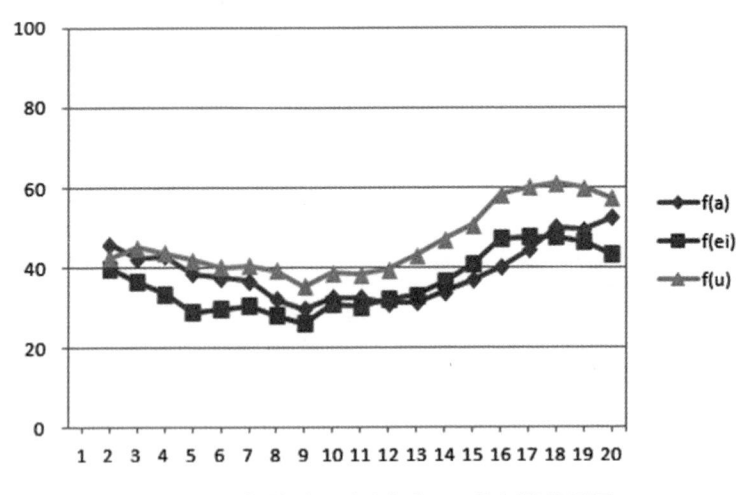

图 6.7　澳门普通话男性发音人 f 的频带能量图

第六章　穗、港、澳三地普通话辅音习得的声学分析　/　111

图6.8　澳门普通话女性发音人 f 的频带能量图

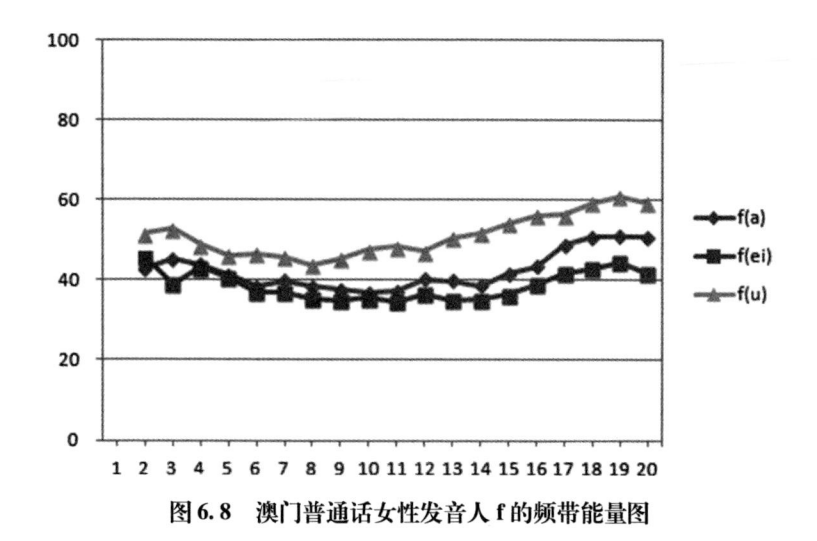

表6.2　　　标准普通话和穗、港、澳三地普通话 f 的频率数据

		辅音	能量峰值点所在频率范围（Hz）	基于 dB 单位计算出来的能量峰值点的 C 值	谱重心（Hz）
标准普通话	男性	f（a）	8500—9000Hz	63	9173
		f（ei）	8500—9000Hz	48	8241
		f（u）	8500—9000Hz	75	8114
	女性	f（a）	8500—9000Hz	66	8846
		f（ei）	8000—8500Hz	67	6928
		f（u）	7000—7500Hz	47	6504
广州普通话	男性	f（a）	9000—9500Hz	53	5034
		f（ei）	9000—9500Hz	59	5938
		f（u）	9000—9500Hz	67	6221
	女性	f（a）	9000—9500Hz	48	5905
		f（ei）	1500—2000Hz	43	6021
		f（u）	9000—9500Hz	46	4521
香港普通话	男性	f（a）	500—1000Hz	45	4095
		f（ei）	500—1000Hz	54	3416
		f（u）	500—1000Hz	48	4037
	女性	f（a）	4500—5000Hz	35	7783
		f（ei）	5500—6000Hz	39	6068
		f（u）	5000—5500Hz	50	5615

续表

		辅音	能量峰值点所在 频率范围（Hz）	基于dB单位计算出来的 能量峰值点的C值	谱重心 （Hz）
澳门普通话	男性	f（a）	9500—10000Hz	52	6358
		f（ei）	8500—9000Hz	48	6259
		f（u）	8500—9000Hz	61	6484
	女性	f（a）	9000—9500Hz	51	6859
		f（ei）	500—1000Hz	46	4786
		f（u）	9000—9500Hz	61	6160

标准普通话f的频带能量曲线是起伏程度较小的曲线，能量在各频段内分布较均匀，变化不大。能量峰值点多位于曲线尾部高频区，但是头部低频区的能量也不低。男性发音人的能量峰值点位于8500—9000Hz的范围内，女性发音人的能量峰值点位于7000—9000Hz的范围内。f（a）的谱重心较高，男性发音人的为9173Hz，女性发音人的为8846Hz，f（ei）、f（u）的谱重心较低，男性发音人的在8000Hz左右，女性发音人的在6000Hz左右。

广州普通话f的频带能量曲线是起伏程度较小的曲线，两头略高，中间略低，能量在各频段内变化不大。男性发音人的能量峰值点位于9000—9500Hz的范围内，女性发音人的能量峰值点位于1500—2000Hz以及9000—9500Hz的范围内。男性发音人f的谱重心范围为5000—6500Hz，女性发音人的为4000—6500Hz。跟标准普通话f相比，广州普通话f（ei）谱重心平均值低2000Hz多，有时候能量峰值点位于较低的频率区域（如1500—2000Hz）。

香港男性发音人普通话f的频带能量曲线是下降的曲线，女性发音人的是起伏程度较小的曲线。男性发音人的能量峰值点位于500—1000Hz的范围内，女性发音人的能量峰值点位于4500—6000Hz的范围内。男性发音人f的谱重心范围为3000—4500Hz，女性发音人的为5500—8000Hz。跟标准普通话f相比，香港普通话f的能量峰值点所在频率范围低很多，谱重心也低不少，平均值低了近3000Hz。

澳门普通话f的频带能量曲线是略微上升的曲线。男性发音人的能量峰值点位于 8500—10000Hz 的范围内，女性发音人的能量峰值点位于 500—1000Hz 及 9000—9500Hz 的范围内。男性发音人 f 的谱重心范围为 6000 多 Hz，女性发音人的为 4500—7000Hz。跟标准普通话 f 相比，澳门普通话女性发音人 f 的能量峰值点所在频率范围低很多，男女发音人的谱重心也都略低，平均值低了 2500Hz 多。

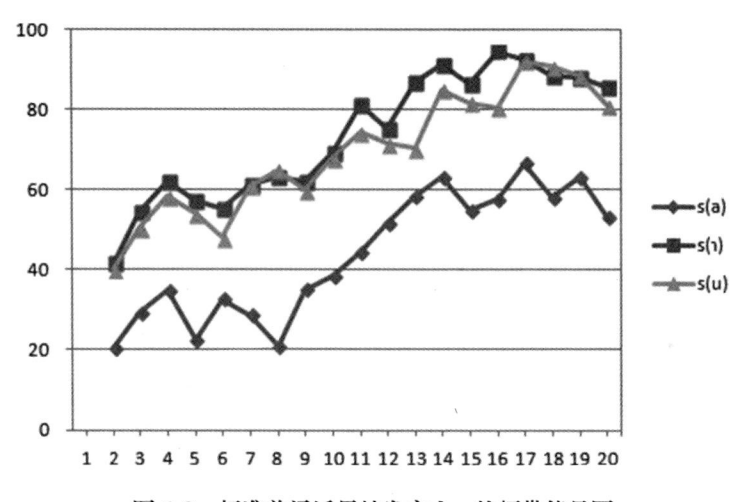

二　s 的习得

图 6.9　标准普通话男性发音人 s 的频带能量图

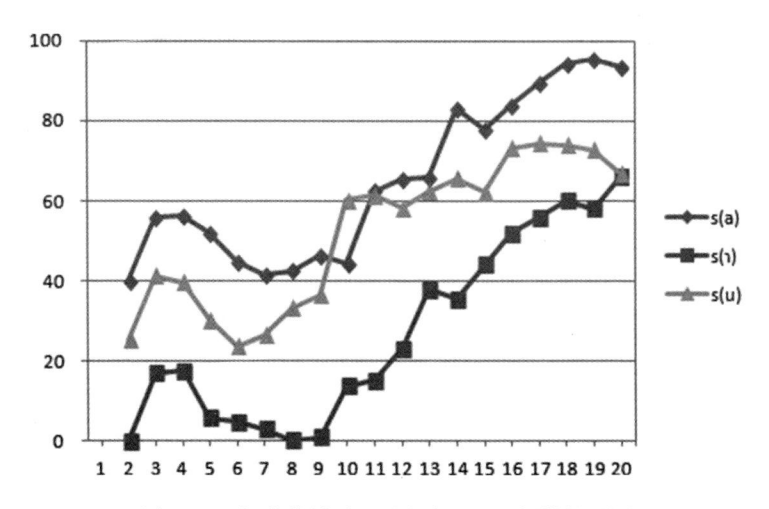

图 6.10　标准普通话女性发音人 s 的频带能量图

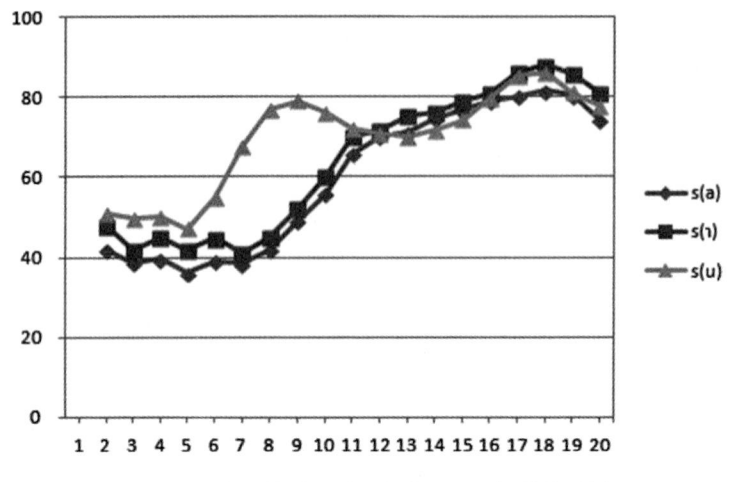

图 6.11　广州普通话男性发音人 s 的频带能量图

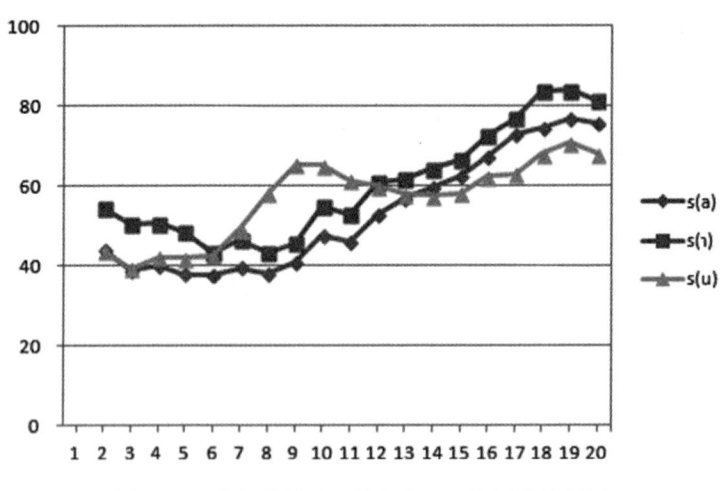

图 6.12　广州普通话女性发音人 s 的频带能量图

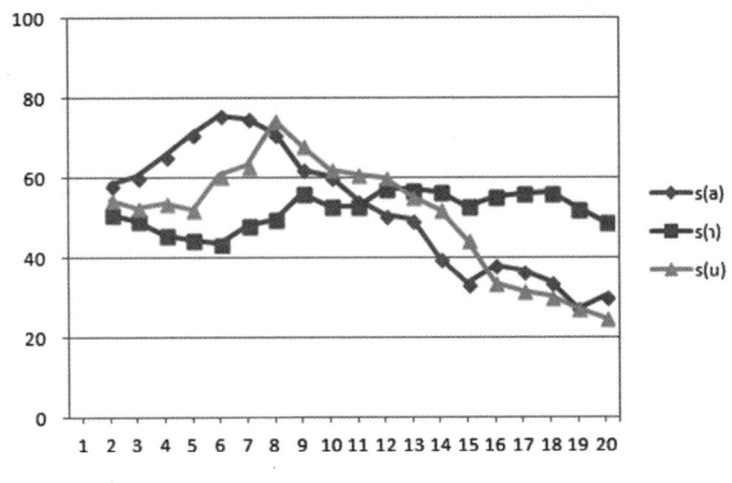

图 6.13 香港普通话男性发音人 s 的频带能量图

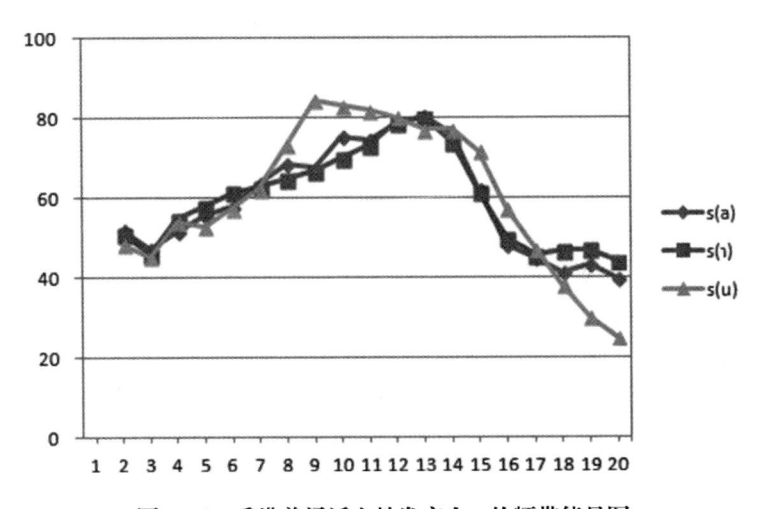

图 6.14 香港普通话女性发音人 s 的频带能量图

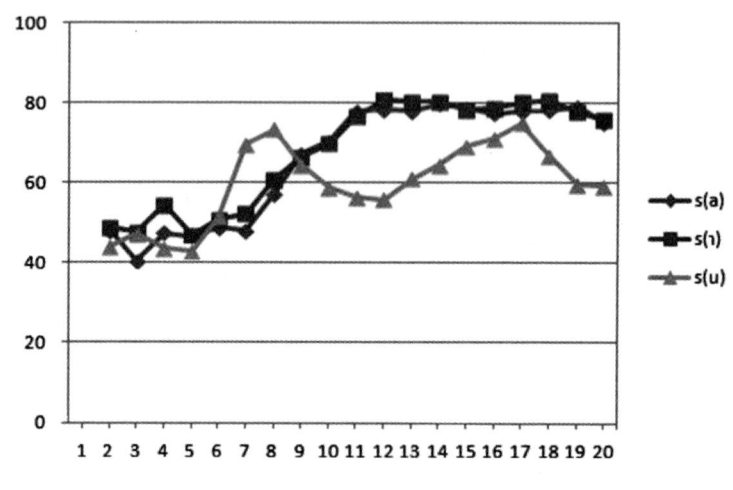

图 6.15　澳门普通话男性发音人 s 的频带能量图

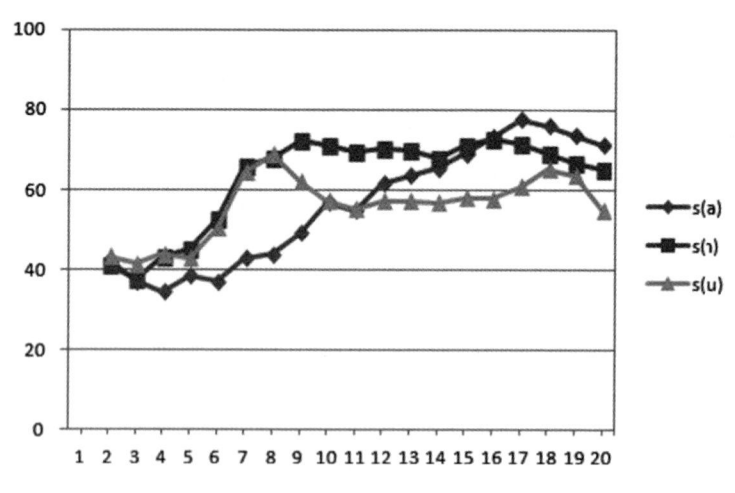

图 6.16　澳门普通话女性发音人 s 的频带能量图

表 6.3　　标准普通话和穗、港、澳三地普通话 s 的频率数据

		辅音	能量峰值点所在频率范围（Hz）	基于 dB 单位计算出来的能量峰值点的 C 值	谱重心（Hz）
标准普通话	男性	s（a）	8000—8500Hz	67	8172
		s（ɤ）	7500—8000Hz	95	8055
		s（u）	8000—8500Hz	92	8801
	女性	s（a）	9000—9500Hz	95	10400
		s（ɤ）	9500—10000Hz	66	9874
		s（u）	8000—8500Hz	74	9127
广州普通话	男性	s（a）	8500—9000Hz	82	7964
		s（ɤ）	8500—9000Hz	88	8185
		s（u）	8500—9000Hz	86	6644
	女性	s（a）	9000—9500Hz	77	9095
		s（ɤ）	9000—9500Hz	84	8236
		s（u）	9000—9500Hz	71	7857
香港普通话	男性	s（a）	2500—3000Hz	76	3030
		s（ɤ）	5500—6000Hz	57	7305
		s（u）	3500—4000Hz	74	3287
	女性	s（a）	6000—6500Hz	80	5642
		s（ɤ）	6000—6500Hz	80	6319
		s（u）	4000—4500Hz	84	5286
澳门普通话	男性	s（a）	9000—9500Hz	79	7075
		s（ɤ）	8500—9000Hz	81	7078
		s（u）	8000—8500Hz	75	5718
	女性	s（a）	8000—8500Hz	78	8199
		s（ɤ）	7500—8000Hz	73	6370
		s（u）	3500—4000Hz	69	6238

标准普通话 s 的频带能量曲线是急速上升的曲线，能量峰值集中在曲线尾部高频区域。男性发音人的能量峰值点位于 7500—8500Hz 的范围内，女性发音人的能量峰值点位于 8000—10000Hz 的范围。s 谱重心极

高，男性发音人的略高于8000Hz，女性发音人的超过9000Hz，其s（a）的谱重心为10400Hz。

广州普通话s的频带能量曲线是急速上升的曲线，男女发音人的s（u）在4000—5000Hz也有较小的能量峰。男性发音人的能量峰值点位于8500—9000Hz的范围，女性发音人的能量峰值点位于9000—9500Hz的范围内。男性发音人s的谱重心范围为6500—8500Hz，女性发音人的为7500—9500Hz。跟标准普通话s相比，广州普通话s男性发音人的谱重心较低。

香港普通话男性发音人的s的频带能量曲线是在前部有较小波峰的曲线，女性发音人的是在中部偏后有波峰的曲线。男性发音人的能量峰值点位于2500—6000Hz的范围内，女性发音人的能量峰值点位于4000—6500Hz的范围内。男性发音人s的谱重心有两个范围：3000Hz以上、7000Hz以上，女性发音人的为5000—6500Hz。跟标准普通话s相比，香港普通话s的能量峰值点所在频率范围低很多，谱重心也低不少，尤其是香港男性的发音，s（a）和s（u）的谱重心都不到4000Hz。

澳门普通话s（a）、s（ɿ）的频带能量曲线是先上升后平缓的曲线，大致呈"厂"形。s（u）的频带能量曲线是有两个峰值的曲线，大致呈"m"形。广州普通话的s（u）在一定程度上也呈"m"形。澳门男性发音人的能量峰值点位于8000—9500Hz的范围，女性发音人的能量峰值点位于3500—4000Hz及7500—8500Hz的范围。男性发音人s的谱重心范围为5500—7500Hz，女性发音人的为6000—8500Hz。跟标准普通话s相比，澳门普通话s的谱重心较低，s（u）能量峰值点所在频率范围低很多。

粤语s在合口呼前的音值为［ʃ］，在非合口呼前的音值为［s］。澳门发音人的s（u）受到粤语发音的影响，音值接近［ʃ］，广州、香港普通话的s（u）也受到粤语的影响，其谱重心偏低。

三地普通话s受粤语负迁移的影响，其习得存在一定的偏误。

三 ʂ的习得

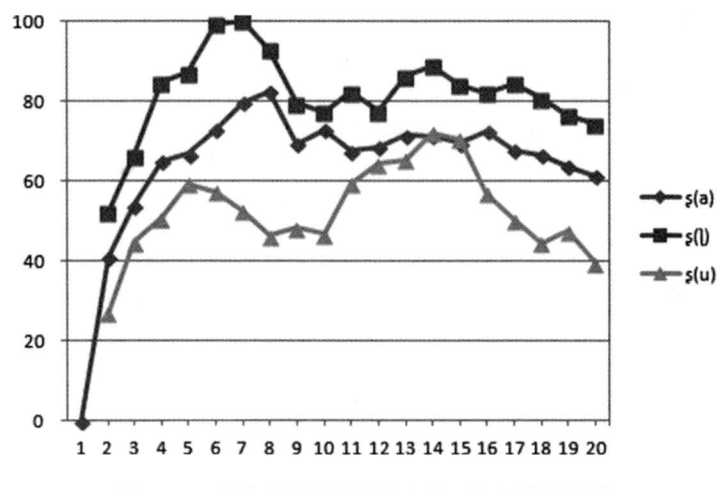

图 6.17 标准普通话男性发音人 ʂ的频带能量图

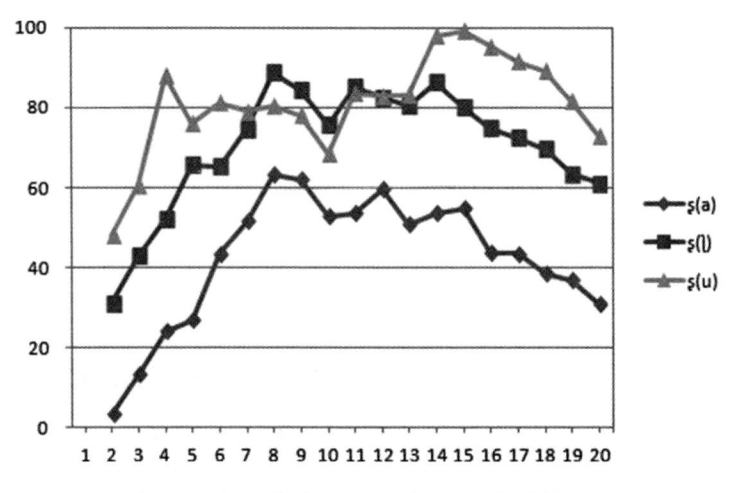

图 6.18 标准普通话女性发音人 ʂ的频带能量图

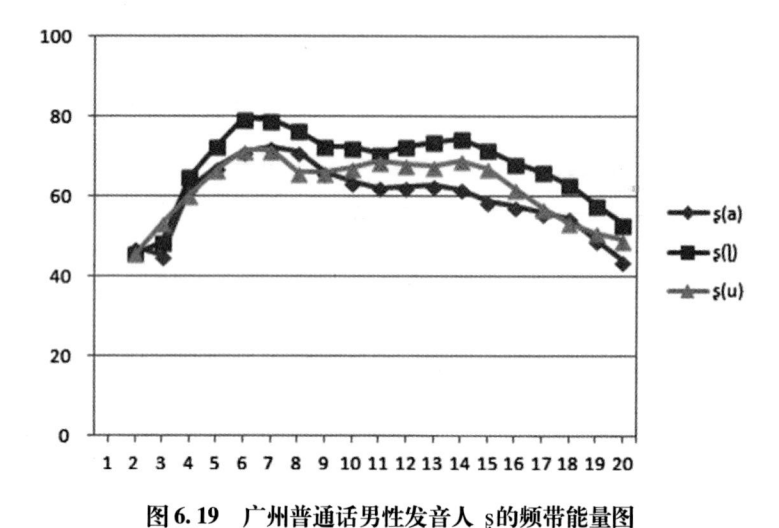

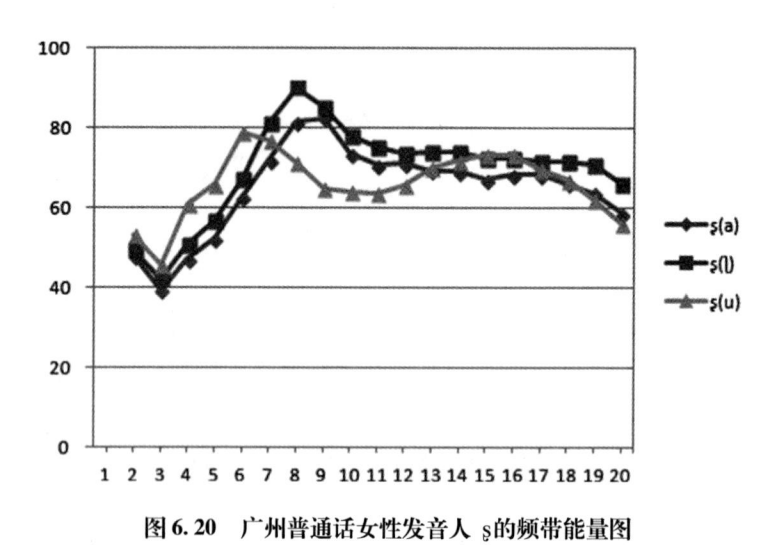

图 6.19　广州普通话男性发音人 ʂ的频带能量图

图 6.20　广州普通话女性发音人 ʂ的频带能量图

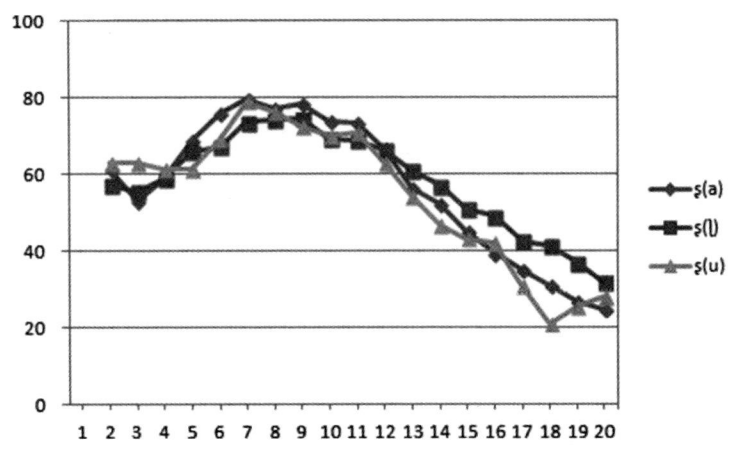

图 6.21　香港普通话男性发音人 ʂ 的频带能量图

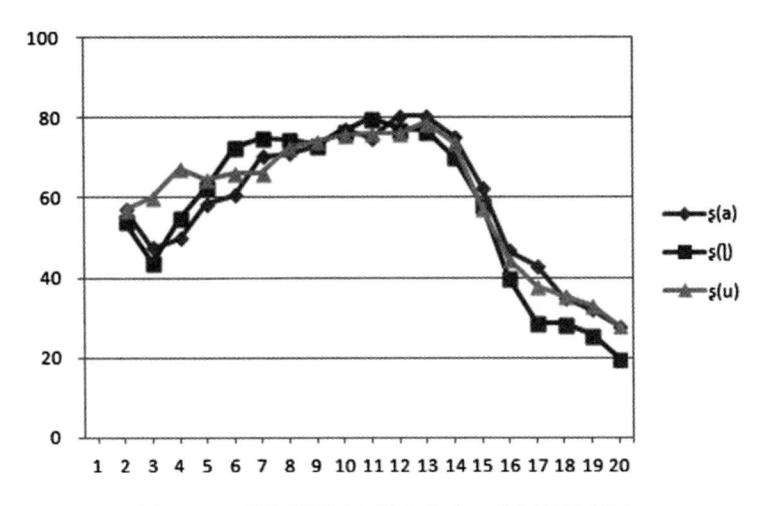

图 6.22　香港普通话女性发音人 ʂ 的频带能量图

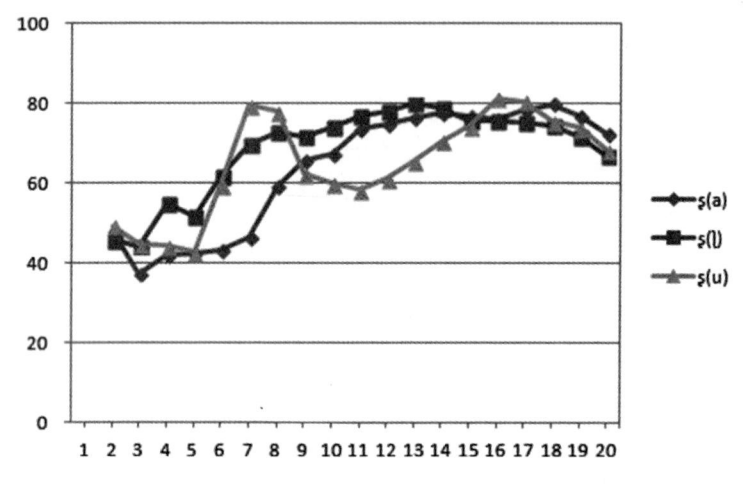

图 6.23 澳门普通话男性发音人 ʂ的频带能量图

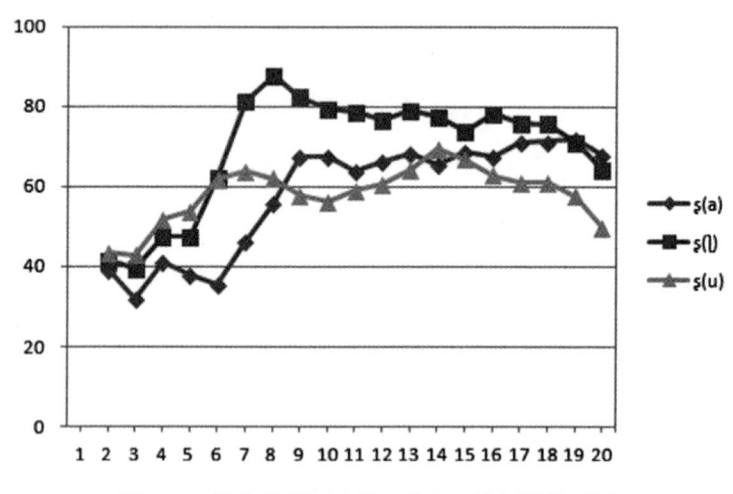

图 6.24 澳门普通话女性发音人 ʂ的频带能量图

表6.4　　　标准普通话和穗、港、澳三地普通话 ʂ 的频率数据

		辅音	能量峰值点所在频率范围（Hz）	基于 dB 单位计算出来的能量峰值点的 C 值	谱重心（Hz）
标准普通话	男性	ʂ(a)	3500—4000Hz	82	4933
		ʂ(ʅ)	3000—3500Hz	100	4328
		ʂ(u)	6500—7000Hz	72	6286
	女性	ʂ(a)	3500—4000Hz	63	5243
		ʂ(ʅ)	3500—4000Hz	89	5649
		ʂ(u)	7000—7500Hz	99	6724
广州普通话	男性	ʂ(a)	3000—3500Hz	73	4003
		ʂ(ʅ)	2500—3000Hz	80	4487
		ʂ(u)	3000—3500Hz	72	4789
	女性	ʂ(a)	4000—4500Hz	82	4932
		ʂ(ʅ)	3500—4000Hz	90	4865
		ʂ(u)	2500—3000Hz	79	4540
香港普通话	男性	ʂ(a)	3000—3500Hz	80	3510
		ʂ(ʅ)	4000—4500Hz	75	3989
		ʂ(u)	3000—3500Hz	79	2897
	女性	ʂ(a)	6000—6500Hz	81	5147
		ʂ(ʅ)	5000—5500Hz	80	4663
		ʂ(u)	6000—6500Hz	79	4421
澳门普通话	男性	ʂ(a)	8500—9000Hz	80	6865
		ʂ(ʅ)	6000—6500Hz	80	5789
		ʂ(u)	3000—3500Hz	80	5942
	女性	ʂ(a)	9000—9500Hz	72	7180
		ʂ(ʅ)	3500—4000Hz	88	5786
		ʂ(u)	6500—7000Hz	69	4696

标准普通话 ʂ 的频带能量曲线是先急升后缓降的曲线，ʂ(a)、ʂ(ʅ) 大致呈"ʌ"形，ʂ(u) 大致呈 m 形，有 2 个波峰。高频能量集中在中频区域。男性发音人的能量峰值点位于 3000—7000Hz 的范围，女性发音人的能量峰值点位于 3500—7500Hz 的范围。男性发音人 ʂ 谱重心为 4000—6500Hz，女性发音人的为 5000—7000Hz。男女发音人 ʂ(u) 的谱

重心均略高于 ʂ(a)、ʂ(ʅ)。

广州普通话 ʂ的频带能量曲线是先急升后缓降的曲线，大致呈"∧"形。男性发音人的能量峰值点位于2500—3500Hz的范围，女性发音人的能量峰值点位于2500—4500Hz的范围。男女发音人 ʂ的谱重心均高于4000Hz，不到5000Hz。跟标准普通话 ʂ相比，广州普通话 ʂ(u) 能量峰值点所在频率范围、谱重心均较低。

香港男性发音人普通话 ʂ的频带能量曲线是在前部有较小波峰的曲线，女性发音人的是在中部有波峰的曲线。男性发音人的能量峰值点位于3000—4500Hz的范围，女性发音人的能量峰值点位于5000—6500Hz的范围。男性发音人 ʂ的谱重心为2500—4000Hz，女性发音人的为4000—5500Hz。跟标准普通话 ʂ相比，香港男性发音人普通话 ʂ(u) 的能量峰值点所在频率范围、谱重心都低很多，而香港女性发音人 ʂ(a)、ʂ(ʅ) 的能量峰值点所在频率范围高很多。另外，对比香港普通话 s 的数据和能量图可以发现，香港普通话的 s、ʂ 基本是相混的，即 s、ʂ 基本不分，都念 s。

澳门普通话 ʂ(a)、ʂ(ʅ) 的频带能量曲线是先急升后平缓的曲线，大致呈"厂"形。ʂ(u) 的频带能量曲线是有两个峰值的曲线，大致呈"m"形。男性发音人的能量峰值点位于3000—3500Hz 及 6000—9000Hz 的范围，女性发音人的能量峰值点位于3500—4000Hz 及 6500—9500Hz 的范围。男性发音人 ʂ的谱重心范围为5500—7000Hz，女性发音人的为4500—7500Hz。跟标准普通话 ʂ相比，澳门普通话男性发音人的 ʂ(a) 和 ʂ(ʅ)、女性发音人的 ʂ(a) 能量峰值点所在区域的频率偏高，男性发音人 ʂ(u) 的能量峰值点所在区域的频率偏低。另外，对比澳门普通话 s 的数据和能量图，澳门普通话的 s、ʂ 基本是相混的，即 s、ʂ 基本不分，都念 s。

普通话 ʂ的习得，广州发音人 ʂ(u) 存在偏误，香港、澳门发音人则基本是 s、ʂ 不分，均发为 s。这应该是受到了粤语的负迁移影响。普通话里 s、ʂ 辅音涉及的字，在粤语里，其辅音基本念 ʃ，辅音不能区别开来。例如，"丝""诗"的声母都念 ʃ。

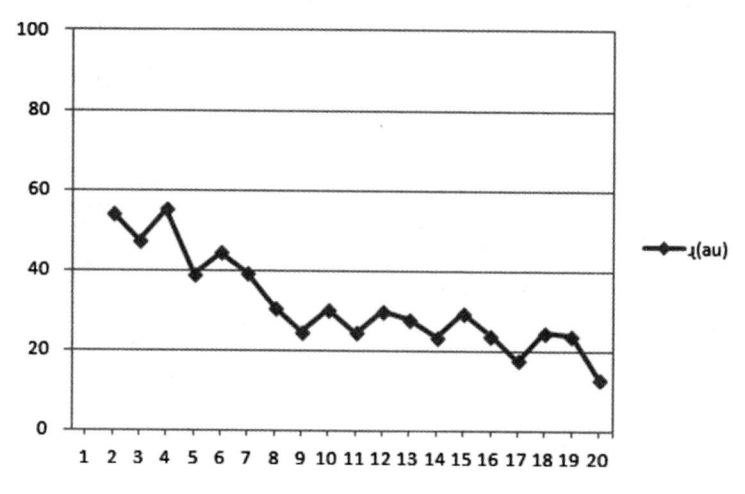

第六章 穗、港、澳三地普通话辅音习得的声学分析 / 125

四 ɿ的习得

图 6.25 标准普通话男性发音人 ɿ 的频带能量图

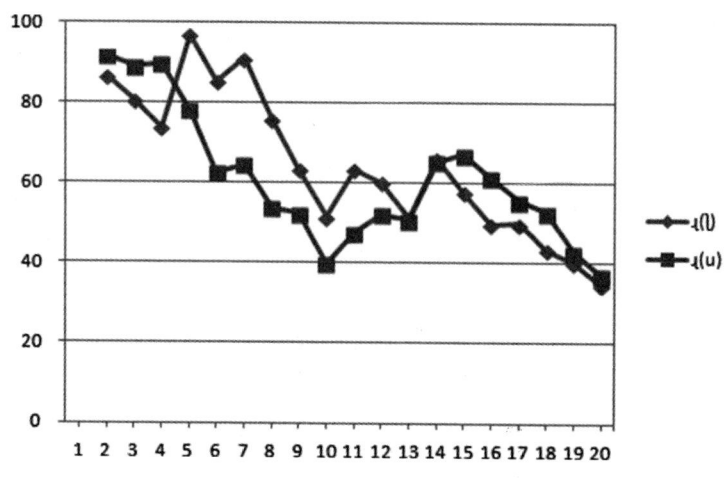

图 6.26 标准普通话女性发音人 ɿ 的频带能量图

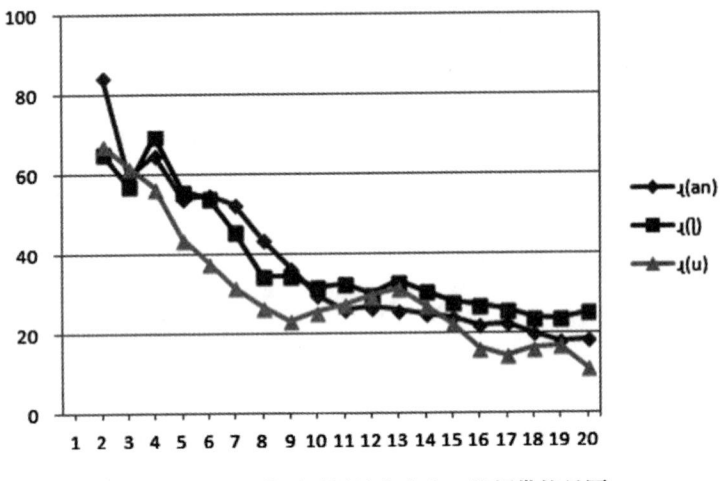

图 6.27　广州普通话男性发音人 ɻ 的频带能量图

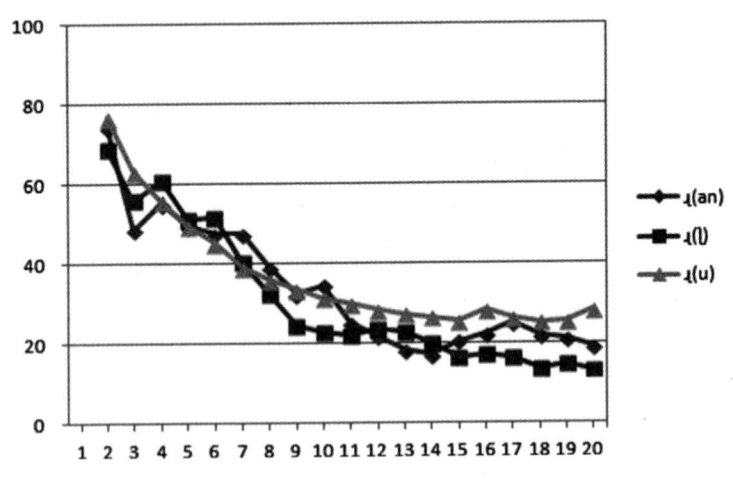

图 6.28　广州普通话女性发音人 ɻ 的频带能量图

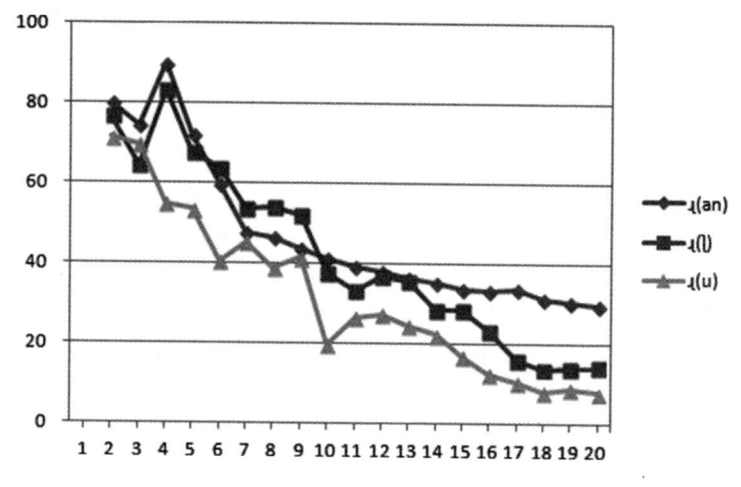

第六章　穗、港、澳三地普通话辅音习得的声学分析 / 127

图 6.29　香港普通话男性发音人 ɹ 的频带能量图

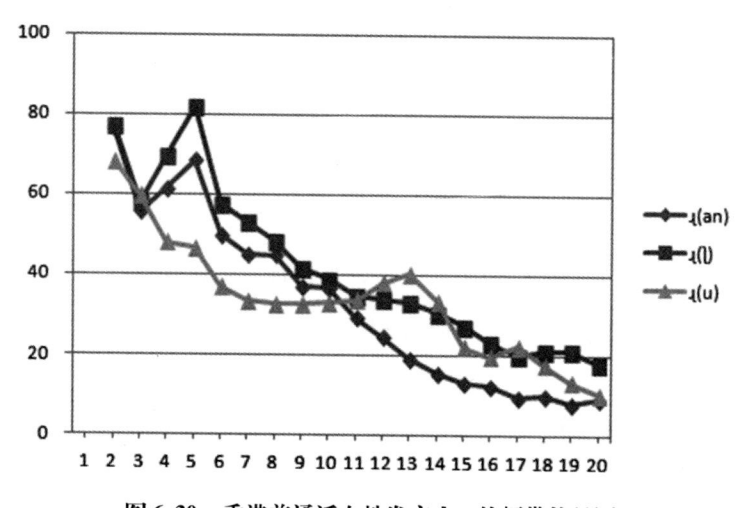

图 6.30　香港普通话女性发音人 ɹ 的频带能量图

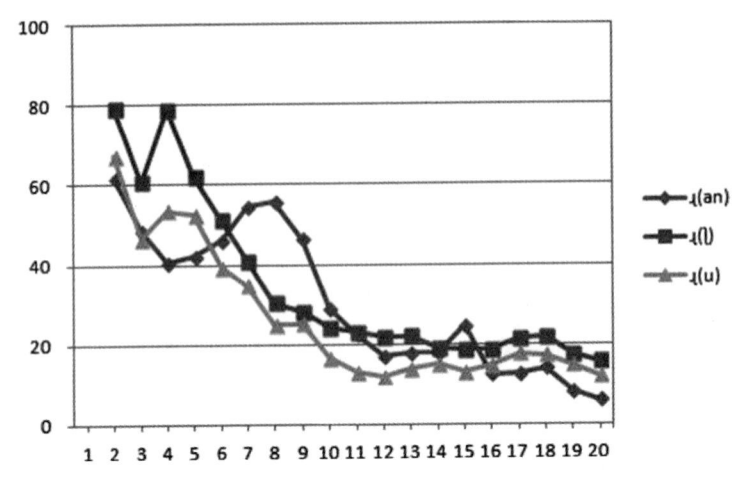

图 6.31　澳门普通话男性发音人 ɻ 的频带能量图

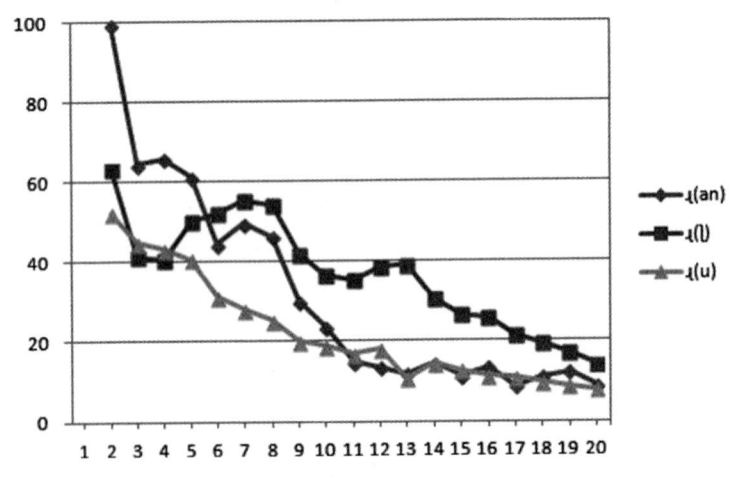

图 6.32　澳门普通话女性发音人 ɻ 的频带能量图

表 6.5　　　标准普通话和穗、港、澳三地普通话 ɻ 的频率数据

		辅音	能量峰值点所在频率范围（Hz）	基于 dB 单位计算出来的能量峰值点的 C 值	谱重心（Hz）
标准普通话	男性	ɻ（au）	500—1000Hz	54	512
	女性	ɻ（ʅ）	2000—2500Hz	97	1169
		ɻ（u）	500—1000Hz	92	505

续表

		辅音	能量峰值点所在频率范围（Hz）	基于 dB 单位计算出来的能量峰值点的 C 值	谱重心（Hz）
广州普通话	男性	ɻ（an）	500—1000Hz	84	753
		ɻ（ʅ）	1500—2000Hz	70	1203
		ɻ（u）	500—1000Hz	67	226
	女性	ɻ（an）	500—1000Hz	75	492
		ɻ（ʅ）	500—1000Hz	69	395
		ɻ（u）	500—1000Hz	77	264
香港普通话	男性	ɻ（an）	1500—2000Hz	90	686
		ɻ（ʅ）	1500—2000Hz	83	808
		ɻ（u）	500—1000Hz	72	454
	女性	ɻ（an）	500—1000Hz	76	868
		ɻ（ʅ）	2000—2500Hz	82	908
		ɻ（u）	500—1000Hz	68	854
澳门普通话	男性	ɻ（an）	500—1000Hz	62	1356
		ɻ（ʅ）	500—1000Hz	79	316
		ɻ（u）	500—1000Hz	67	241
	女性	ɻ（an）	500—1000Hz	99	430
		ɻ（ʅ）	500—1000Hz	63	1985
		ɻ（u）	500—1000Hz	52	897

标准普通话 ɻ 的频带能量曲线是大致下降的曲线，其中 ɻ（ʅ）、ɻ（u）在中部偏后处有小的波峰。能量峰值点位于低频区域（我们的实验没有将第 1 个测量点纳入分析，实际上它的能量应该更高），这是所有带声辅音的频谱特征。男性发音人的能量峰值点位于 500—1000Hz 的范围，女性发音人的能量峰值点位于 500—1000Hz 及 2000—2500Hz 的范围。男性发音人 ɻ 谱重心为 500Hz 左右，女性发音人的为 500—1500Hz。ɻ（ʅ）的能量峰值点所在频率、谱重心比 ɻ（au）、ɻ（u）的都高。

广州普通话 ɻ 的频带能量曲线是下降的曲线，除广州男性发音人的 ɻ（u）之外，在中部偏后处没有小的波峰出现。男性发音人的能量峰值点位于 500—2000Hz 的范围，女性发音人的能量峰值点位于 500—1000Hz

的范围。男性发音人ɻ的谱重心范围为200—1200Hz，女性发音人的为200—500Hz。跟标准普通话ɻ相比，广州普通话ɻ在高频范围的能量较弱，尤其是女性发音人的ɻ（ɻ），其摩擦程度较轻。

香港普通话ɻ的频带能量曲线是下降的曲线，除女性发音人的ɻ（u）之外，在中部偏后处没有小的波峰出现。男性发音人的能量峰值点位于500—2000Hz的范围，女性发音人的能量峰值点位于500—2500Hz的范围。男性发音人ɻ的谱重心为400—1000Hz，女性发音人的为800—1000Hz。跟标准普通话ɻ相比，香港普通话男性发音人ɻ（an）的能量峰值点所在区域的频率略高，摩擦程度较强。

澳门普通话ɻ的频带能量曲线是下降的曲线，除男性发音人的ɻ（an）之外，在中部没有小的波峰出现。男性、女性发音人的能量峰值点都位于500—1000Hz的范围。男性发音人ɻ的谱重心的为200—1500Hz，女性发音人的为400—2000Hz。跟标准普通话ɻ相比，澳门普通话男性发音人ɻ（ɻ）的谱重心较低，女性发音人ɻ（ɻ）能量峰值点所在区域的频率较低。

三地普通话ɻ的习得偏误主要是发音部位不对，或者摩擦程度掌握不好，或轻或重。

此外，还有受粤语影响而发错音的，如香港、澳门都有发音人把"然"发成[jin]的。

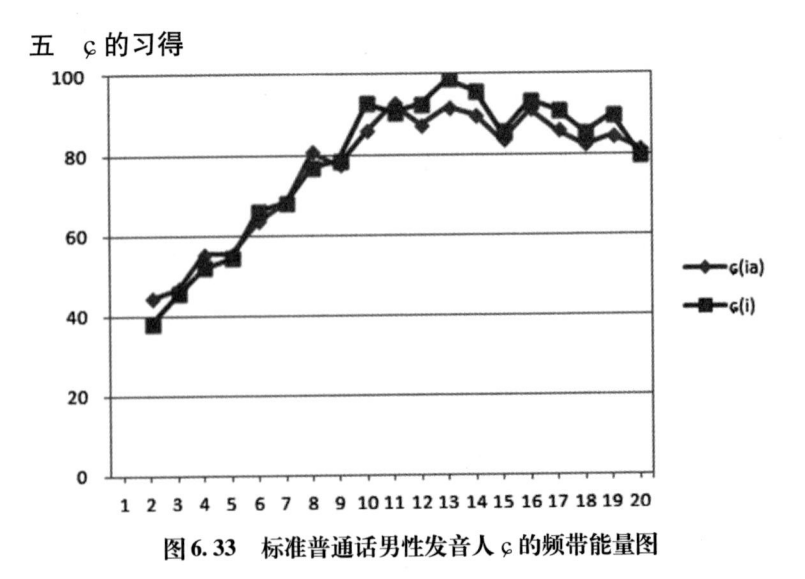

五　ɕ的习得

图6.33　标准普通话男性发音人ɕ的频带能量图

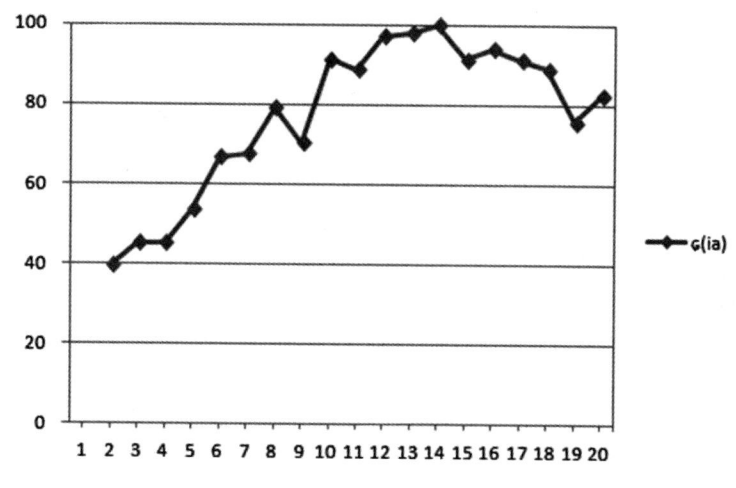

图 6.34 标准普通话女性发音人 ç 的频带能量图

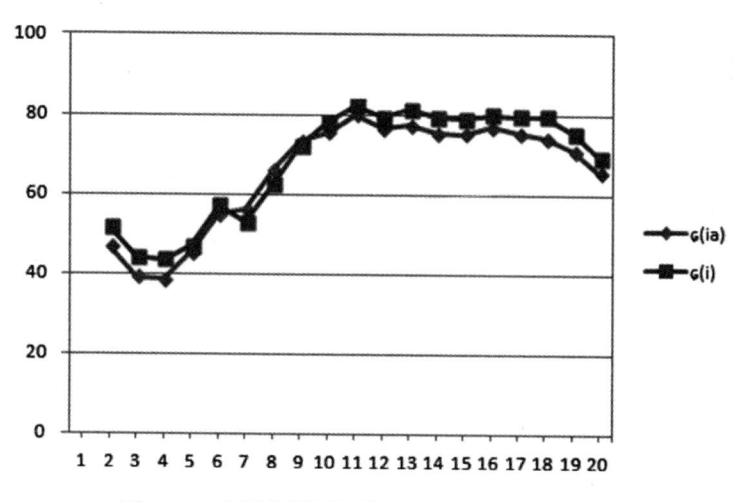

图 6.35 广州普通话男性发音人 ç 的频带能量图

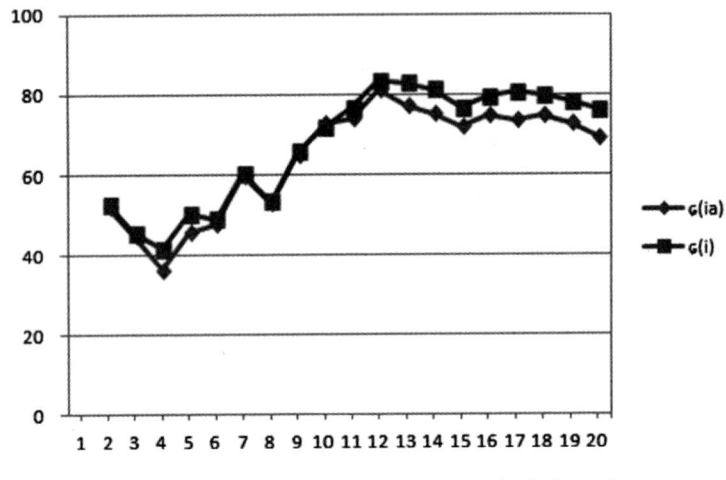

图 6.36　广州普通话女性发音人 ɕ 的频带能量图

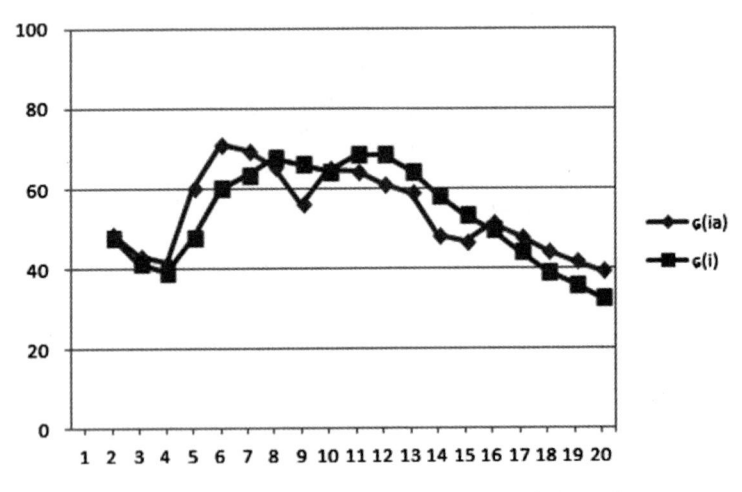

图 6.37　香港普通话男性发音人 ɕ 的频带能量图

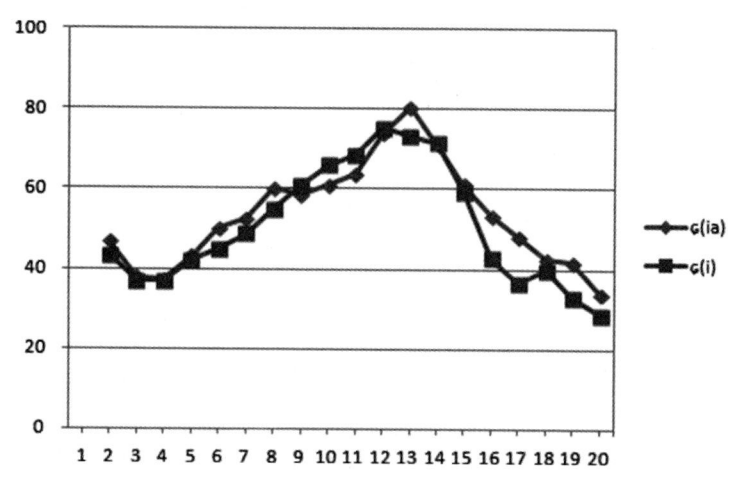

第六章 穗、港、澳三地普通话辅音习得的声学分析 / 133

图 6.38 香港普通话女性发音人 ç 的频带能量图

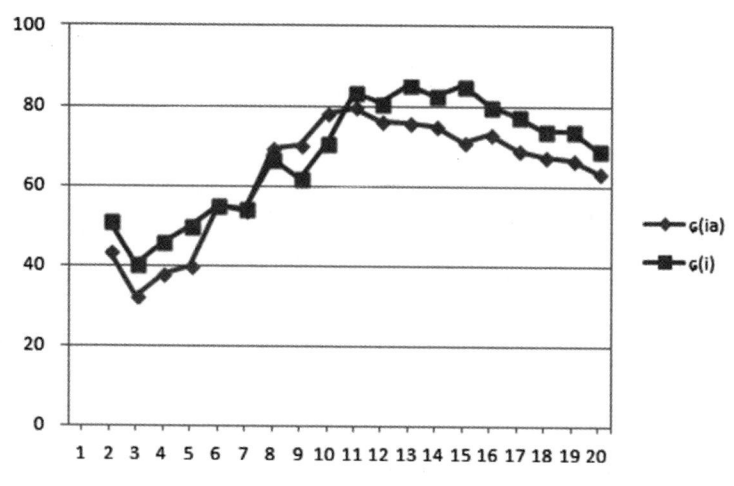

图 6.39 澳门普通话男性发音人 ç 的频带能量图

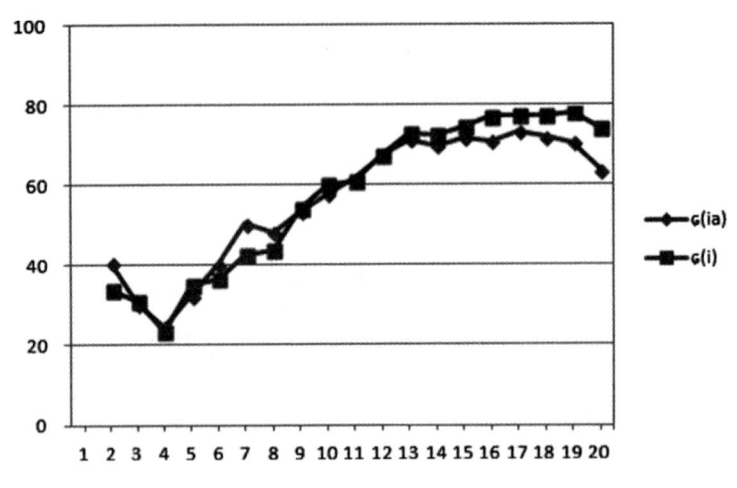

图 6.40　澳门普通话女性发音人 ç 的频带能量图

表 6.6　　　标准普通话和穗、港、澳三地普通话 ç 的频率数据

		辅音	能量峰值点所在频率范围（Hz）	基于 dB 单位计算出来的能量峰值点的 C 值	谱重心（Hz）
标准普通话	男性	ç（ia）	5000—5500Hz	93	6763
		ç（i）	6000—6500Hz	99	6800
	女性	ç（ia）	6500—7000Hz	100	6842
广州普通话	男性	ç（ia）	5000—5500Hz	80	6356
		ç（i）	5000—5500Hz	82	6534
	女性	ç（ia）	5500—6000Hz	81	6645
		ç（i）	5500—6000Hz	83	6869
香港普通话	男性	ç（ia）	2500—3000Hz	71	4151
		ç（i）	5500—6000Hz	69	4628
	女性	ç（ia）	6000—6500Hz	81	6137
		ç（i）	5500—6000Hz	76	6026
澳门普通话	男性	ç（ia）	5000—5500Hz	80	5942
		ç（i）	6000—6500Hz	85	6850
	女性	ç（ia）	8000—8500Hz	73	7153
		ç（i）	9000—9500Hz	78	8421

标准普通话 ç 的频带能量曲线是急速上升的曲线，在中部偏后处又

缓降，大致呈"厂"形。能量峰值点位于中频区域。男性发音人的能量峰值点位于 5000—6500Hz 的范围，女性发音人的能量峰值点位于 6500—7000Hz 的范围。男性、女性发音人 ç 谱重心均为 6500—7000Hz。

广州普通话 ç 的频带能量曲线是急速上升的曲线，在中部偏后处又稍平，呈"厂"形。男性发音人的能量峰值点位于 5000—5500Hz 的范围，女性发音人的能量峰值点位于 5500—6000Hz 的范围。男性、女性发音人 ç 的谱重心均位于 6000—7000Hz 的范围。广州普通话的 ç 跟标准普通话的基本一致，习得情况好。

香港普通话 ç 的频带能量曲线是先升后降的曲线，呈"ʌ"形。男性发音人的能量峰值点位于 2500—3000Hz 及 5500—6000Hz 的范围，女性发音人的能量峰值点位于 5500—6500Hz 的范围。男性发音人 ç 的谱重心位于 4000—5000Hz，女性发音人的位于 6000—6500Hz。跟标准普通话 ç 相比，香港男性发音人普通话 ç 的能量峰值点所在区域的频率、谱重心都偏低，女性发音人的跟普通话接近，男性、女性发音人在高频区的能量很弱，摩擦程度轻。另外，跟香港普通话的 s、ʂ 比较，香港普通话 s、ʂ、ç 的频带能量分布、谱重心都比较接近，也就是说，香港普通话的 s、ʂ、ç 三者基本不分，读音接近 ç 或 ʃ。

澳门男性发音人普通话 ç 的频带能量曲线是先急升后缓降的曲线，大致呈"ʌ"形。女性发音人的是急速上升的曲线。男性发音人的能量峰值点位于 5000—6500Hz 的范围，女性发音人的能量峰值点位于 8000—9500Hz 的范围内。男性发音人 ç 的谱重心为 5500—7000Hz，女性发音人的为 7000—8500Hz。男性发音人 ç 的发音接近标准普通话，女性发音人 ç 的能量峰值点所在区域的频率、谱重心都比标准普通话高很多。另外，跟澳门普通话的 s、ʂ 比较，澳门普通话 s、ʂ、ç 的频带能量分布、谱重心有时候比较接近，也就是说，澳门普通话的 s、ʂ、ç 三者有时候区分度较小。

普通话 ç 的习得偏误主要是跟 s、ʂ 的区别度不高，甚至 s、ʂ、ç 合并。这应该是受到了粤语的负迁移影响。普通话粤语里 s、ʂ、ç 辅音涉及的字，在粤语里，其辅音基本念 ʃ，辅音不能区别开来。例如，"西""丝""诗"的声母都念 ʃ。

此外，还有受粤语影响而发错音的，如香港、澳门都有发音人把"虾"发成［ha］的。

六　x 的习得

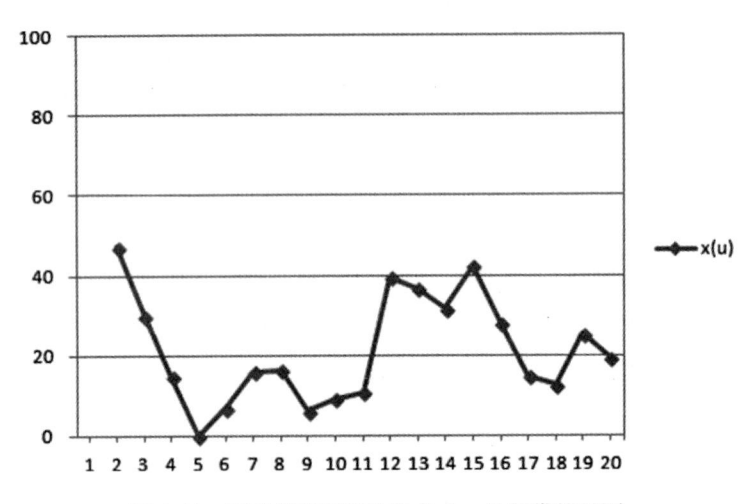

图 6.41　标准普通话男性发音人 x 的频带能量图

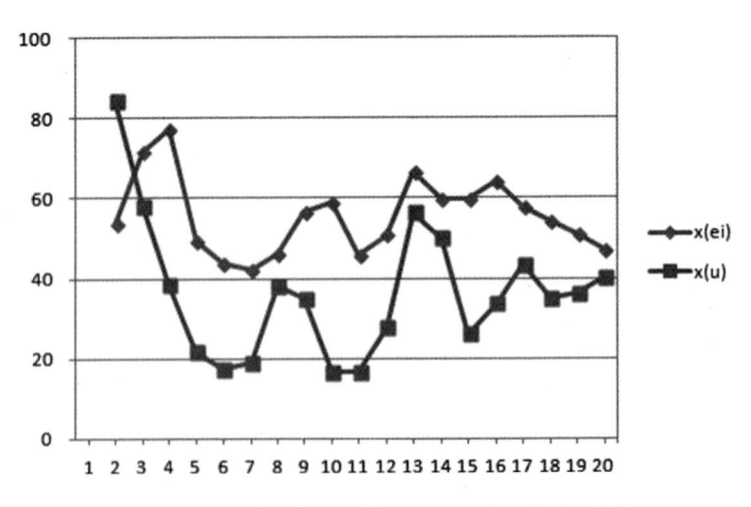

图 6.42　标准普通话女性发音人 x 的频带能量图

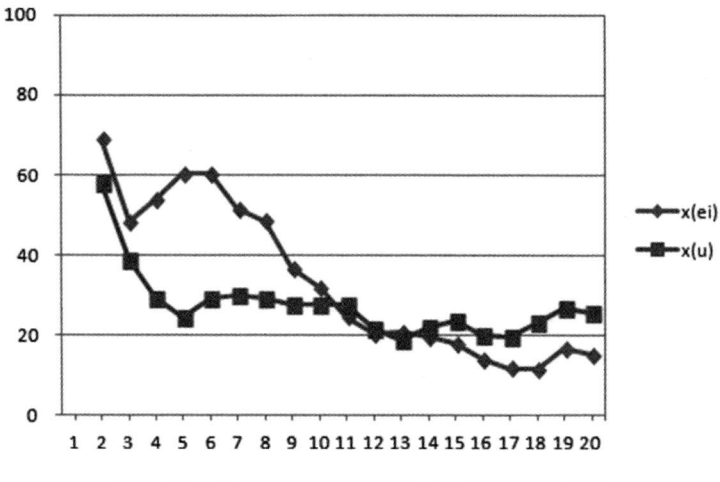

第六章 穗、港、澳三地普通话辅音习得的声学分析 / 137

图 6.43 广州普通话男性发音人 x 的频带能量图

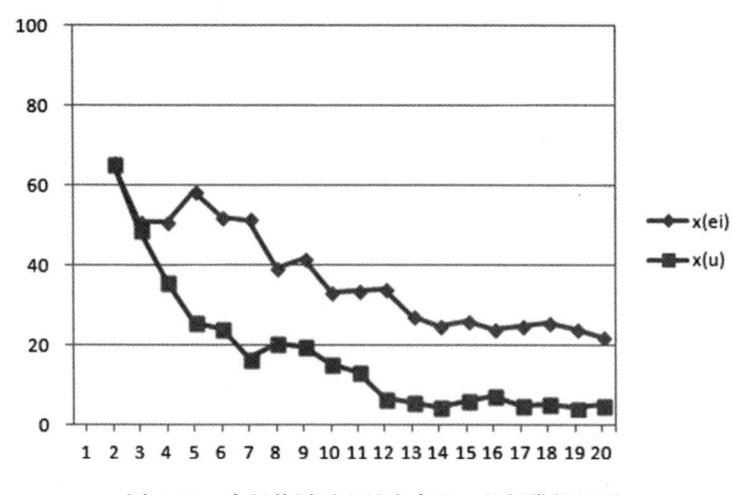

图 6.44 广州普通话女性发音人 x 的频带能量图

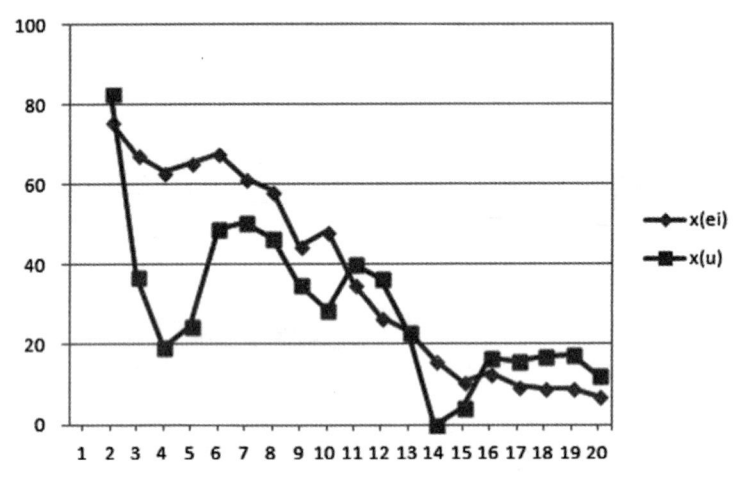

图 6.45　香港普通话男性发音人 x 的频带能量图

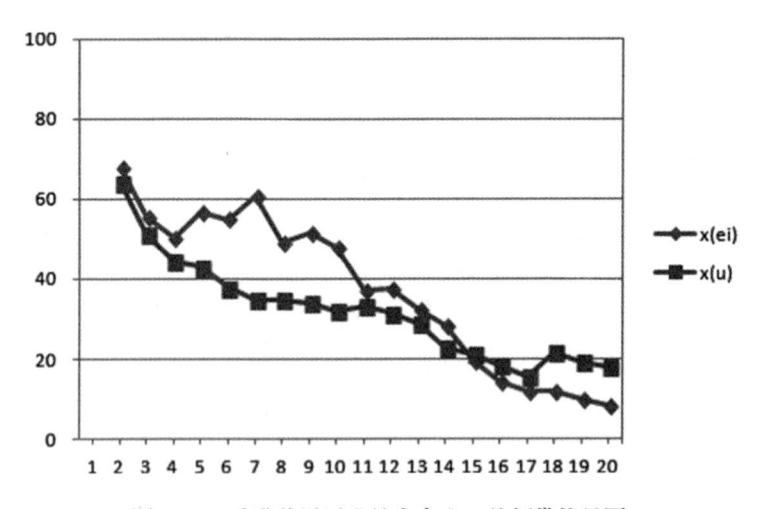

图 6.46　香港普通话女性发音人 x 的频带能量图

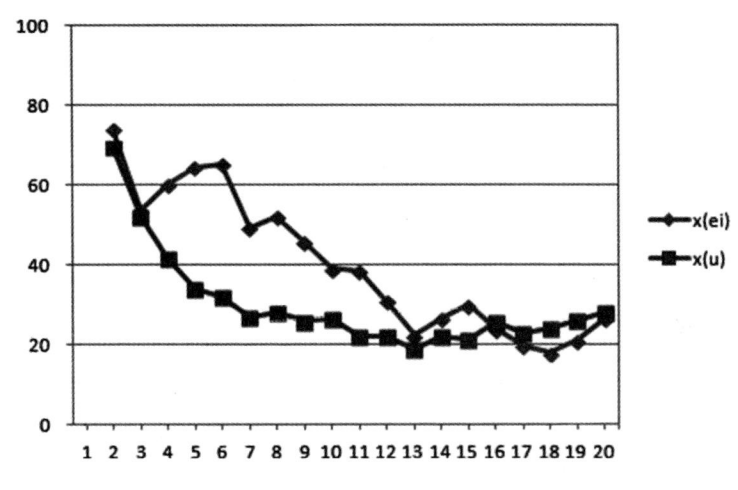

图 6.47　澳门普通话男性发音人 x 的频带能量图

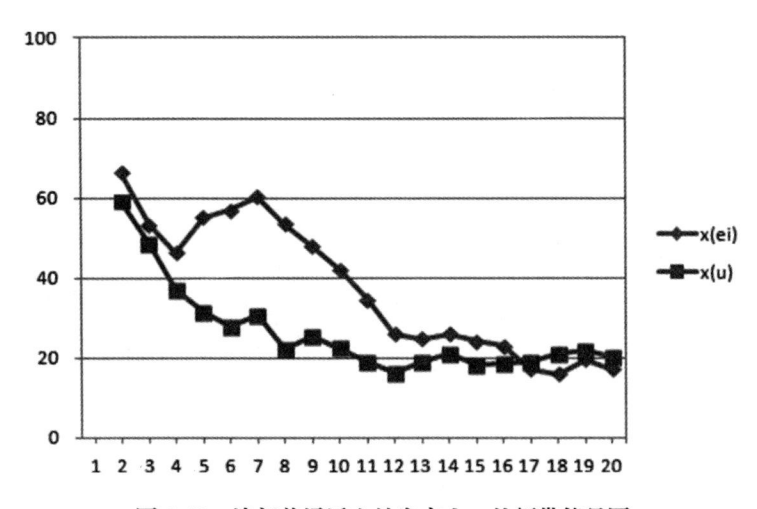

图 6.48　澳门普通话女性发音人 x 的频带能量图

表 6.7　标准普通话和穗、港、澳三地普通话 x 的频率数据

		辅音	能量峰值点所在频率范围（Hz）	基于 dB 单位计算出来的能量峰值点的 C 值	谱重心（Hz）
标准普通话	男性	x（u）	500—1000Hz	47	3563
	女性	x（ei）	1500—2000Hz	78	6494
		x（u）	500—1000Hz	85	1835
广州普通话	男性	x（ei）	500—1000Hz	69	698
		x（u）	500—1000Hz	58	2315
	女性	x（ei）	500—1000Hz	66	1442
		x（u）	500—1000Hz	66	239
香港普通话	男性	x（ei）	500—1000Hz	76	1822
		x（u）	500—1000Hz	83	660
	女性	x（ei）	500—1000Hz	68	1524
		x（u）	500—1000Hz	64	2313
澳门普通话	男性	x（ei）	500—1000Hz	74	359
		x（u）	500—1000Hz	69	2297
	女性	x（ei）	500—1000Hz	66	1699
		x（u）	500—1000Hz	59	1802

标准普通话 x 的频带能量曲线是强烈起伏的曲线，有多个波峰出现，尤其是在低频和接近高频的区域，说明 x 的能量分布比较分散。男性发音人的能量峰值点位于 500—1000Hz 的范围，女性发音人的能量峰值点位于 500—2000Hz 的范围。男性发音人 x（u）谱重心约为 3600Hz，女性发音人 x（u）的约为 1800Hz，x（ei）约为 6500Hz。可见，x 的能量分布，既随元音不同而不同，也随发音人不同而不同，即使是 x（u），男女也存在较大的差异。

广州普通话 x 的频带能量曲线是下降的曲线，x（ei）、x（u）不同之处在于 x（ei）在低频区域还有一个波峰出现。男性、女性发音人的能量峰值点都位于 500—1000Hz 的范围。男性发音人 x 的谱重心约为 700Hz 和 2300Hz，女性发音人的约为 200Hz 和 1400Hz。跟标准普通话 x 相比，广州普通话 x（ei）的能量峰值点所在区域的频率、谱重心都低很多。

香港普通话 x 的频带能量曲线是下降的曲线，除了女性发音人的

x（u）在低频区域还有一个波峰出现。男性、女性发音人的能量峰值点都位于 500—1000Hz 的范围内。男性发音人 x 的谱重心约为 700Hz 和 1800Hz，女性发音人的约为 1500Hz 和 2300Hz。跟标准普通话 x 相比，香港普通话 x（ei）的能量峰值点所在区域的频率、谱重心都低很多。

澳门普通话 x 的频带能量曲线是下降的曲线，其中 x（ei）在低频区域还有一个波峰出现。男性、女性发音人的能量峰值点都位于 500—1000Hz 的范围。男性发音人 x 的谱重心为 400Hz—2200Hz，女性发音人的为 1700Hz—1800Hz。跟标准普通话 x 相比，香港普通话 x（ei）的能量峰值点所在区域的频率、谱重心都低很多。

标准普通话中 x（ei）、x（u）的实际音值差别较大，前者受到前元音的影响，发音部位前移，接近硬腭音 [ç]。因此，标准普通话女性的 x（ei）、x（u）的能量分布尤其是谱重心，有很大的不同。而穗、港、澳三地发音人 x（ei）、x（u）的差别较小，音值差异不明显。

广州、香港发音人的 x 以及澳门发音人的 x（ei）能量峰值点所在区域的频率、谱重心普遍都比标准普通话低很多，其发音部位比较靠后，音值接近 [h]。这应该是受到了粤语负迁移的影响。普通话声母 x 涉及的很多字，在粤语里的声母都念 h，而不是念 x。例如，"黑""海"。

此外，还有受粤语影响而发错音的，如香港、澳门都有发音人把"火"发成 [fɔ] 的。

第七章

穗、港、澳三地普通话单字调习得的声学分析

第一节 声调声学实验的方法

穗、港、澳三地普通话单字调习得研究使用我们汉化修改后的 Praat 语音分析软件，对发音人声调的基频和音长分别进行声学测量。Howie (1976) 认为，声调的范围不是音节的全部带音部分，而只限于音节中的元音及其后面的带音部分。因此，实验中声调基频和时长的测量不包括声母部分。声调的实质是有辨义作用的音高在音节中随时间的变化模式。本次实验的声调声学图的横坐标是归一化的时长，纵坐标是相对化的音高，用 T 值表示。T 值的计算过程如下。

对每个字音进行时长归一化和自动测量，即把每个音节的基频曲线等时间间隔分成 8 段，提取 9 个测量点的基频赫兹数据，再根据石锋、冉启斌、王萍（2010）提出的基于统计分析的 T 值公式（7—1）：

$$T = \{[\log x - \log(\min - SD\min)] / [\log(\max + SD\max) - \log(\min - SD\min)]\} \times 5 \qquad (7—1)$$

进行音高的相对化，把基频赫兹数据转换成 T 值。min − SDmin 为各测量点基频平均值中的最小值减去该点全部数据的标准差，max + SDmax 为各测量点基频平均值中的最大值加上该点全部数据的标准差。x 为某测量点基频的平均值。T 值换算成五度值的方法是：T 值的 0 到 1 对应五度值的 1 度，1 到 2 对应五度值的 2 度，2 到 3 对应五度值的 3 度，3 到 4 对应五度值的 4 度，4 到 5 对应五度值的 5 度。T 值的优点是计算简单，可比性

强，可用来进行统计分析。基于统计分析的 T 值公式适合多个发音人的大样本数据统计，也适合单个发音人的大样本（即多次发音）数据统计。

声调的归一化跟元音、辅音的归一化一样，同样遵循"先各人归一化，再所有人（或男女分组）平均"的原则。即每个人单独求出自己的 T 值，然后所有人（或男女分组）计算 T 值平均值。

第二节　普通话的声调格局

一　普通话声调音高的格局

一般认为，普通话单字调有阴平、阳平、上声、去声四个调类，其调值分别为［55］［35］［214］［51］。通过声学实验得到的五度值则更为具体，如：林焘、王理嘉（1992：143）认为，阴平可以是［55］［44］，阳平可以是［35］［25］［325］［425］，上声可以是［214］［213］［212］，去声则一般都是［51］。再看北京话声调的研究情况。石锋（1991）利用可见音高仪分析了 5 位发音人的单字调，根据其得到的 T 值，北京话声调可以归纳为［44］［25］［213］［51］。石锋、王萍（2006）通过对 52 位北京发音人的录音进行声学测量和统计分析，得到北京话单字调的调值分别为阴平［55］、阳平［335］或［35］、上声［313］、去声［52］。

下面是我们本次实验的结果。图 7.1 和图 7.2 是普通话单字调的音高声调格局图。

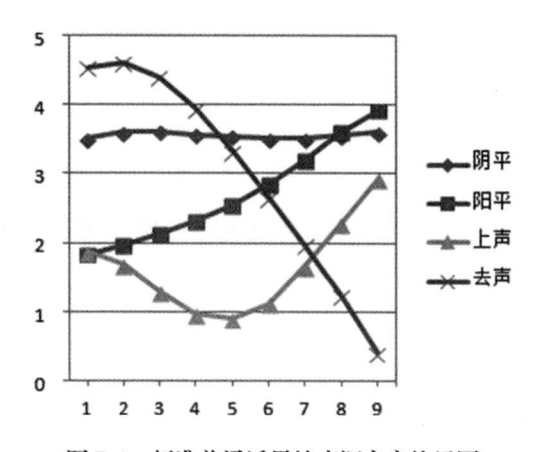

图 7.1　标准普通话男性声调音高格局图

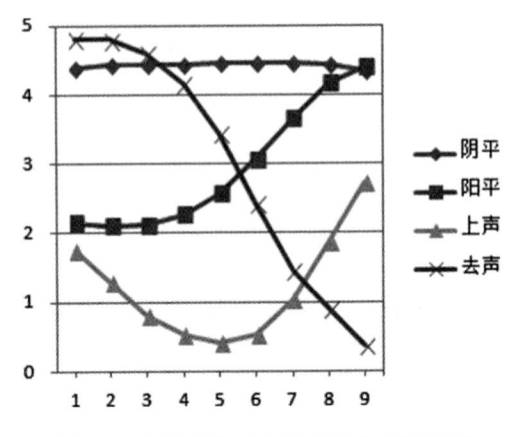

图7.2　标准普通话女性声调音高格局图

表7.1是标准普通话男性、女性发音人声调基频范围数据表。

表7.1　　　　　　　　男、女发音人声调基频范围数据

	男性	女性
F_0	90—257Hz	121—339Hz

阴平为高平调，由于声带发声时的惯性，男性发音人的起点、女性发音人的起点和止点出现了微降的现象。男性发音人的调值为［44］，女性发音人的调值为［55］。

阳平为中升调，调头往往有"凹"的特征，例如本次实验女性发音人的阳平。而男性发音人的阳平没有"凹"的特征，这是发音人发音个性特征的表现。男性、女性发音人的调值分别为［35］和［335］。

上声为降升调，男性、女性发音人的调值均为［213］。

去声为高降调，由于声带发声的惯性，在调头部分，男性、女性发音人均有"凸"的特征。男性、女性发音人的调值均为［51］。

综上，我们将普通话的声调音位归纳为：

阴平55，有变体［44］

阳平35，有变体［335］

上声213

去声51

二　普通话声调时长的格局

图7.3和图7.4是普通话声调绝对时长格局图，绝对时长的单位是秒。

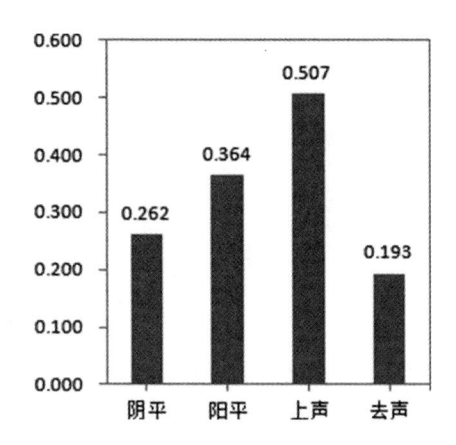

图7.3　标准普通话男性声调绝对时长格局图

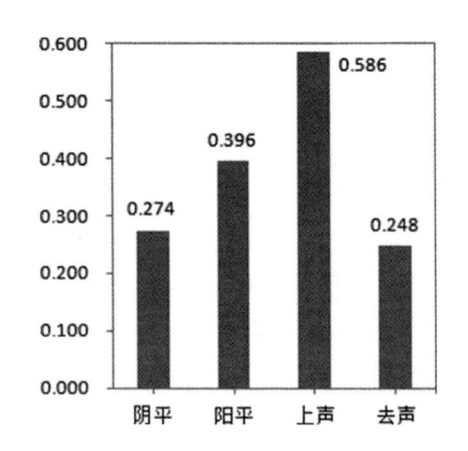

阴平 0.262　阳平 0.364　上声 0.507　去声 0.193

图7.4　标准普通话女性声调绝对时长格局图

阴平 0.274　阳平 0.396　上声 0.586　去声 0.248

由于绝对时长具有较大的人际差异，为了消除发音人之间的人际差异，便于比较，我们采用一种相对时长来进行计算，即以绝对时长最长的声调作为参照，设为单位"1"，其他单字调的相对时长便以此为参照进行计算，公式如（7—2）：

某声调的相对时长 = 该声调的绝对时长/所有声调中

最长声调的绝对时长　　　　　　（7—2）

根据上述公式，得到普通话相对时长数据，见图 7.5 和图 7.6。

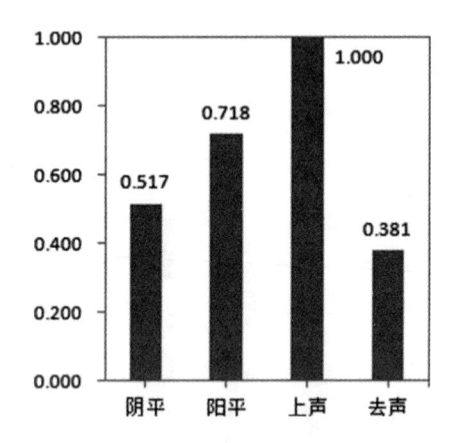

图 7.5　标准普通话男性声调相对时长格局图

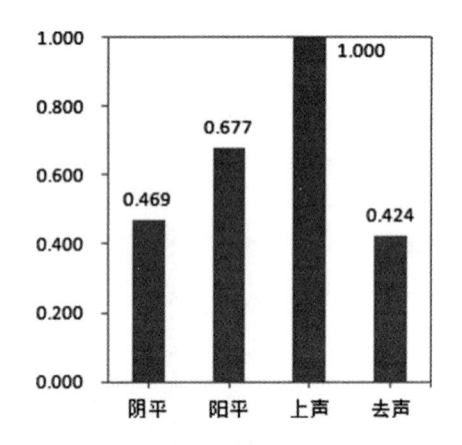

图 7.6　标准普通话女性声调相对时长格局图

从图 7.3—图 7.6 看，无论是男性发音人还是女性发音人，各调类时长从大到小排列依次为：上声＞阳平＞阴平＞去声。

第三节　阴平的习得

一　广州男性发音人阴平的习得

广州男性发音人普通话阴平有两种念法，分别是 44、33。如图 7.7、

图 7.8 所示。

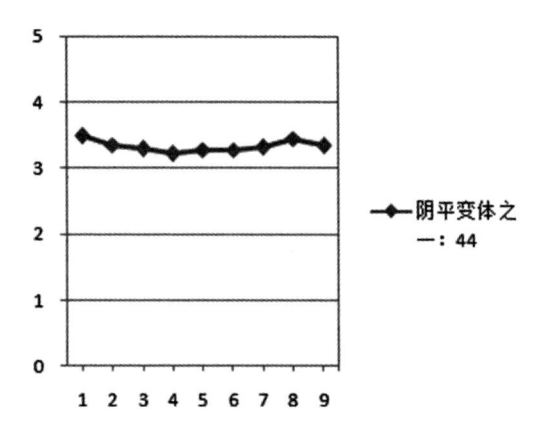

图 7.7 广州男性发音人阴平变体之一（44）

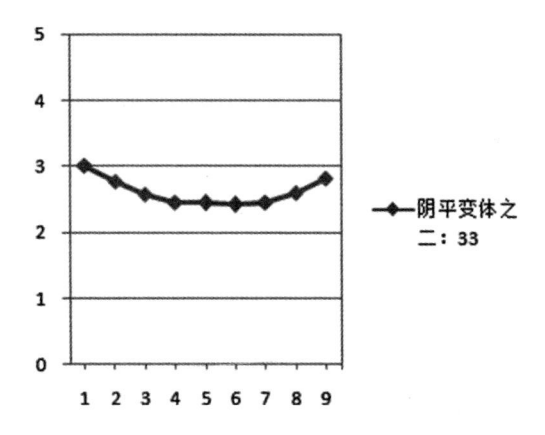

图 7.8 广州男性发音人阴平变体之二（33）

广州男性发音人阴平变体之一 44，起点 T 值为 3.49，止点 T 值为 3.34。变体之二 33，起点 T 值为 3.00，止点 T 值为 2.82，第六点 T 值最小，为 2.42，调头微降，调尾又微升，形成凹形，但是整条声调曲线均位于五度值的 3 度范围之内。

二 广州女性发音人阴平的习得

广州女性发音人普通话阴平有三种念法，分别是 55、44、33。如图 7.9、图 7.10、图 7.11 所示。

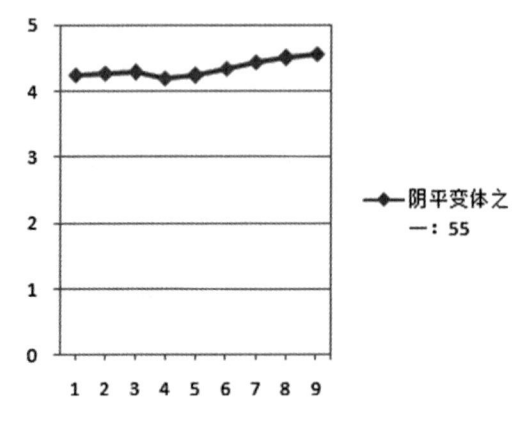

图 7.9　广州女性发音人阴平变体之一（55）

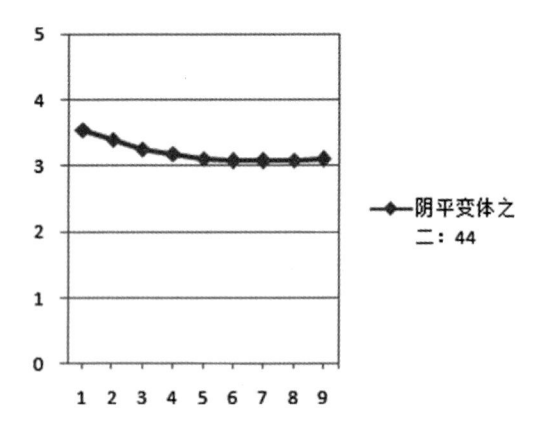

图 7.10　广州女性发音人阴平变体之二（44）

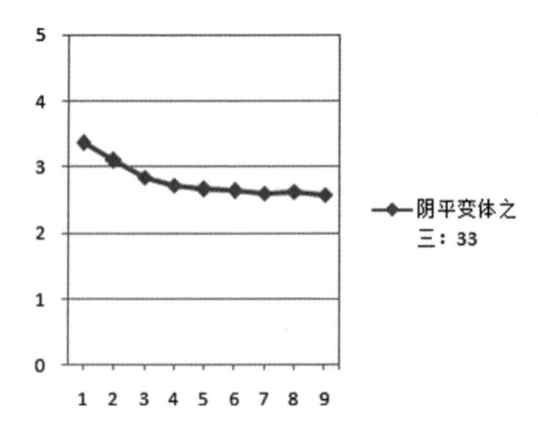

图 7.11　广州女性发音人阴平变体之三（33）

广州女性发音人阴平变体之一 55，起点 T 值为 4.24，止点 T 值为 4.55。调干、调尾略升。变体之二 44 起点 T 值为 3.54，止点 T 值为 3.10。变体之三 33 起点 T 值为 3.36，止点 T 值为 2.58。变体 44 及 33 两者调干、调尾均略降。

综上所述，广州发音人在习得普通话阴平时，大致有诸如 55、44、33 等几个变体，没有发现低于五度值 3 度以下的念法。

三 香港男性发音人阴平的习得

香港男性发音人普通话阴平有两种念法，分别是 55、44。如图 7.12、图 7.13 所示。

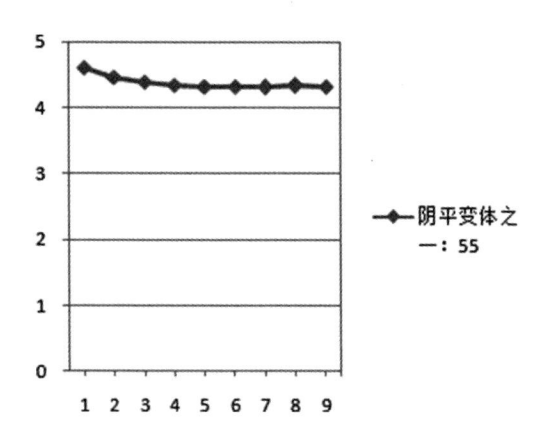

图 7.12 香港男性发音人阴平变体之一（55）

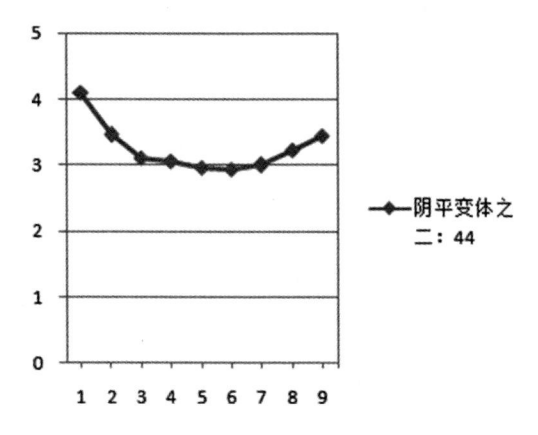

图 7.13 香港男性发音人阴平变体之二（44）

香港男性发音人阴平变体之一 55 起点 T 值为 4.61，止点 T 值为 4.31。调干、调尾略降。阴平变体之二 44 起点 T 值为 4.10，止点 T 值为 3.44。调干稍降，调尾又略升，声调曲线呈凹形。

四　香港女性发音人阴平的习得

香港女性发音人普通话阴平有两种念法，分别是 55、44。如图 7.14、图 7.15 所示。

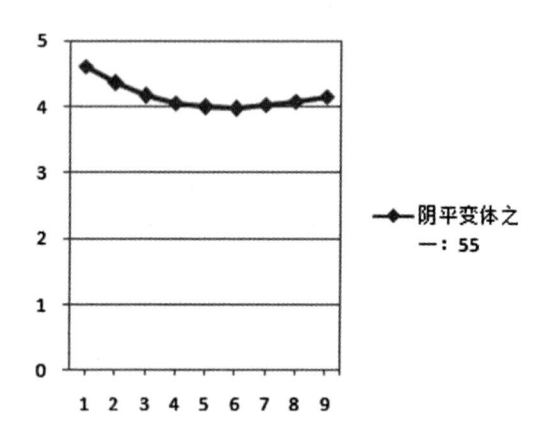

图 7.14　香港女性发音人阴平变体之一（55）

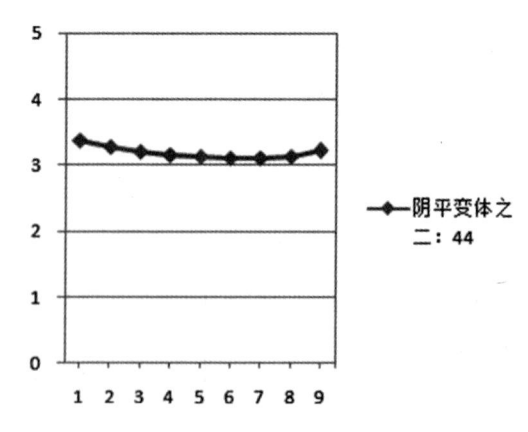

图 7.15　香港女性发音人阴平变体之二（44）

香港女性发音人阴平变体之一 55 起点 T 值为 4.60，止点 T 值为 4.16。变体之二 44 起点 T 值为 3.38，止点 T 值为 3.21。两个变体的调干、调尾均略降。

综上所述，香港发音人在习得普通话阴平时，大致有诸如 55、44 等几个变体，没有发现低于五度值 4 度以下的念法。

五　澳门男性发音人阴平的习得

澳门男性发音人普通话阴平有三种念法，分别是 55、44、33。如图 7.16、图 7.17、图 7.18 所示。

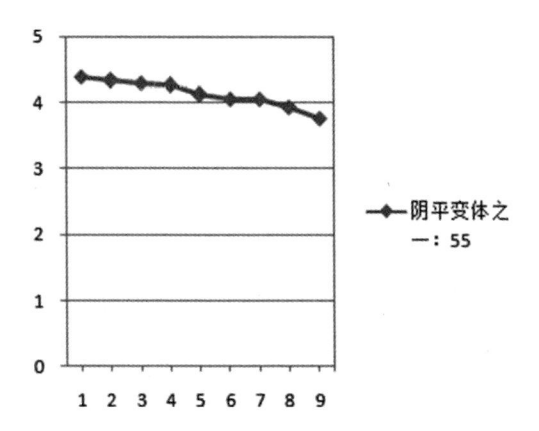

图 7.16　澳门男性发音人阴平变体之一（55）

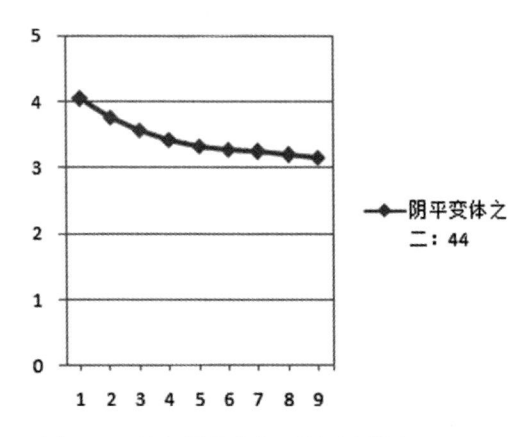

图 7.17　澳门男性发音人阴平变体之二（44）

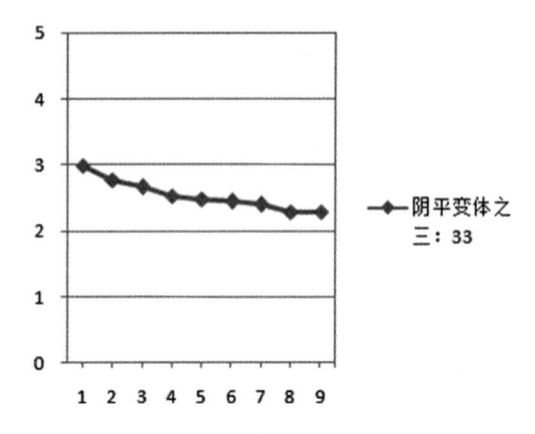

图7.18 澳门男性发音人阴平变体之三（33）

澳门男性发音人阴平变体之一55，起点 T 值为 4.39，止点 T 值为 3.76。变体之二 44，起点 T 值为 4.04，止点 T 值为 3.16。变体之三 33，起点 T 值为 2.98，止点 T 值为 2.29。澳门男性发音人的阴平无论是念 55、44 还是 33，从调头到调干再到调尾，音高都有微降的趋势。

六　澳门女性发音人阴平的习得

澳门女性发音人普通话阴平有三种念法，分别是 44、43、33。如图 7.19、图 7.20、图 7.21 所示。

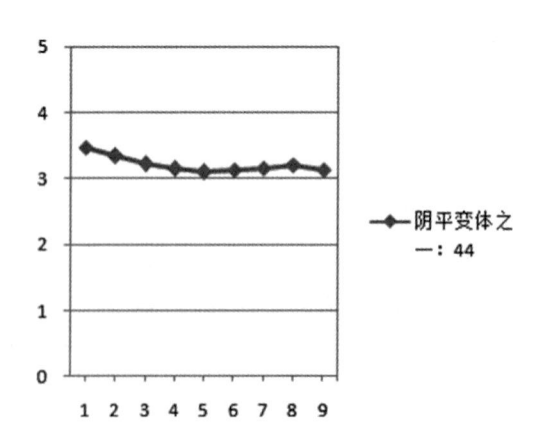

图7.19 澳门女性发音人阴平变体之一（44）

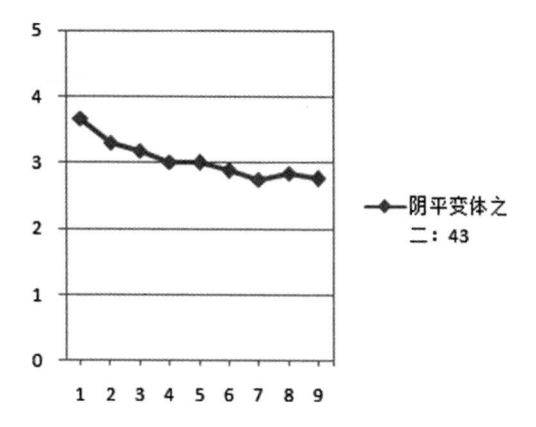

图 7.20 澳门女性发音人阴平变体之二（43）

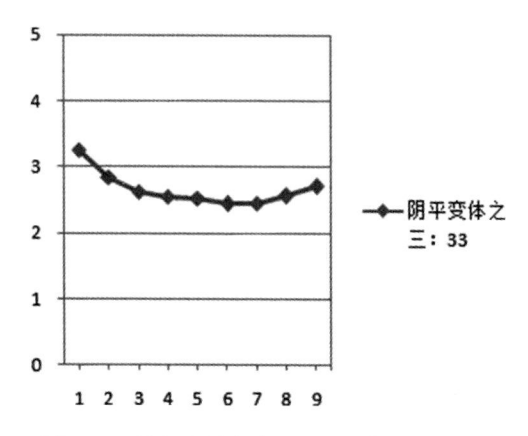

图 7.21 澳门女性发音人阴平变体之三（33）

澳门女性发音人阴平变体之一 44，起点 T 值为 3.47，止点 T 值为 3.14。变体之二 43，起点 T 值为 3.66，止点 T 值为 2.76。变体之三 33，起点 T 值为 3.25，第二点 T 值为 2.84，第六点在 9 个测量点中 T 值最小，为 2.45，止点 T 值为 2.71。澳门女性发音人的阴平变体 44、43 两者调干、调尾相对于调头都呈微降趋势，阴平变体之三 33 则调干微降，然后调尾再微升。

综上所述，澳门发音人在习得普通话阴平时，大致有诸如 55、44、43、33 等几个变体，没有发现低于五度值 3 度以下的念法。

七　穗、港、澳三地阴平习得情况总结

根据贝先明（2012）的声学实验分析，普通话阴平也存在变体，大

致有 55、44 两个变体。

对照普通话阴平的调值，穗、港、澳三地发音人普通话阴平的习得情况有如下特点。

一是从调型上看，在所有发音人中，97% 的发音人将阴平念成平调①（含 55、44、33 三个变体），只有 3% 的人念成降调（即 43）。说明三地发音人对于阴平的调型把握得很准。

二是从调值上看，三地发音人阴平有 55、44、43、33 等四种念法，其中，念高平 55 变体、中平 33 变体的均占 27%，念 44 变体的占 43%，人数最多，念 43 变体的占 3%，人数最少。如果将普通话阴平的变体定为 55、44 两个，那么，三地 60% 的发音人发音完全正确，如果标准放松一点，也可以认为三地所有发音人的发音都正确。

表 7.2　　　穗、港、澳三地发音人普通话阴平调值习得数据　　　单位：%

发音人 阴平变体	广州发音人 男性	广州发音人 女性	香港发音人 男性	香港发音人 女性	澳门发音人 男性	澳门发音人 女性	小计
55	—	3.3	13.3	3.3	6.7	—	27
44	6.7	10.0	3.3	13.3	6.7	3.3	43
43	—	—	—	—	—	3.3	3
33	10.0	3.3	—	—	3.3	10.0	27

三是从偏误的规律上看，普通话阴平的习得偏误主要是声调音高不够高。虽然三地的粤语阴平调（上阴平）基本上都有 55 变体，而且这个变体所涉及的字比另一个变体（53）多得多，但是，在普通话阴平习得时，三地仅有 27% 的发音人念 55 调值。为什么这里没有明显的正迁移现象发生呢？

我们认为，可能有两个因素在发挥制约作用。一是标记性。强的标记性在正迁移发生作用时起着很大的制约作用。如果目的语的语音单元带有较强的标记性，发音比较"拗口"或"费力"（例如普通话的阴平 55），那么即使母语也有这个语音单元，但是其发生正迁移的可能性也会

---

① 这里的平调不是仅仅指水平状的平调，实际上这种平调很少，哪怕是北京人所发的普通话阴平。此处更多的是调干、调尾略降的平调或者调干略降的平调。

受到标记性的影响而将大大降低。二是三地粤语阴平除了55变体,还有44或54变体,44或54变体将会在一定程度上影响55发生正迁移,因为44的音高没55那么高,从省力的角度考虑,它的优选可能性更大。

四是从习得的效果来看,接近普通话阴平55或44的百分比,最高的是香港,其次是广州,再次是澳门。

第四节 阳平的习得

一 广州男性发音人阳平的习得

广州男性发音人普通话阳平有两种念法,分别是225、324。如图7.22、图7.23所示。

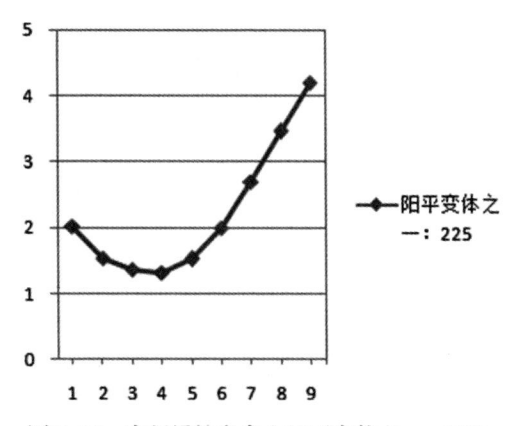

图7.22 广州男性发音人阳平变体之一(225)

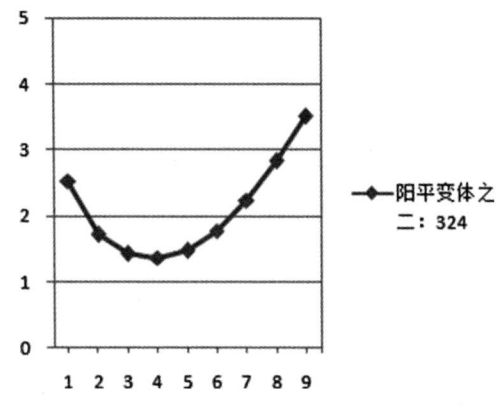

图7.23 广州男性发音人阳平变体之二(324)

广州男性发音人阳平变体之一225，起点T值为2.02，第2—6点的T值均位于1—2之间（T值最低点是第4点，为1.31），止点T值为4.20。广州男性发音人在念225时，调头有"降"的特点，在声调曲线的前半部分形成明显的"凹"特征，与曲折调相似。

广州男性发音人所发的阳平还有一个变体324。起点T值为2.53，折点是第4点，T值为1.36，止点T值为3.51。

二　广州女性发音人阳平的习得

广州女性发音人普通话阳平有两种念法，分别是224、324。如图7.24、图7.25所示。

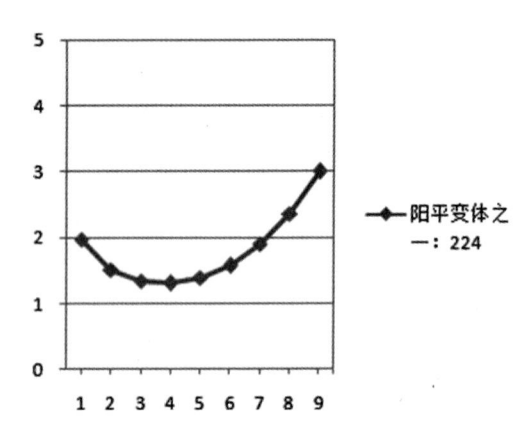

图7.24　广州女性发音人阳平变体之一（224）

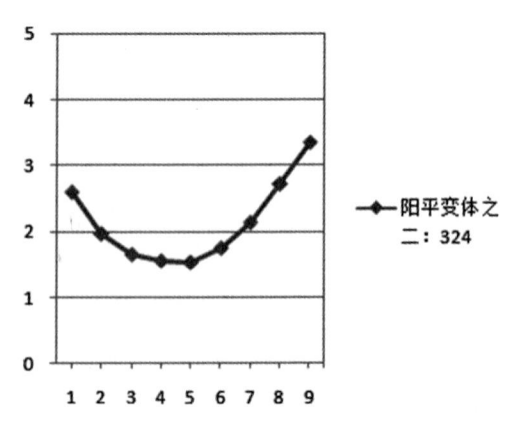

图7.25　广州女性发音人阳平变体之二（324）

广州女性发音人阳平变体之一224，第1—7点T值均位于1—2之间（其中T值最大的是起点，为1.97，最小的是第4点，为1.30），止点T值为3.00。调头有"降"的特点，在声调曲线的前半部分形成明显的"凹"特征，与曲折调相似。

广州女性发音人所发的阳平还有一个变体324。起点T值为2.60，折点是第5点，T值为1.53，止点T值为3.35。

综上所述，广州发音人在习得普通话阳平时，大致有诸如225、224、324等几个变体。

三 香港男性发音人阳平的习得

香港男性发音人普通话阳平有两种念法，分别是34、324。如图7.26、图7.27所示。

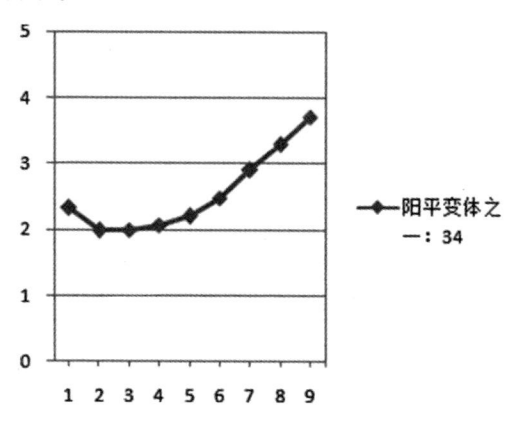

图7.26 香港男性发音人阳平变体之一（34）

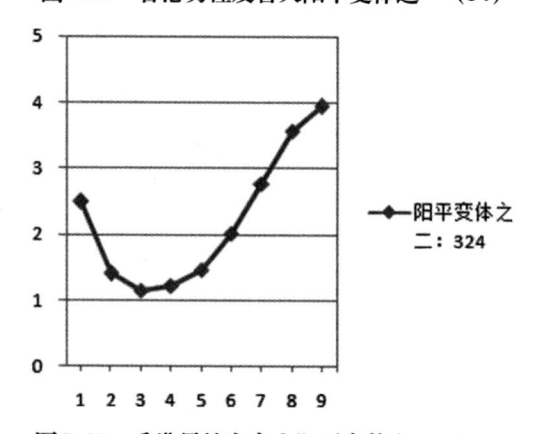

图7.27 香港男性发音人阳平变体之二（324）

香港男性发音人阳平变体之一 34，起点 T 值为 2.32，止点 T 值为 3.71。调头略降，调头部分带有"凹"特征，但不明显。阳平变体之二 324，起点 T 值 2.49，折点是第 3 点，T 值为 1.14，第 4 点 T 值为 1.21，与折点 T 值相近，止点 T 值为 3.94。

四　香港女性发音人阳平的习得

香港女性发音人普通话阳平有两种念法，分别是 224、324。如图 7.28、图 7.29 所示。

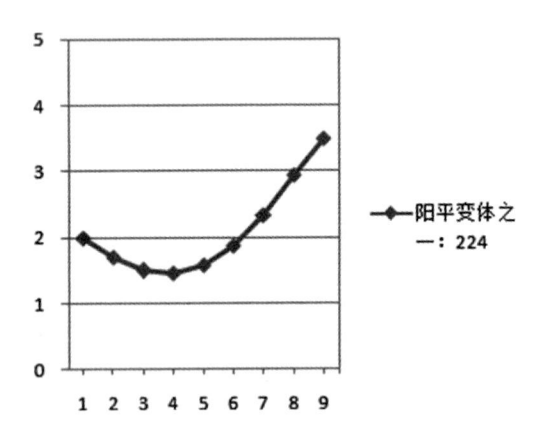

图 7.28　香港女性发音人阳平变体之一（224）

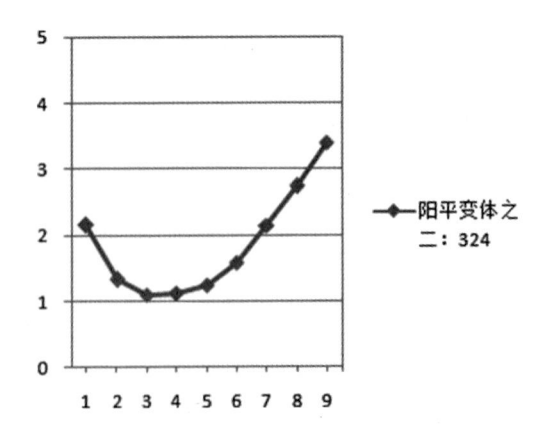

图 7.29　香港女性发音人阳平变体之二（324）

香港女性发音人阳平变体之一 224，第 1—6 点 T 值均位于 1—2 之间（其中起点 T 值最大，为 1.99，第 4 点 T 值最小，为 1.47）。阳平变体之二 324，起点 T 值为 2.15，折点是第 3 点，T 值为 1.09，第 4 点为 1.13，与第 3 点 T 值近，止点 T 值为 3.39。变体之一 224 与变体之二 324 非常相似，只是后者的起点略高。

综上所述，香港发音人在习得普通话阳平时，大致有 224、324、34 等几个变体，所有变体的止点 T 值均没有达到五度值的 5 度。如果从单个的发音人来看，只有一位女性发音人阳平止点的 T 值为 4.16，对应五度值的 5 度。

五　澳门男性发音人阳平的习得

澳门男性发音人普通话阳平只有 324 一种念法。如图 7.30 所示。

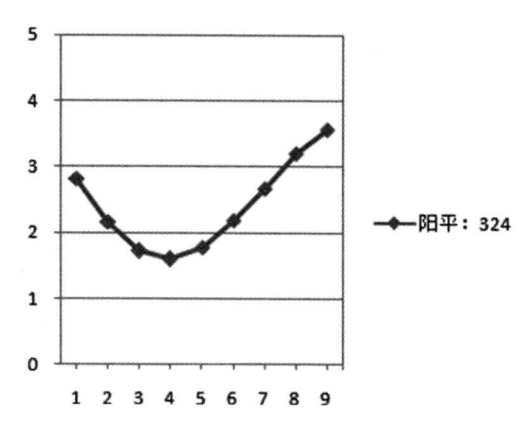

图 7.30　澳门男性发音人阳平（324）

澳门男性发音人阳平 324，起点 T 值为 2.82，折点是第 4 点，T 值为 1.59，止点 T 值为 3.57，曲折调特征非常明显。

此外，还有受粤语影响而发错音的，如澳门男性 2 号发音人把"得"的声调发成上阴入55。

六　澳门女性发音人阳平的习得

澳门女性发音人普通话阳平有一种念法，即 213。如图 7.31 所示。

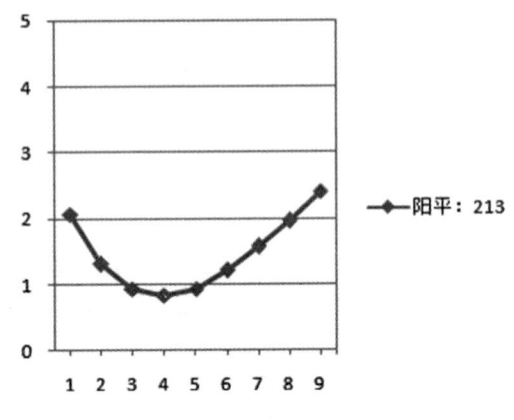

图 7.31　澳门女性发音人阳平（213）

澳门女性发音人的阳平 213，起点 T 值为 2.07，折点是第 4 点，T 值为 0.84，止点 T 值为 2.40，曲折调特征非常明显。

综上所述，澳门发音人在习得普通话阳平时，大致有 324、213 等几个变体，所有变体的止点均未达到五度值的 5 度。

七　穗、港、澳三地阳平习得情况总结

根据贝先明（2012）的声学实验，普通话阳平有 35 和 335 两个变体，调头部分往往有"凹"特征。对照普通话阳平的调值，穗、港、澳三地发音人普通话阳平的习得情况有如下特点。

一是从调型上看，如果将 225、224 也视作升调的话，那么在所有的发音人中，33% 的发音人将阳平念成升调（含 225、224、34 三个变体），还有 67% 的人念成降升调（含 324、213 两个变体），与阴平的习得相比，三地发音人对于阳平的升调调型把握情况较差。

二是从调值上看，三地发音人阳平有 225、224、324、213、34 等 5 种念法，其中，念 324 的最多，占 50%。其次是 213，占 17%。念 224 的，占 13%。念 225 与 34 的，分别占 10%。起点能以五度值的 3 度开始的（含 324、34），占 60%。而且，其他以五度值 2 度开始的（含 225、224、213），其 T 值也都在 1.9 以上，非常接近 2.0，也就是非常接近五度值的 3 度（T 值 2—3 对应五度值的 3 度）。可以说，三地发音人对普通话阳平的起始音高把握较好。止点能以五度值的 5 度结束

的（即225），仅占10%，反映出三地发音人对普通话阳平的调尾音高把握非常不到位。

表7.3　　　穗、港、澳三地发音人普通话阳平调值习得数据表

阳平变体 \ 发音人	广州发音人 男性	广州发音人 女性	香港发音人 男性	香港发音人 女性	澳门发音人 男性	澳门发音人 女性	小计
225	10.0%	—	—	—	—	—	10%
224	—	10.0%	—	3.3%	—	—	13%
324	6.7%	6.7%	6.7%	13.3%	16.7%	—	50%
213	—	—	—	—	—	16.7%	17%
34	—	—	10.0%	—	—	—	10%

三是从偏误的规律上看，阳平习得的偏误主要是整个声调音高尤其是调尾音高不够高。广州、香港两地粤语的阳平是31，澳门粤语的阳平是41，均与普通话阳平音高相差甚远，既不容易产生正迁移，也不容易产生负迁移。普通话的阳平35或335是个升调，在三地粤语中均没有35、335调值的声调。那么，三地发音人语音中，那么多的曲折调（50%的324调值、17%的213调值）是如何来的？通过考察三地粤语的声调情况，我们认为，在三地普通话阳平习得中，众多的曲折调来自母语的负迁移。三地粤语的调类虽然多（广州、香港、澳门粤语声调调类分别为9个、8个、6个，详情见贝先明、向柠，2014），但是升调均只有上声才有。广州粤语、香港粤语的阴上、阳上调值为225、223，澳门粤语上声不分阴阳，调值为324。三地发音人在普通话阳平习得时，会将自己母语中的升调迁移过来。因此，澳门男性发音人的普通话阳平全部发成母语粤语中的上声324，澳门女性发音人的普通话阳平则全部发成213，比母语粤语的上声324略低。广州、香港发音人普通话阳平225、224、324的念法也接近自己母语中的升调225、223的念法（其中324与224的差别无非是前者发音时"凹"特征较为突出，以至于变成了曲折调）。此外，香港男性发音人还有将普通话阳平发成34的，接近324，只是调干部分没有明显的折点而已。

四是从习得的效果来看，三地发音人阳平的调头习得情况较好，调

尾习得情况较差。调尾音高真正达到五度值的 5 度的，只有广州男性发音人。

第五节 上声的习得

一 广州男性发音人上声的习得

广州男性发音人普通话上声有三种念法，分别是 313、31、3121。如图 7.32、图 7.33、图 7.34 所示。

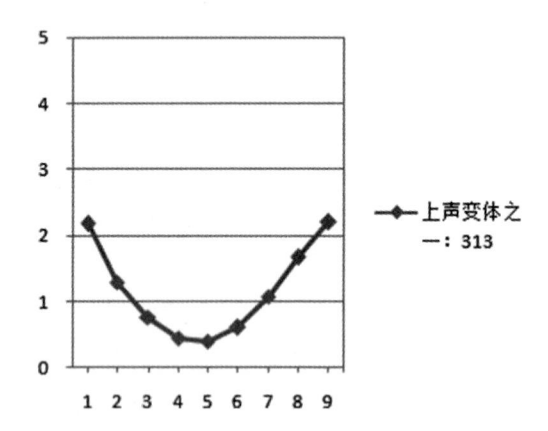

图 7.32 广州男性发音人上声变体之一（313）

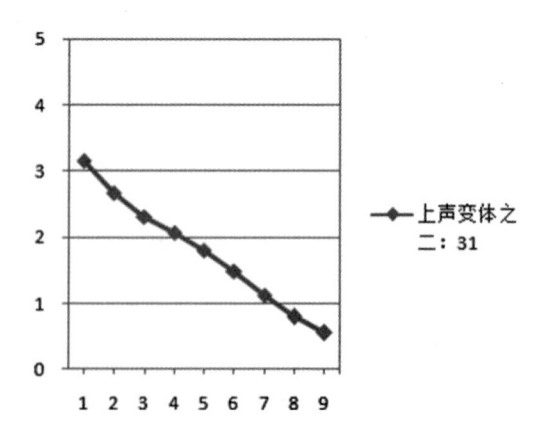

图 7.33 广州男性发音人上声变体之二（31）

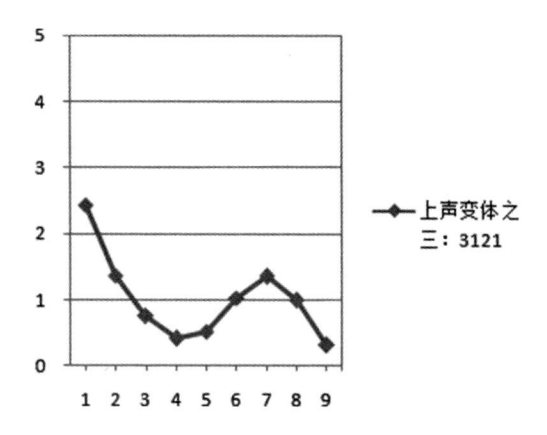

图 7.34　广州男性发音人上声变体之三（3121）

广州男性发音人上声变体之一 313，起点 T 值为 2.18，折点是第 5 点，T 值为 0.40，止点 T 值为 2.20，这是一个典型的曲折调。

上声变体之二 31，起点 T 值为 3.15，止点 T 值为 0.55，也可以记为 41。

上声变体之三 3121 是一个双折调，起点 T 值为 2.43，止点 T 值为 0.31，第一个折点位于第 4 点，T 值为 0.41，第二个折点位于第 7 点，T 值为 1.35。即使在众多的汉语方言中，双折调也非常罕见，它是标记性很强的一种调型。从听感上来说，调头的降比调尾的降感觉更为明显，因为前者涉及时长（第 1—4 点，共 4 个点）比后者（第 7—9 点，共 3 个点）长，而且前者音高下降的幅度（T 值从 2.43 降到 0.41）比后者（T 值从 1.35 降到 0.31）大。由此，我们可以推测这个双折调的产生过程是：发音人在发曲折调 312 时，在调尾部分音高往下拖了一下，再带出一个降的"尾巴"。也可以说，这个 3121 调值的主要声调信息在 312，最后的 1 更多的是生理发音的惯性所致。因此，这样的双折调具有个人发音的明显特征，涉及的人少，具有一定的随机性。

二　广州女性发音人上声的习得

广州女性发音人普通话上声只有 312 一种念法。如图 7.35 所示。

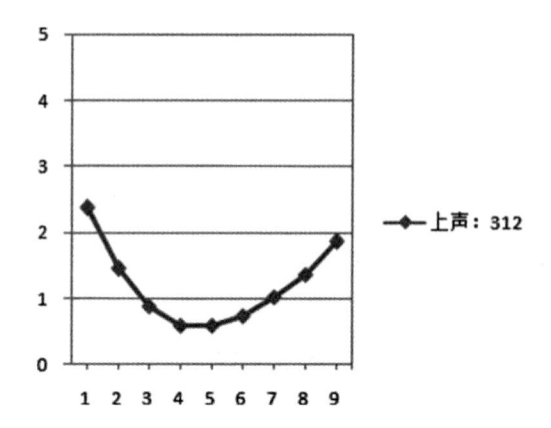

图 7.35　广州女性发音人上声变体之一（312）

广州女性发音人上声 312，起点 T 值为 2.37，折点是第 4 点，T 值为 0.59，第 5 点 T 值为 0.60，与折点接近，止点 T 值为 1.86。

综上所述，广州发音人在习得普通话上声时，大致有诸如 313、312、3121、31 等几个变体。所有曲折调变体的折点 T 值均达到五度值的 1 度。但是止点 T 值情况相差较远。

三　香港男性发音人上声的习得

香港男性发音人普通话上声有三种念法，分别是 313、31、2121。如图 7.36、图 7.37、图 7.38 所示。

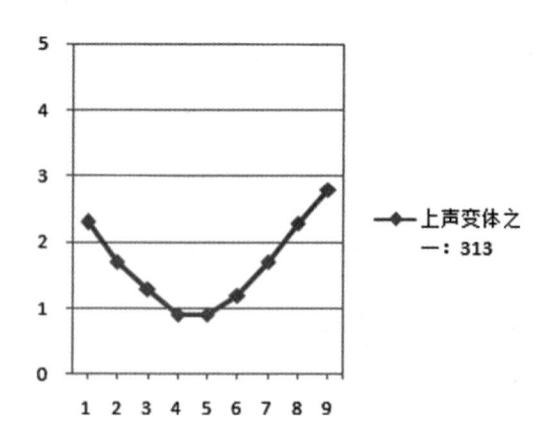

图 7.36　香港男性发音人上声变体之一（313）

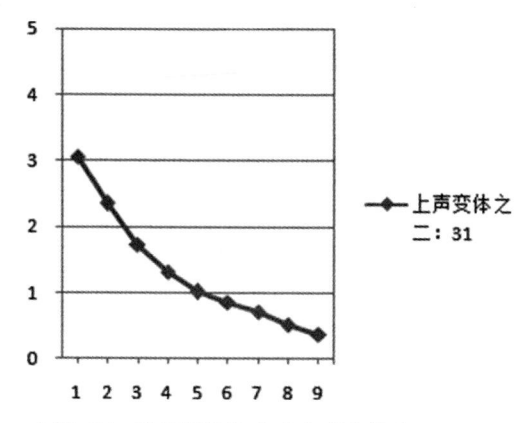

图 7.37 香港男性发音人上声变体之二（31）

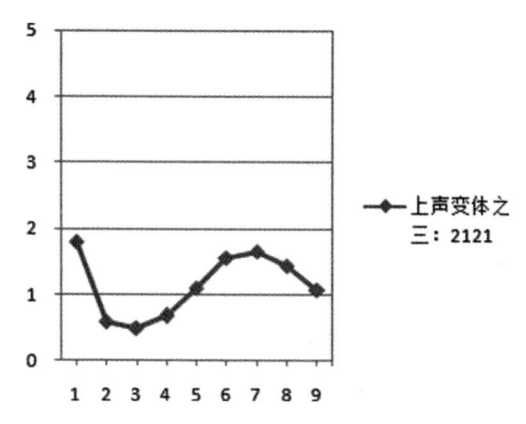

图 7.38 香港男性发音人上声变体之三（2121）

香港男性发音人上声变体之一313，起点T值为2.30，折点是第5点，T值为0.90，第4点T值为0.91，与折点T值接近，止点T值为2.80，略高于起点。该发音曲折调特征明显。

上声变体之二31，起点T值3.07，止点T值为0.37。

上声变体之三2121是一个双折调，起点T值为1.80，止点T值为1.07，第一个折点位于第3点，T值为0.50，第二个折点位于第7点，T值为1.66。双折调产生的过程和机制可参看前述对广州男性发音人上声变体之三3121的论述。

四 香港女性发音人上声的习得

香港女性发音人普通话上声有三种念法，分别是213、31、2121。如

图 7.39、图 7.40、图 7.41 所示。

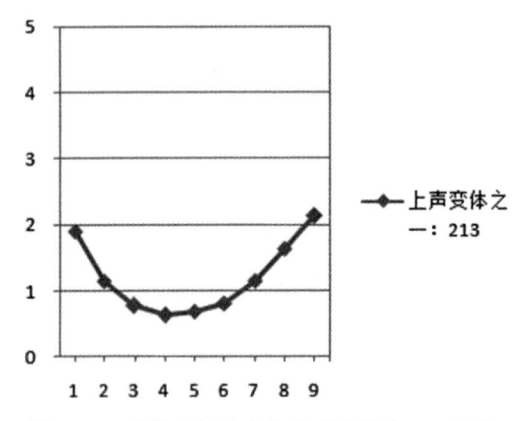

图 7.39　香港女性发音人上声变体之一（213）

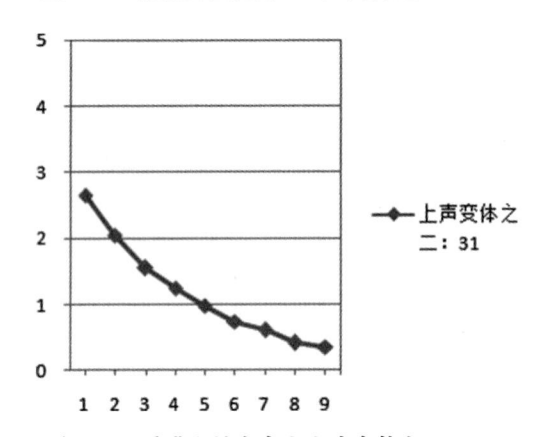

图 7.40　香港女性发音人上声变体之二（31）

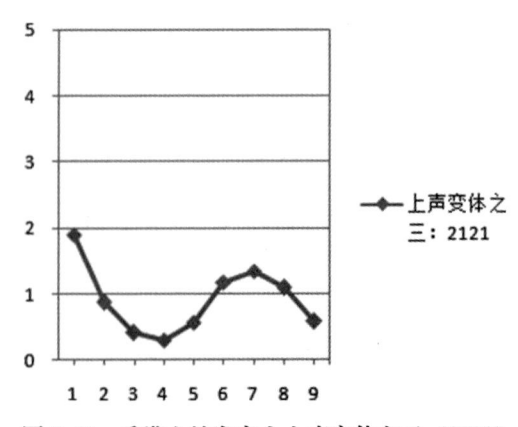

图 7.41　香港女性发音人上声变体之三（2121）

香港女性发音人上声变体之一213，起点T值为1.90，折点是第4点，T值为0.63，第5点T值为0.68，与折点T值接近，止点T值为2.13。该发音曲折调特征明显。

上声变体之二31，起点T值2.65，止点T值为0.35。

上声变体之三2121是一个双折调，起点T值为1.90，止点T值为0.58，第一个折点位于第4点，T值为0.30，第二个折点位于第7点，T值为1.35。双折调产生的过程和机制可参看前述对广州男性发音人上声变体之三3121的论述。

综上所述，香港发音人在习得普通话上声时，大致有诸如213、313、2121、31等几个变体，所有曲折调变体的折点T值均达到五度值的1度。但是止点T值情况相差较远。

五　澳门男性发音人上声的习得

澳门男性发音人普通话上声有两种念法，分别是323、31。如图7.42、图7.43所示。

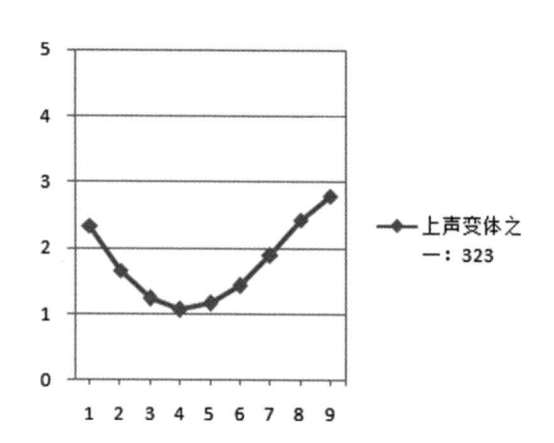

图7.42　澳门男性发音人上声变体之一（323）

澳门男性发音人上声变体之一323，起点T值为2.34，折点是第4点，T值为1.07，止点T值为2.79。该发音曲折调特征明显。

上声变体之二31，起点T值为2.51，止点T值为0.49。

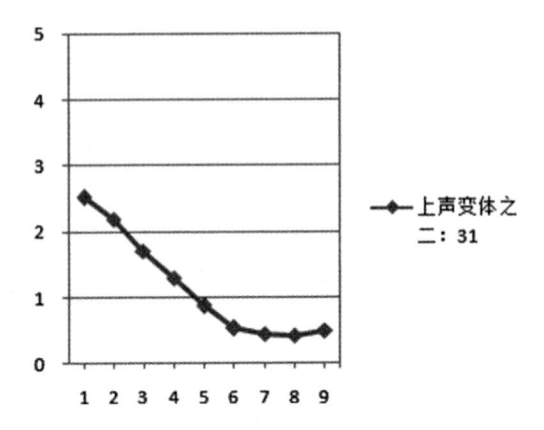

图 7.43 澳门男性发音人上声变体之二（31）

此外，还有受粤语影响而发错音的，如澳门男性 2 号发音人把 "百" 的声调发成下阴入 43。

六　澳门女性发音人上声的习得

澳门女性发音人普通话上声有两种念法，即 313、31。如图 7.44、图 7.45 所示。

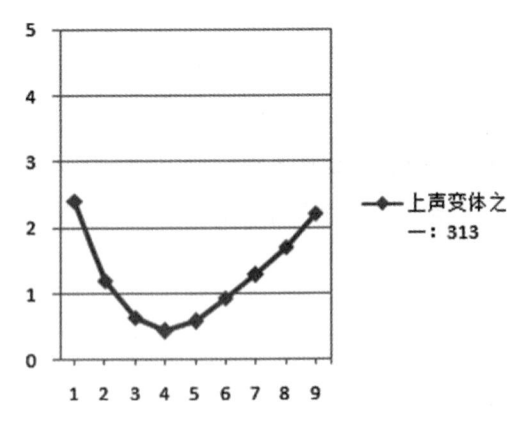

图 7.44　澳门女性发音人上声变体之一（313）

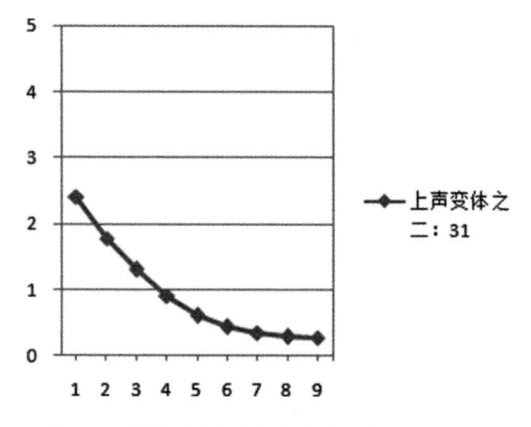

图 7.45　澳门女性发音人上声变体之二（31）

澳门女性发音人上声变体之一 313，起点 T 值为 2.41，折点是第 4 点，T 值为 0.43，止点 T 值为 2.22。上声变体之二 31，起点 T 值为 2.40，止点 T 值为 0.27。

综上所述，澳门发音人在习得普通话上声时，大致有诸如 313、323、31 等几个变体，除部分男性发音人之外，所有曲折调变体的折点均达到了五度值的 1 度。

七　穗、港、澳三地上声习得情况总结

根据贝先明（2012：131—136）的声学实验，普通话上声的调值为 213。事实上，普通话上声还应该有 212、214、313、314 等变体。并不像某些教科书中那样，仅仅将普通话上声的调值描写为 214。对照普通话上声的调值，穗、港、澳三地发音人普通话上声的习得情况有如下特点。

一是从调型上看，普通话上声的特征是"低""曲"，实际上，"低"比"曲"的特征更为重要，在听感上的贡献更大。因为阳平往往在调头部分也有"凹"的特征，因此，普通话上声与阳平的最大差距在于上声有"低"的特征，而阳平没有。考虑到普通话上声本身有不少的变体，可以将 213、312、313 这些调型为曲折调、折点五度值为 1 度的声调都算作发音正确，那么，在所有的发音人中，40% 的发音人发音正确。这一比例说明穗、港、澳三地发音人的普通话上声习得情况相对较差。即便将 3121、2121 的变体也算作正确读音，发音正确的百分比也只有 50%。

二是从调值上看，三地发音人上声有213、313、312、3121、2121、323、31等多达7种念法，其中，念31的最多，占37%。其次是313，占20%。念312的占17%，念323的占13%，念2121和3121的分别占7%和3%，此外，念213的仅占3%。

表7.4　　　穗、港、澳三地发音人普通话上声调值习得数据表　　单位:%

发音人 上声变体	广州发音人 男性	广州发音人 女性	香港发音人 男性	香港发音人 女性	澳门发音人 男性	澳门发音人 女性	小计 （四舍五入）
213	—	—	—	3.3	—	—	3
313	6.7	—	6.7	—	—	6.7	20
312	—	16.7	—	—	—	—	17
3121	3.3	—	—	—	—	—	3
2121	—	—	3.3	3.3	—	—	7
323	—	—	—	—	13.3	—	13
31	6.7	—	6.7	10.0	3.3	10.0	37

三是从偏误的规律上看，对照标准普通话上声，三地发音人的习得偏误主要是调型错误（即念31调值的，占37%）、折点音高不够低（即念323调值的，占13%）、与阳平相混度高。

先看调型错误。在三地粤语中，与普通话上声调型接近的有广州、香港的阴上225、阳上223，澳门的上声324。因此，三地发音人发音中的213、313、312、3121、2121、323等曲折调应该是从母语语音中稍加调整后迁移过来的。但是3121、2121在调尾部分出现了与调干部分音高不同的走势，导致出现了双折调的现象。调型偏误最严重的是变体31，除了广州女性发音人之外，广州男性、香港男性及女性、澳门男性及女性发音人均有人将普通话上声念成31的。在南方汉语方言区，尤其是母语中没有曲折调的方言区，人们学习普通话上声时，往往会出现31或者与之相近的读音。31的发音，出现了五度值的1度，实现了普通话上声"低"的特征。相对于平调、升调与降调，普通话上声214这个曲折调带有较强的标记性。这样的音在发音生理上具有一定的难度，不容易习得。因此，与很多其他南方汉语方言区人们一样，穗、港、澳三地发音人在习得普通话上声时也出现了 31 的念法。

再看折点音高不够低的偏误。澳门男性发音人在发音调整的过程中，折点没有降到五度值的 1 度，念成了 323，出现了语音偏误。这应该是受到母语上声 324 的负迁移影响导致的。

再看与阳平相混度高的偏误。过去，人们一般在有关留学生普通话声调习得的研究中，提到上声与阳平相混的问题。其实，穗、港、澳三地发音人在普通话声调习得中也出现了同样的问题，主要出现在香港、澳门发音人身上。如图 7.46、图 7.47 所示。

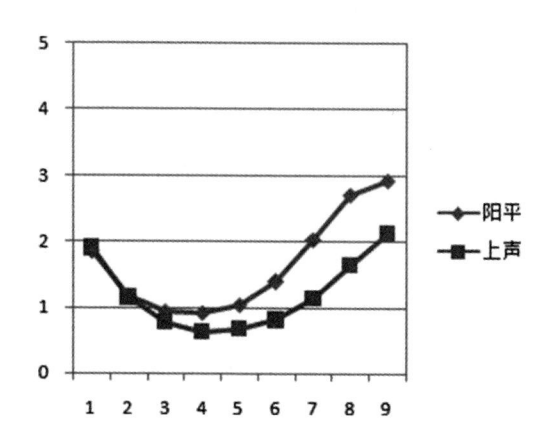

图 7.46　一位香港女性发音人的阳平、上声图

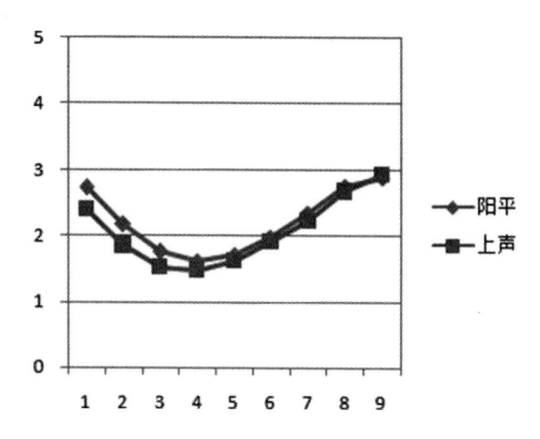

图 7.47　一位澳门男性发音人的阳平、上声图

图 7.46 中，香港女性的普通话阳平、上声两个声调的调头基本重合，调干、调尾也较为接近，两者各对应的测量点 T 值之差不超过五度值 1 度。图 7.47 中，澳门男性发音人的普通话阳平、上声更为接近，两者声调曲线自始至终都十分接近，几乎重合，发音人肯定是将阳平、上声这两个调类用相同的调值来发音。

上声、阳平声调相混的偏误，在发音人将阳平发成曲折调或者带有明显的"凹"特征，同时将上声发成曲折调且折点不够高的情况下，非常容易出现。外国学生多半情况下是上声发得像阳平，而穗、港、澳三地发音人大多是阳平发得像上声。

四是从习得的效果来看，从调型的标准看，广州女性发音人全部念了曲折调（312），发音情况相对较好。香港女性发音人与澳门女性发音人各有 10% 的人念了降调（31），发音情况相对较差。从折点的标准看，澳门有占三地总发音人数 13.3% 的男性发音人念了 323，发音出现了偏误，其他发音人的折点均达到五度值的 1 度，情况相对较好。

第六节　普通话去声的习得

一　广州男性发音人去声的习得

广州男性发音人普通话去声有三种念法，分别是 51、52、53。如图 7.48、图 7.49、图 7.50 所示。

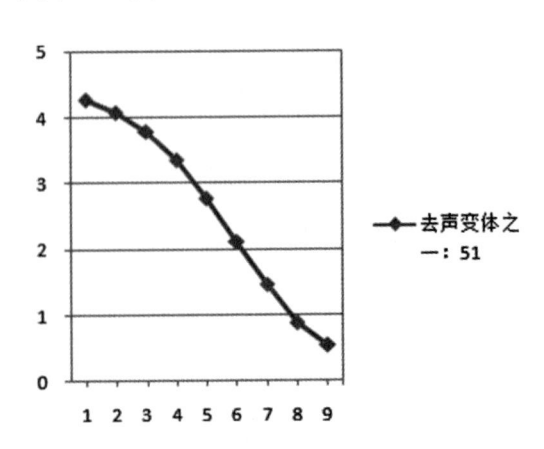

图 7.48　广州男性发音人去声变体之一 (51)

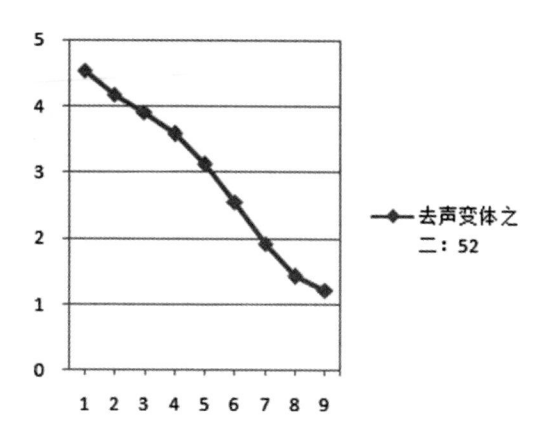

图 7.49　广州男性发音人去声变体之二（52）

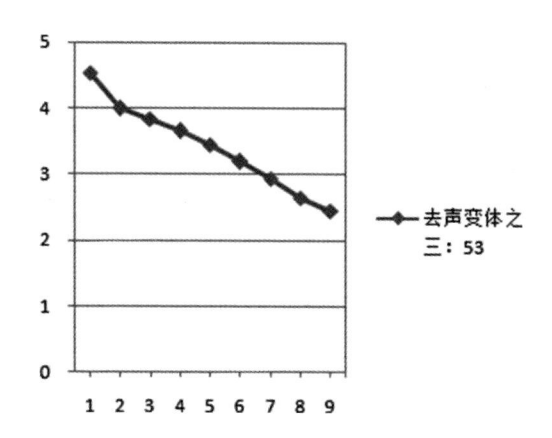

图 7.50　广州男性发音人去声变体之三（53）

广州男性发音人去声变体之一 51，起点 T 值为 4.27，止点 T 值为 0.53。

去声变体之二 52，起点 T 值为 4.53，止点 T 值为 1.22。

去声变体之三 53，起点 T 值为 4.54，止点 T 值为 2.45。

三个变体的调头都没有明显的"凸"特征，调尾也没有明显的"凹"特征。

二　广州女性发音人去声的习得

广州女性发音人普通话去声有两种念法，分别是 51、52。如图 7.51、图 7.52 所示。

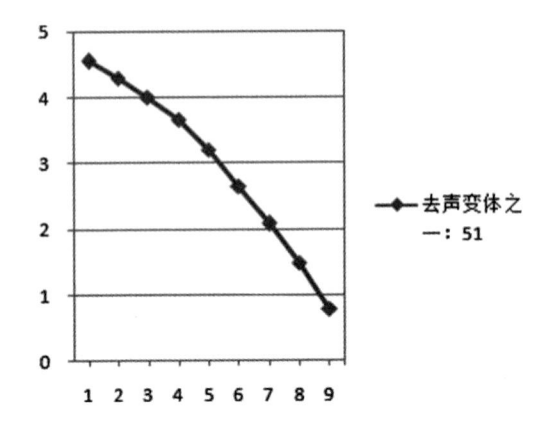

图 7.51　广州女性发音人去声变体之一（51）

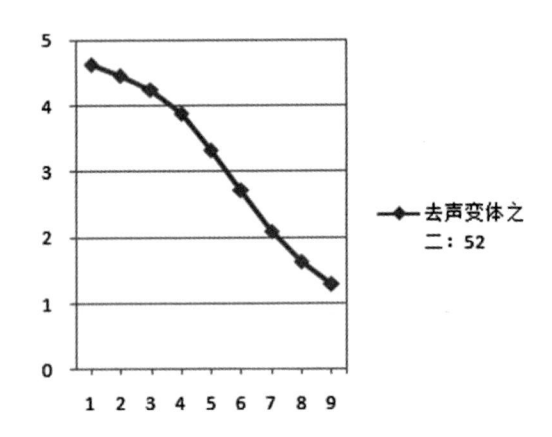

图 7.52　广州女性发音人去声变体之二（52）

广州女性发音人去声变体之一 51，起点 T 值为 4.55，止点 T 值为 0.78。

去声变体之二 52，起点 T 值为 4.63，止点 T 值为 1.29。

两个变体的调头都没有明显的"凸"特征，调尾都没有明显的"凹"特征。

综上所述，广州发音人在习得普通话去声时，大致有 51、52、53 等几个变体。

三　香港男性发音人去声的习得

香港男性发音人普通话去声有两种念法，分别是 51、52。如图 7.53、

图 7.54 所示。

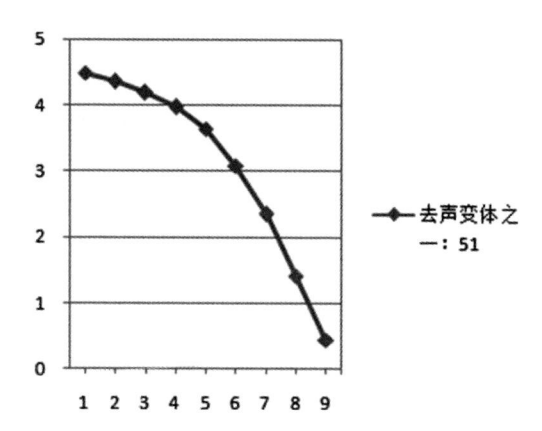

图 7.53 香港男性发音人去声变体之一（51）

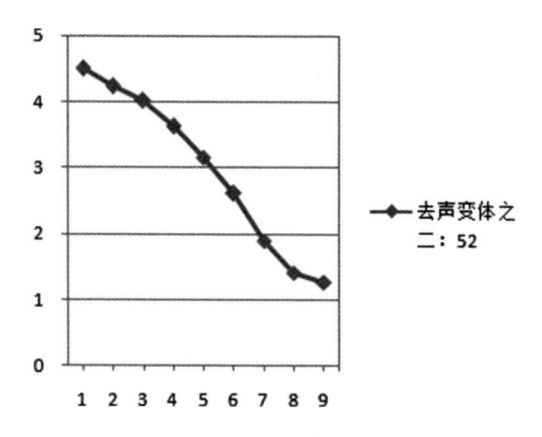

图 7.54 香港男性发音人去声变体之二（52）

香港男性发音人去声变体之一 51，起点 T 值为 4.50，止点 T 值为 0.44。

去声变体之二 52，起点 T 值为 4.50，止点 T 值为 1.27。

变体 51 的调头有不太明显的"凸"特征，而 52 没有该特征。

四 香港女性发音人去声的习得

香港女性发音人普通话去声有两种念法，分别是 51、52。如图 7.55、图 7.56 所示。

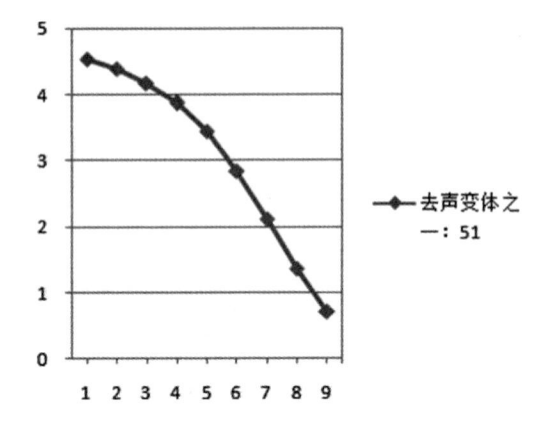

图 7.55 香港女性发音人去声变体之一（51）

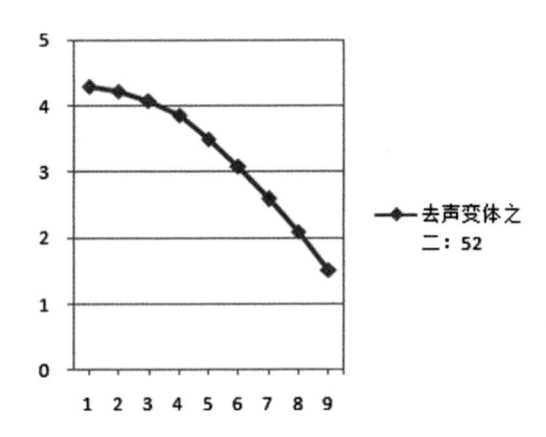

图 7.56 香港女性发音人去声变体之二（52）

香港女性发音人去声变体之一 51，起点 T 值为 4.54，止点 T 值为 0.71。

去声变体之二 52，起点 T 值为 4.30，止点 T 值为 1.51。

变体 51、52 的调头均有不太明显的"凸"特征。

综上所述，香港发音人在习得普通话去声时，大致有 51、52 等几个变体，所有变体的起点 T 值均达到五度值的 5 度。但是止点 T 值表现不一样，有的达到五度值的 1 度，有的才 2 度。

五 澳门男性发音人去声的习得

澳门男性发音人普通话去声有两种念法，分别是 51、52。如图 7.57、

图 7.58 所示。

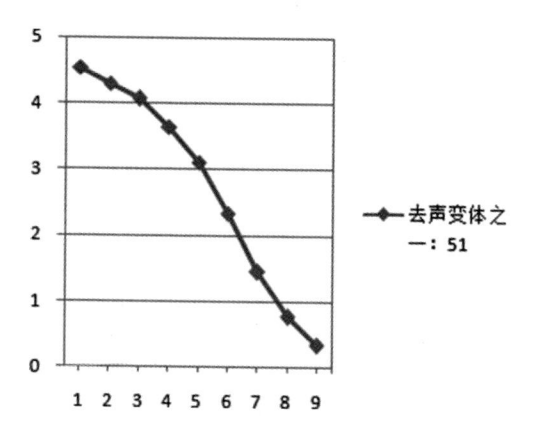

图 7.57 澳门男性发音人去声变体之一（51）

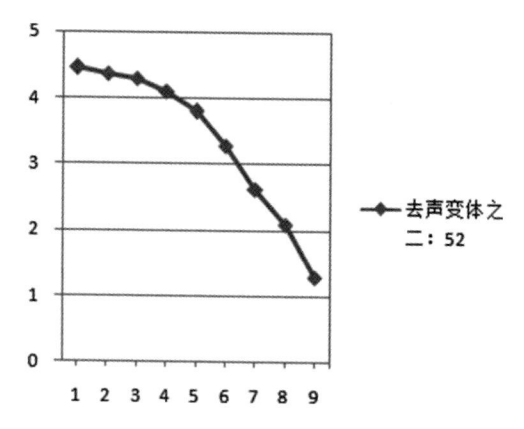

图 7.58 澳门男性发音人去声变体之二（52）

澳门男性发音人去声变体之一 51，起点 T 值为 4.54，止点 T 值为 0.33。

去声变体之二 52，起点 T 值为 4.45，止点 T 值为 1.29。

变体 51 的调头有较为明显的"凸"特征，而 52 则不明显。

此外，还有受粤语影响而发错音的，如澳门男性 2 号、3 号、4 号、5 号发音人把"大"的声调发成阳去 32，把"市""妇"的声调发成上声 324。

六 澳门女性发音人去声的习得

澳门女性发音人普通话去声有两种念法，即 51、52。如图 7.59、图 7.60 所示。

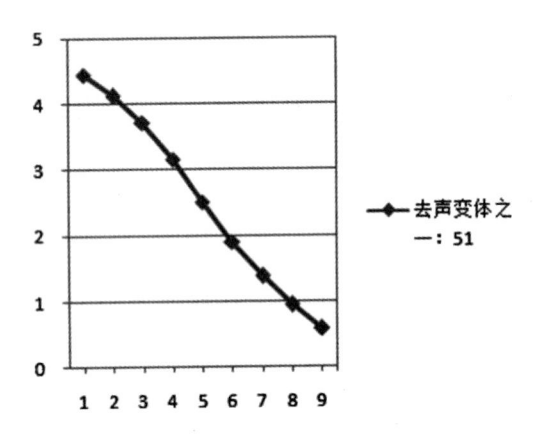

图 7.59 澳门女性发音人去声变体之一（51）

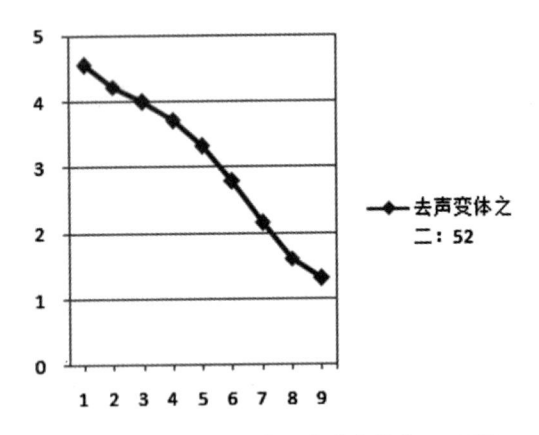

图 7.60 澳门女性发音人去声变体之二（52）

澳门女性发音人去声变体之一 51，起点 T 值为 4.44，止点 T 值为 0.58。

去声变体之二 52，起点 T 值为 4.55，止点 T 值为 1.30。

变体 52、51 的调头、调尾均没有"凹""凸"特征。

综上所述，澳门发音人在习得普通话去声时，大致有诸如 51、52 等几个变体,所有变体的起点 T 值均达到五度值的 5 度。但是止点 T 值表现不一样,有的达到五度值的 1 度,有的才 2 度。

七 穗、港、澳三地去声习得情况总结

根据贝先明（2012：131—136）的声学实验,普通话去声调值为 51,实际上,还应该有 52 的变体。调头部分有时候有"凸"特征,但是其程度与出现频率不及阳平的"凹"特征。

一是从调型上看,三地所有发音人均将去声发成降调,说明对去声的调型把握非常到位。

二是从调值上看,三地发音人去声有 51、52、53 等三种念法。其中,念 51 的最多,占 70%,这也是标准普通话去声的主流发音。其次是 52,占 27%。念 53 的,占 3%。所有变体的起点音高均从五度值的 5 开始,说明发音人对于普通话去声的起始音高把握非常到位。止点音高有到五度值 1 度的,也有到 2 度或者 3 度的。达到 1 的,是人数最多的,占 70%。

表 7.5　　　　穗、港、澳三地发音人普通话去声调值习得数据

去声变体	发音人	广州发音人 男性	广州发音人 女性	香港发音人 男性	香港发音人 女性	澳门发音人 男性	澳门发音人 女性	小计
51		10.0%	10.0%	13.3%	13.3%	13.3%	10.0%	70%
52		3.3%	6.7%	3.3%	3.3%	3.3%	6.7%	27%
53		3.3%	—	—	—	—	—	3%

三是从偏误的规律上看,去声习得的偏误主要在调尾音高。根据贝先明、向柠（2014）的研究,穗、港、澳三地粤语中存在大量的降调,舒声中有阳平（广州、香港为 31,澳门为 41）、阴去（三地女性为 43）、阳去（广州、香港为 32,澳门男性为 32,澳门女性为 43）,此外,入声中也有若干短的降调（多为 43、42、32 等）。因此,三地发音人对于降调的认识是非常有经验的。所以,在普通话去声习得时,所有发音人都将普通话去声发成了降调,均没有产生调型方面的偏误。偏误在于音高方面,如果将 51、52 均视作标准普通话去声的发音,那么有 97% 的发音人

能够正确习得普通话去声。所以，在四个声调中，去声是习得情况最好的。这应该有两个原因，一是发音人母语中大量的降调，对于降调的认识较为丰富。二是普通话去声调值为 51，这是一个标记性较弱的语音，发音相对容易。

　　四是从习得的效果来看，香港发音人去声好于澳门发音人的，澳门发音人的又好于广州发音人的。

第 八 章

穗、港、澳三地普通话语音习得的机制与对策

第一节 穗、港、澳三地普通话单元音的习得机制与教学对策

从偏误内容、习得顺序来看，ɿ、ʅ 的习得偏误或是二者区别度不大，或者是 ɿ、ʅ 合并，都发成 ɿ（如澳门发音人）。i、u、a、y 的习得情况较好。ɤ、o 的共同偏误是动程不够，其中，香港发音人的 ɤ 接近 [ə]，o 接近 [ɔ]。也就是说，顶点元音（i、u、a）及 i 对应的圆唇元音 y 的习得情况相对较好，而非顶点元音（ɤ、o）习得情况欠佳。如果从标记性来论述，则是标记性弱的语音习得情况较好，而标记性强的语音习得情况欠佳。广州、香港发音人普通话单元音的习得顺序是 i、u、a、y > ɿ > ʅ > o、ɤ，澳门发音人的则是 i、u、a、y > ɿ > o、ɤ > ʅ，其 ʅ 音位基本没有建立起来。

从教学对策上说，i、u、a、y 这四个元音习得者一般能通过母语的正迁移较为轻松地掌握。普通话单元音的教学重点在于 ɿ、ʅ、ɤ、o。对于 ɿ、ʅ，分几个步骤，第一步，将它们跟元音 i 区别开来，i 是舌面元音，ɿ、ʅ 是舌尖元音，教师要讲清楚舌尖在发音中的作用。第二步，将 ɿ、ʅ 区别开来。ɿ 是舌尖前元音、ʅ 是舌尖后元音。教师可以通过图片演示、手势模拟舌位等方法，讲清两者在发音部位前后上的区别。一般而言，习得者会较先掌握 ɿ。在 ɿ 的基础上，加上翘舌特征（为了避免误解，教学中不提倡使用"卷舌"这个术语）的教授与训练，掌握好 ʅ。

掌握好ɿ的发音并不是卷舌,而是翘舌,翘舌的特征可以利用是否形成舌下腔的标准来考量。

第二节　穗、港、澳三地普通话复元音的习得机制与教学对策

　　复元音分双元音、三元音两种,双元音分为 GV 型和 VG 型两种,即所谓的后响双元音和前响双元音,元音 G 在前一般称为韵头,在后一般称为韵尾。GV 型和 VG 型的差异在于,一是从标准普通话语音来看,GV 型元音两个元音各自的共振峰相对稳定一些,更接近各自对应的单元音。从习得者的语音来看,GV 型元音习得情况比 VG 型元音好。两者的共同点在于,双元音的习得偏误,除了本身是央元音的元音之外,无论是 G 还是 V,相对于各自的单元音,都存在趋向"央化"的特征,我们称之为"趋央性"。即前高、前半高元音低化、后化,后高、后半高元音低化、前化,央低元音高化。趋央性在 VG 型元音的 G 元音上变现尤为突出。

　　三元音的发音特点跟 VG 型双元音类似,即除了本身是央元音的元音之外,三元音的中的三个元音也存在不同程度的趋央性,趋央性程度超过标准普通话,其中韵尾表现比韵头突出。可见,在复元音中,同一个元音音位,充当韵尾时的变动超过充当韵头时的,即韵尾元音的趋央性程度高于韵头元音。例如,无论是标准普通话,还是穗、港、澳三地人们的习得语音,ai 中的 i 往往比 ia 中 i 更低、更后,iau 中的 u 往往比 uai 中的 u 更低、更前。

　　从习得偏误看,标准普通话 GV 型元音的 G 和 V 都离相应的单元音较近。穗、港、澳三地发音人的习得偏误主要表现在 G 和 V 的趋央性程度太高,也就是人们常说的动程不够,发音不到位。如三地发音人 ia、ua、ie、uo 等的习得情况。当然,也有例外情况,香港男性发音人将普通话 ye 的动程发得比普通话的还大。这可能跟母语、目的语元音对应关系有关。普通话元音 ia、ua、ie、uo 相对于三地粤语元音来说,都是相似的元音,而 ye 则是新元音。新元音在习得者的感知上具有相对较高的凸显度,容易引起高度注意,进一步在发音上产生"矫枉过正"的现象,

发出的音在声学元音图上出现"越位"的现象。

　　标准普通话 VG 型元音的 V 和 G 都离相应的单元音较远，尤其是韵尾 G 表现更为明显。穗、港、澳三地发音人的习得偏误主要表现在对韵腹的舌位把握不好，例如三地发音人发 au 时，很多人将韵腹 a 发成 [ɐ] 或 [ʌ]，而标准普通话的韵腹应该是 [ɑ]。还有一种程度较小的偏误是将韵尾发得像单元音那么到位，动程略大，听感上的自然度受到一定的影响。例如标准普通话 au 中的 u 实际音值接近标准元音 [ɔ]，有的发音人将其发成 [o]。不过，由于韵尾本来就是一个具有人际差异的发音目标，只要这种夸大动程的发音时长不是特别长，应该算是很小的偏误。

　　穗、港、澳三地人们普通话三元音的习得偏误类似于 VG 型双元音的习得，主要表现在对韵腹的舌位把握不好，或者是将韵尾发得像单元音那么到位，动程略大。例如三地发音人关于 uai、iau、uei 等的习得。

　　另外，相对于单元音，复元音的习得受到母语负迁移的频率更高，程度更深。例如，由于受母语负迁移影响，一位香港男性发音人几乎将所有的 ie 都发成了 [ɛ]。

　　从教学对策看，一方面，教师除了强调韵腹发音到位外，还要注意教会学生掌握韵头、韵尾的发音标准。一般是要略往单元音靠拢，尤其是韵尾，否则会导致复元音的动程不够。另一方面，这种靠拢也不能矫枉过正，因为标准普通话复元音的各元音也跟各自的单元音有一些差距，太接近单元音了，有时候又让人觉得发音生硬、不自然。

　　还有一个要注意的地方，那就是即使是标准普通话，复元音的发音也存在一定的人际差异，在普通话教学中，在评价学生的语音习得时，也要考虑到相应的人际差异，切不可一个标准到底。例如 ai 中的韵尾 i，发成 [ɛ] 和 [e] 都是可以的。

第三节　穗、港、澳三地普通话鼻尾元音和卷舌元音的习得机制与教学对策

　　鼻尾元音的一个偏误是鼻尾变成了鼻化，或是 ŋ 尾变成 n 尾。发音中要注意纠正。

卷舌元音的偏误是卷舌程度不够，甚至发音时失去卷舌，发成普通的单元音或双元音。澳门男性发音人中没有一位带有卷舌特征，甚至连舌位的高低前后变化也没有，仅仅发成了单元音［ə］。

从教学对策上说，卷舌元音的发音有两个要点，一是卷舌，卷舌元音发音不卷舌是发音人语音偏误最明显的表现。卷舌在声学上是 F_3 迅速下降，向 F_2 靠拢，或者说，$F_3 - F_2$ 变小。在发音上，发音时舌头前部上升，舌尖向上、向后接触或卷起。二是舌位在前后维度（有的人还包括在高低维度）上略有变化，从后向前变化，有的发音人还有从低到高的变化。也就是说，标准普通话的 ɻ 也有人际差异，有的人念为 ɣɚ˞，有的人念为 ɐɚ˞。

第四节　穗、港、澳三地普通话辅音的习得机制与教学对策

根据贝先明（2015）的湘语擦音的数据，我们发现，擦音能量峰值所在的频率范围（频带）跟辅音发音部位的对应关系大致是：发音部位越前，能量峰值所在的频率范围（频带）越高，反之，发音部位越后，能量峰值所在的频率范围（频带）越低。擦音谱重心高低跟辅音发音部位的对应关系大致是：发音部位越前，谱重心越高，反之，发音部位越后，谱重心越低。但是谱重心的这种表现没有前述能量峰值所在的频率范围（频带）与发音部位的对应那么整齐，个别音例如 f 可能不太符合。本次实验标准普通话的各擦音基本符合这个规律，但是穗、港、澳三地发音人的表现各异。

从偏误来看，穗、港、澳三地普通话擦音习得的偏误是 s、ʂ、ɕ 三个辅音区别度不高，严重的甚至将三者发成了一个音了。这无疑是受到母语负迁移的影响，因为粤语不像普通话那样有三套塞擦音和相应的擦音，而只有一套塞擦音和相应的擦音，即 ʧ、ʧʰ、ʃ。

不过，粤语的 ʧ、ʧʰ、ʃ 存在两套变体，在开口呼、合口呼前接近 ts、tsʰ、s，在齐齿呼、撮口呼前接近 tɕ、tɕʰ、ɕ。受到粤语的负迁移影响，普通话的三套塞擦音及相应的擦音，在穗、港、澳三地发音人的发音中，有的变为了两套：在 i、ɿ、ʅ、a 前是一套，在 u 前是另一套，如澳门发

音人。有的发音人偏误更严重，即在 a、i、ɿ、ʅ、u 前都只有一套，如香港发音人。广州发音人大部分习得情况比较好，有三套塞擦音及相应的擦音。

从教学对策来看，要将三套塞擦音及相应的擦音掌握好，第一是要掌握好它们不同的发音部位，ts、ts^h、s 的主动发音部位是舌尖前部，被动发音部位是上齿龈。tʂ、tʂ^h、ʂ的主动发音部位是舌尖后部，被动发音部位是硬腭。tɕ、tɕ^h、ɕ 的主动发音部位是舌面前部，被动发音部位是齿龈与硬腭交界的地方。第二是利用形成舌下腔的原理发好 tʂ、tʂ^h、ʂ。tʂ、tʂ^h、ʂ在国际音标中的名称叫"卷舌音"，不过我们一般称之为"翘舌音"，因为这三个辅音的发音其实不一定要将舌头卷起来，而只需将舌头往上翘起接触硬腭即可，当舌头翘起，在舌下与下龈之间形成一个空间，即出现舌下腔时，tʂ、tʂ^h、ʂ"翘舌"的特征便形成了。如果"矫枉过正"，采用卷舌的发音动作，反而不准确。

第五节　穗、港、澳三地普通话声调的习得机制与教学对策

从偏误内容来看，阴平的偏误是整个声调音高不够高，阳平的偏误是整个声调音高尤其是调尾音高不够高，上声的偏误是调型错误、折点音高不够低、与阳平相混度高，去声的偏误是调尾音高不够低。阴平、阳平、去声主要是音高方面的偏误，上声则既有音高方面的偏误，也有调型方面的偏误。

从习得顺序来看，习得情况最好的是去声，所有发音人的调型都正确，起点音高也达到了五度值的 5 度，有 70% 的发音人均念为 51，所有发音人的去声变体也只有 3 个（51、52、53），并且这些变体彼此较为接近。习得情况最差的是上声，从调型看，即便将 3121、2121 也算作曲折调，也只有 63% 的发音人正确掌握了上声为曲折调的念法。从折点音高看，有 13% 的发音人上声折点音高没有达到五度值的 1 度。而且，上声的变体多达七个（213、313、312、3121、2121、323、31），从跟其他声调的区别度来看，很多发音人的上声由于折点不够低，与阳平不易区别，甚至混在一起。阴平与阳平相比，阴平的习得情况稍好一些，一是因为

阴平有97%的发音人的调型是平调，调型是正确的。而即便是将224、225也算作升调，阳平也只有33%的发音人的调型是升调，另外67%的发音人的阳平调型是曲折调，调型上存在错误。二是有70%的发音人的阴平（55、44）接近标准发音，而只有10%的发音人的阳平（225）勉强接近标准发音。所以，穗、港、澳三地发音人普通话的四个单字调，习得情况从好到差排列依次是：去声＞阴平＞阳平＞上声。

从习得效果来看，根据表7.2、表7.3、表7.4、表7.5的统计，在阴平调的习得上，香港男性发音人相对较好，澳门女性发音人相对较差。在阳平调的习得上，广州男性发音人相对较好，澳门女性发音人相对较差。在上声调的习得上，广州女性发音人的习得相对较好，澳门男性发音人的习得相对较差。在去声调的习得上，各地发音人差别不大。综合而言，广州发音人的总体情况相对较好，香港发音人次之，澳门发音人再次之。

从教学对策上说，对于阴平调，教师应该重点强调与训练阴平整体音高要保持较高的程度，不要低于44。对于阳平调，教师也应该重点强调与训练阳平整体音高尤其是调尾音高要保持较高的程度，调头不要低于3度，调尾不要低于5度，同时调干不要低于3度。否则，阳平容易与上声相混。对于上声调，教师应该重点强调与训练调型的曲折程度，不要发成低降调，调头保持在2度比较合适，调尾保持在3度或4度左右，更为关键的是，调干的折点音高不要高于1度，否则，容易与阳平相混。也就是说，要让上声与阳平区别开来，关键是保持上声折点的音高要低，至于调头的降、调尾的升的程度大小，相对没那么重要。所以，上声的教学，对于穗、港、澳三地的人们来说，要牢记一点：上声的"低"比"曲"更重要。对于去声调，教师应该重点强调与训练去声的调尾音高降至1度，至少不要高过2度。

第 九 章

结　　语

第一节　关于通用语习得的地位

　　传统上，多数研究者在讨论语言习得时，往往将语言习得分为两大类：母语习得、二语习得（第二语言习得），前者一般是针对婴幼儿而言，后者一般针对成年人而言。或者仅从习得时间的先后来分类，将语言习得分为第一语言习得、第二语言习得。那么，方言区人们在习得方言之后再去习得通用语，通用语习得算哪一类？母语习得、第一语言习得还是第二语言习得？

　　周小兵（2017：10）认为，第二语言是指在第一语言之外学习的其他语言。一般包括非本国语（外国语）、非本族语（外族语）、非本地语（其他方言）。作者显然认为，在一定条件下，方言也可以视为第二语言。不过，大多数学者所说的第二语言，一般是指非本国语（外国语）、非本族语（外族语），往往不包括非本地语（其他方言）。

　　如果方言区人们在婴幼儿时期习得方言，成年之后再去习得通用语，早先习得的方言，自然算是他们的母语，也是第一语言。成年之后再去习得的通用语，当然也是他们的母语，但从时间上说，跟婴幼儿时期的方言习得存在时间先后的不同，以及由此带来的其他很多不同。

　　一个民族的共同语跟其方言存在一定的差异，但显然不是另外一门独立的语言。也许有人觉得，为了论述的方便，从较为宽泛的角度看，对于从小就习得了粤语的穗、港、澳三地人们而言，普通话可以视为他们的第二语言。然而，众所周知，从系属上说，粤语和普通话都是汉语，并不是两种独立的语言。粤语是汉语方言的一种，普通话既是（汉）民族通用语，也是国家通用语。我们觉得，笼统一点，可以将穗、港、澳三地人们的普通话习得视为其母语习得，如果一定条件下，需要将后来普通话的习得跟婴幼儿时期的方言习得分开讨论，那么普通话的习得也可以称为通用语习得。下面的讨论将使用"通用语习得"这个说法。

语言习得包括母语习得、通用语习得、外语习得，也可以说，语言习得包括第一语言习得、通用语习得、第二语言习得。这样，成年人通用语习得与婴幼儿母语习得有习得时间上的不同，成年人通用语习得与成年人外语习得（第二语言习得）有语言系属上的不同。分而言之，三者有异；统而言之，都属于语言习得。

第二节　关于通用语习得研究的方法论

通用语习得的研究相对于母语习得、外语习得起步晚，研究方法也不成熟，以往多借用二语习得的研究方法。

二语习得的存在具有极长的历史，而二语习得研究学科直至最近四五十年才出现突飞猛进的发展，涌现了不少理论，因此它是一门年轻的学科。从方法论的角度而言，几十年来，二语习得研究者们运用过来自语言学、心理学、教育学、社会学、文化学等各学科的研究方法。

我们本次研究的方法有：田野调查法、抽样调查法、声学分析法、数理统计法等。通过田野调查和抽样调查，制作了发音人的录音样品。接下来的主要方法就是声学实验法和数理统计法。不过，二语习得、通用语习得比母语习得复杂得多，二语习得、通用语习得的实验分析和统计分析，既不能将各位发音人的数据进行简单的平均化处理，否则将抹杀大量有价值的个性表现与规律，也不能对发音人单个地进行详细描述，否则将陷于琐碎的描述而难以发现具有倾向性或统计意义的共性与规律。这就是二语习得、通用语习得研究比母语习得研究在方法上更加具有难度的地方。

如何解决研究方法这个难题？我们的做法是，先对每一个发音人进行细致声学测量，然后利用量化的方法，将具有相同声学表现与规律的若干发音人（例如他们在某个语音单元习得时的偏误都相同）归为一组，分组进行统计，然后再对不同的组进行比较分析。例如，声调的习得部分，我们将不同的偏误进行分组，得到不同的声调变异情况，再分别分析。我们认为，这种根据水平分组的研究方法，在二语习得、通用语习得研究中，应该引起重视，不应该再局限于简单平均化了，而是要先分组再平均。例如，普通话上声的习得，我们就是分组统计的，得到的情况是广州男性发音人有三种念法，分别是313、31、3121，广州女性发音人只有312一种念法，香港男性发音人有三种念法，分别是313、31、2121，香港女性发音人有三种念法，分别是213、31、2121，澳门男性发音人有两种念法，分别是323、31，澳门女性发音人有两种念法，即313、31。不难想象，如果我们将香港女性发音人上声的213、31和2121三种念法不分组，而是放在一起简单平均，然后只得到一种平均化的数值，那就抹杀了其中213这个正确的念法，而且得到的数值也将是不伦不类，甚至无法解释。

很多语音的习得存在连续统，例如声调、非卷舌的舌面元音、一部分辅音。例如 ei 的韵尾 i，有的发音人发得稍高一点，有的发音人发得稍低一点。而也有一些语音的习得更多地表现出离散的状态，在一定程度上呈现"正确或错误"的两种截然相反状态，例如有些辅音，尤其是卷舌元音、舌尖元音。例如穗、港、澳三地发音人念"呼"，其声母要么念 x，要么念 f，前一念法就是正确的，后一念法就是错误的，不存在介于 x、f 之间的某个发音。如果这样，我们在计算频带能量时，不能将一个发音人念 x 的能量，跟另一个发音人念 f 的能量进行简单的平均。

平均值的算法本是为了对若干数值做一个整体分析的方法，但是在二语习得、通用语习得研究中，由于习得情况的复杂，我们在处理声学数据时，一定要注意哪些数据能放在一起平均，哪些不能。

第三节 关于通用语习得与对比分析理论

严格地说，对比分析理论不属于二语习得的范畴，虽然如此，对比分析在二语习得研究中却是很多理论研究的起点，例如偏误分析、中介语理论都会用到它。

母语的正迁移和负迁移在二语习得、通用语习得中都是较为常见的。不过，为了在后面分析哪些发音是正迁移作用，哪些发音是负迁移影响，我们有必要在开始的时候，对于习得者的母语、目的语都了解清楚。因此，我们第二章的内容就是"普通话与穗、港、澳三地粤语的语音系统"。将目的语跟母语进行对比，一是为了找到两者的差异，然后从差异中预测学习的难点。二是为了当在习得者语音中发现了偏误，可以回过头来观察其母语语音系统，来分析偏误是否可能是由于母语的负迁移影响带来的。我们在第二章不仅描写了普通话和粤语的语音系统，而且通过跟粤语的对比，将普通话的语音分为相同、相似、相异三类，为接下来的偏误分析提供了一定的分析基础。

习得研究的理论基础不能全部放在对比分析上，但对比分析往往是很多理论基础的前提。对比分析是一个入口，从这个入口比较容易到达目的地，但这里绝不是目的地。

第四节　关于通用语习得与偏误分析理论

偏误分析理论是第一个真正关注习得者语言习得情况的理论，偏误研究往往跟对比分析理论结合起来，不过，我们应该注意，并不是目的语跟母语的差异越大，就越可能出现偏误。

从心理学的角度看，在习得前期，习得者主要花力气克服那些跟母语差异大的音，即相异的音，因为这些相异的音具有很高的凸显度，在习得者心理引起了强烈的反差。因此，初学者或者水平较低的习得者，其偏误多出现在相异的语音上，而且这类偏误程度较为严重。

到了习得中后期，相异的语音基本都习得好了（有时候是习得者自认为习得好了），那么相似的语音就逐渐成为偏误的主要来源。因此，水平较高的习得者，其偏误多出现在相似的语音上。实际上，相似的语音引起的偏误更难改正，因为它不容易被习得者识别出是偏误。

偏误分析理论也存在局限。例如偏误的数量和类型还受到情景语境、交际任务的影响，在正式的情景、完成实验或测试的任务情况下，偏误会相对较少出现，而在非正式的情景、一般的交流任务情况下，偏误将相对较多出现。在我们本次研究中，由于各位发音人都知道我们是采用读字表的方式在调查他们的普通话水平，而且，他们还可以稍微慢一些发音。那么，不难预测，生活中他们实际的普通话水平，应该是要略低于我们本次实验测量出来的水平。

偏误的来源或者说产生的原因是多方面的，例如"语内偏误"（intralingual errors）是由于习得者对目的语规则掌握得不完整或归纳错误产生的，"语际偏误"（interlingual errors）是由于学习者的母语对习得进行干扰及负迁移产生的。不可否认的是，母语的负迁移确实会导致偏误的产生，然而，偏误却并非全部甚至只有小部分是来自母语负迁移的。从偏误理论分析来说，研究负迁移在什么条件下会起作用，什么条件下不起作用，或者说研究负迁移怎么跟其他因素一起影响习得，更为重要。

第五节　关于通用语习得与迁移理论、标记性理论及制约因素

不管是正迁移还是负迁移，都是在一定条件下发生的，而不是凡是相同的语音，就能发生正迁移，也不是凡是相异的语音，就能发生负迁移。例如，普通话的阴平，对于穗、港、澳三地的习得者而言是相同的语音，因为粤语下阴平（实际上年轻人的上阴平基本也是）跟普通话阴平的调值都是55，而普通话的去声，对于习得者来说却是相异的语音。然而，从实际的习得的情况看，属于相同语音的阴平，其习得水平还比不上属于相异语音的去声。同时，同样属于相异语音的去声、上声，两者的习得水平却相去甚远，去声的习得水平远远好于上声。

那么，迁移的发生到底受到哪些因素的影响呢？

应该说，迁移的发生受到很多因素的制约，其中之一就是目的语语音的标记性。一般地，如果目的语语音单元具有较强的标记性，即使是相同的语音，正迁移也较难发生，相反，如果目的语语音单元没有标记性，即使是相异的语音，习得情况也不会太差。例如，对于穗、港、澳三地习得者而言，普通话阴平虽然是相同的语音，习得情况并不十分好，有27%的发音人音高较低，调值为33。之所以是这样的结果，是因为阴平的调值55是具有标记性的平调。相应地，如果一个平调的调值为33，则是常见的，没有标记性。

如果单从标记性来看习得，我们发现，当目的语语音单元带有较强的标记性，同时母语又没有相同或相似的语音，也就是说，当对象是具

有强标记性的相异语音时，习得具有很大的难度，效果往往很不理想。例如，普通话的卷舌元音ɤ，就是一个具有强标记性的语音，加上粤语中没有这样的卷舌元音，那么该元音就是一个具有强标记性的相异语音。从该元音的习得情况看，穗、港、澳三地发音人均有将卷舌元音ɤ发为不卷舌元音的，尤其是澳门男性发音人，全部发为非卷舌单元音 [ə]。

迁移也不仅仅只受到语音类型（相同、相似还是相异）、标记性的影响，例如，我们还可以添加一项语音的组合度因素。语音组合度，指某一语音跟其他语音的组合程度，例如某个元音能够和多少个辅音声母相拼，有多少个声调跟其组合；又如某个声母，有多少个元音跟其相拼，有多少个声调跟其组合。语音类型、标记性、组合度对习得的影响如表9.1。

表 9.1　　　　　语音类型、标记性、组合度对习得的影响

习得难度		易————————→难
习得制约因素	语音类型	相同————→相异————→相似
	标记性	弱————————→强
	组合度	组合度高————————→组合度低

简单地说，从语音类型看，相同的语音最容易习得，相异的语音在习得初级阶段是难点，相似的语音在习得高级阶段是难点。如果又考虑标记性，则标记性越弱的语音越容易习得，标记性越强的语音越难以习得。如果再考虑组合度，则组合度越高越容易习得，组合度越低越难习得。把语音类型、标记性、组合度综合起来，那么组合度高的、弱标记性的、相同语音最容易习得，例如穗、港、澳三地发音人a、i、u的习得就是这样；组合度低的、强标记性的、相似的及相异语音最难习得。例如穗、港、澳三地发音人ɤ、o的习得就是这样。这还只是语音方面的几个要素，此外还有其他词汇的、语法的、语义、文字的、拼音的等因素。众所周知，还有学习者的因素，如年龄、性别、学习策略、学习动机、语言学能等。教师、教材等因素也是不可忽视的。一句话，习得的制约因素非常多，需要跨学科研究。

第六节　关于通用语习得与习得顺序理论

语言习得存在一定的习得顺序，不管这种顺序是否受到"语言习得机制"（Language Acquisition Device）的影响（当然，是否真的存在所谓的"语言习得机制"，目前也是众说纷纭）。习得顺序不仅在儿童第一语言习得中有表现，在成人第二语言习得、通用语习得中也有反映。

以单元音的习得为例，广州、香港发音人普通话单元音的习得顺序是 i、u、a、y＞ɿ＞ʅ＞o、ɚ，澳门发音人的则是 i、u、a、y＞ɿ＞o、ɚ＞ʅ，其 ʅ 音位基本没有建立起来。三地发音人表现出大致相同的习得顺序。

以单字调的习得为例，穗、港、澳三地发音人具有相同的顺序，习得情况从好到差排列依次是：去声＞阴平＞阳平＞上声。

当然，需要注意的是，一些因素会导致习得顺序具有一定的个体或群体差异。例如澳门发音人的 ʅ 是最后习得的单元音，广州和香港发音人的情况则不是这样。

第七节　关于通用语习得与性别
理论、社会文化理论

性别对通用语习得有一定的影响。例如普通话上声的习得，广州女性发音人只有 312 一种念法，跟普通话声调 213 较为接近，而广州男性发音人有 313、31、3121 三种念法，只有第一种念法接近普通话，因此女性发音明显好于男性。再如卷舌元音 ɚ 的习得，广州女性发音人 F_3-F_2 的变动量为 35，广州男性发音人为 26，说明女性的卷舌比男性明显一些。另外，广州女性发音人只有一位将卷舌元音发为非卷舌元音，而广州男性发音人却有两位将卷舌元音发为非卷舌元音。

因此，我们可以下结论说，在通用语习得中，女性比男性更认同权威的、规范的语言形式（即通用语），女性的习得情况往往好于男性。

社会文化因素既不属于语言因素，也不属于习得者个人因素，而是一种社会因素。社会文化对习得也有很大影响。香港、澳门回归之前，穗、港、澳三地的社会文化存在一定的差异，政治生活、经济生活、语言生活、语言政策等各有不同，普通话水平也存在差异。从目前的整体情况看，广州地区的普通话水平相对较好，因此在习得中，广州发音人受到母语负迁移的现象少于香港、澳门两地发音人。如 ɻ 的习得就表现为这样的规律。

第八节　关于通用语习得与语音格局理论

语音格局是语音系统性的表现。语音格局的概念由石锋教授提出，对该概念的总结性文章可见石锋、冉启斌、王萍（2010）的文章。语言习得受到具体语言语音格局的影响。例如，如果母语跟通用语的语音单元相差很远，则母语的这个语音单元既不容易产生正迁移，也不容易产生负迁移。也就是说，母语、通用语的语音单元越接近，则迁移作用越容易发生。又如，在单元音习得中，顶点元音如 i、u、a 等的习得情况好于非顶点元音如 o、ɤ 等。在二合复元音的习得中，GV 型元音（后响双元音）的习得情况好于 VG 型元音（前响双元音）。在三合元音的习得中，韵头的习得情况好于韵尾，韵腹的习得情况又好于韵头、韵尾。

关于语音格局，还有一点要强调，通用语的一些语音单元很可能存在人际差异。例如标准普通话的复元音音值就存在一定的人际差异，有的人将韵尾发得到位一些，有的人则不那么到位。这种情况告诉我们，对于习得者的要求也不应僵化，而要允许有一定的变动性。也就是说，当通用语的语音存在一定的人际差异时，对于习得者习得情况也要允许相应的差异存在，尤其是在通用语教学与通用语水平测试中要特别注意。

第九节　关于通用语习得与中介语理论

很多语言研究与语言生活的实际表明，二语习得者的语言水平很难达到目的语者的水平，方言区人们习得通用语，情况要好于二语习得，不过也很难真正达到通用语者的水平。我们一定要承认中介语的概念与事实。不过，中介语也是一个独立的、完整的、不断发展的语言系统，可以用于交际。尽管随着中介语的发展，其交际功能将不断得到增强。

中介语系统到一定的时候会出现僵化（也称"化石化"）现象。通用语习得也会出现这种现象，这时，教师和学生都需要想各种办法来尽早克服它。

无论是二语习得，还是通用语习得，中介系统的发展总体是前进的，中介系统的语音要素往往处于"过渡"（transition）状态，它既不是母语系统的发音，也不是目的语系统的发音，而是处于二者的中间，是"过渡"模式。但是有些语音要素，习得中会出现"反弹"（reversing）现象。有些语音要素，会出现"越位"（overshot）现象。"过渡""反弹""越位"的相关理论由贝先明（2008）及贝先明、石锋（2011）在方言接触的研究中提出，后来有学者应用到语言习得中。① 实际上，语言习得也是一种语言接触，两者在很多方面是相通的。

举个例子说，香港男性发音人对 ye 的习得表现出"越位"的情况。"缺"的元音，在粤语里念 [yt]，普通话念 ye，实际音值为 [yɛ]，香港男性发音人实际发为 [yɛ]。可以看到，"缺"在粤语里的舌位最高，其次是在标准普通话中，再次是在香港男性发音人发的普通话里。所以，香港男性发的这个普通话元音属于"越位"，通俗说就是"矫枉过正"。无论是在语言接触中，还是在语言习得中，混合系统或中介系统语音的主流发展方向是以"过渡"（transition）的状态，不断向目的语靠近。"过渡"是无标记的，常见的；"越位"尤其是"反弹"，则是有标记的，不常见的。

第十节　关于通用语习得研究的复杂性

语言习得研究的复杂性来自很多因素，其中之一便是语言习得的跨学科研究性质与抽样调查的局限性。

"说有易，说无难"。习得受到众多方面因素的制约，有主观的，有客观的，有语言因素的，有非语言因素的。我们本次研究的发音人仅限

---

① 相关的语言习得方面的研究可参看石锋、夏全胜《二语习得和语言接触的关系——分析留学生汉语元音发音的偏误》（《华文教育与研究》2011 年第 1 期）、高玉娟、夏全胜《中国学生法语元音发音中"反向"现象的实验研究》（《中国语音学报》2015 年第 5 辑）等文章。

于穗、港、澳三地的在校大学生，三地发音人均是男女各半，算是对性别因素有所考虑。另外，所有的发音人均是当地出生、长大的，即所谓的"土生土长"，算是对家庭语言环境进行了适当控制。即使这样，限于研究时间和研究经费等，我们没能在习得者年龄、性格、职业、认知方式、语言学能、学习态度、学习动机、学习策略乃至教材、教师、教法等方面进行全面考察，这不能不说是一个局限。

语言习得是一门跨学科性质很强的学科，想要在一次研究中照顾到各个学科与各种层面的问题，实在过于苛求。我们要说明的一点是，基于上述局限，本次研究所发现的现象和所进行的思考绝不是穗、港、澳三地人们普通话语音习得的全部，而只是一部分，小小的一部分而已。

第十一节　关于通用语习得研究的展望

我们不得不承认，有关方言区成年人通用语习得的研究，相对于儿童的母语习得研究和成年人的外语习得研究，起步晚、成果少，很多方面还处于一种模仿式研究的状态，研究方法多是借用的，研究的理论基础多是照搬的，研究的广度和深度也远远不够。这种研究状态，在本书中的表现尤为突出。

目前，通用语习得所进行的一些描写还不够丰富，所探讨的一些理论很大程度上带有假设的性质，需要进一步验证，所得到的一些结论也有相互矛盾的。鉴于通用语习得跟二语习得一样，都是年轻的学科，同时也都具有跨学科性质，所以目前这种局面是正常的。

方言区人们通用语习得研究要进一步发展，我们觉得至少应该注意以下两点：

一是需要真正的跨学科研究，而不是有关研究各自为政，甚至互相看不起对方；

二是需要加大纵向追踪研究，不能仅局限于横向考察。

衷心希望方言区人们通用语的习得研究将来可以为语言学研究贡献更多的语言事实和理论支撑。

参考文献

北京大学中文系现代汉语教研室：《现代汉语》，商务印书馆1993年版。

贝先明：《方言接触中的语音格局》，南开大学博士学位论文，2008年。

贝先明：《普通话的声调格局与元音格局，《武陵学刊》2012年第4期。

贝先明、石锋：《方言接触中的元音表现》，《Journal of Chinese Linguistics》2011年第2期。

贝先明：《湘语语音学》，中国社会科学院博士后出站报告，2015年。

贝先明、向柠：《实验语音学的基本原理与praat软件操作》，湖南师范大学出版社2016年版。

贝先明、向柠：《穗、港、澳三地粤语单字调的声学比较分析》，《南开语言学刊》2016年第1期。

陈茜：《澳门普通话水平测试（PSC）十年》，《澳门语言学刊》2009年第1期。

邓仕梁：《当前香港的汉语教学》，《中国语文通讯》1999年第49期。

国家语言文字工作委员会普通话培训测试中心：《普通话水平测试实施纲要》，商务印书馆2004年版。

黄翊：《澳门语言研究》，商务印书馆2007年版。

教育部语言文字信息管理司：《中国语言生活状况报告（2006）》，商务印书馆2006年版。

教育部语言文字信息管理司：《中国语言生活状况报告（2013）》，商务印书馆2013年版。

教育部语言文字信息管理司：《中国语言生活状况报告（2016）》，商务印书馆2016年版。

教育部语言文字信息管理司：《中国语言生活状况报告（2017）》，商务印书馆 2017 年版。

金有景：《普通话语音》，商务印书馆 2007 年版。

李新魁、陈慧英、麦耘：《广州话音档》，上海教育出版社 1995 年版。

李新魁、黄家教、施其生、麦耘、陈定方：《广州方言研究》，广东人民出版社 1995 年版。

林焘、王理嘉：《语音学教程》，北京大学出版社 1992 年版。

单周尧：《目前香港大专中国语文教学的我见》，《中国语文通讯》1996 年第 40 期。

石锋：《北京话的声调格局》，《语言研究》（增刊）1991 年。

石锋：《北京话的元音格局》，《南开语言学刊》2002 年第 1 期。

石锋：《普通话元音的再分析》，《世界汉语教学》2002 年第 4 期。

石锋、冉启斌、王萍：《论语音格局》，《南开语言学刊》2010 年第 1 期。

石锋、时秀娟：《语音样品的选取和实验数据的分析》，《语言科学》2007 年第 2 期。

石锋、王萍：《北京话单字音声调的统计分析》，《中国语文》2006 年第 1 期。

时秀娟：《汉语方言的元音格局》，中国社会科学出版社 2010 年版。

时秀娟：《汉语方言元音格局的系统性表现》，《方言》2006 年第 4 期。

孙雪：《国际音标符号系统之元音声学特征分析》，南开大学博士学位论文，2009 年。

王洪君：《汉语非线性音系学——汉语的音系格局与单字音》，北京大学出版社 1999 年版。

王萍、贝先明、石锋：《元音的三维空间》，《当代语言学》2010 年第 3 期。

吴宗济、林茂灿：《实验语音学概要》，高等教育出版社 1989 年版。

向柠、贝先明：《穗、港、澳三地粤语单元音的声学比较分析》，《武陵学刊》2013 年第 3 期。

薛凤生：《北京音系解析》，北京语言学院出版社 1986 年版。

游汝杰、邹嘉彦：《社会语言学教程（第二版）》，复旦大学出版社 2009 年版。

张双庆、林建平：《香港话音档》，上海教育出版社 1999 年版。

周小兵：《对外汉语教学入门（第三版）》，中山大学出版社2017年版。

Boersma, Paul & Weenink, David. *Praat: Doing Phonetics by Computer* [*Computer program*]. Version 5.2.27, retrieved 19 June 2011. from http://www.praat.org/.

Howie, John M., *Acoustical Studies of Mandarin Vowels and Tones*, London: Cambridge University Press. 1976.

Li, Aijun, Cao, Mengxue, Fang, Qiang, Hu, Fang, Dang, Jianwu, "Acoustic and Articulatory Analysis on Chinese and Japanese Vowels in Emotional Speech", *Chinese Journal of Phonetics*, Beijing: China Social Sciences Press. 2013.

Schroeder, M. R., Atal, B. S., Hall, J. L., "Optimizing Digital Speech Coders by Exploiting Masking Properties of the Human Ear, *The Journal of the Acoustical of Acoustical Society of America*, 1979, Issue 6: 1647 – 1652.

附　录

普通话发音材料

（所有的材料均发两遍音）

第一部分　声调

分	边	归	八	桌	诗	夫
球	扶	爬	得	读	时	扶
等	走	把	百	角	史	斧
坐	到	大	药	鹿	市	妇

第二部分　声母

巴	逼	布	标	杯
爬	批	普	飘	撇
妈	眯	木	苗	灭
法	夫	飞	否	扶
大	低	督	多	都
他	梯	兔	挑	偷
拿	泥	奴	聂	糯
拉	离	路	刘	略
该	给	姑	归	锅
卡	扩	哭	快	亏
呵	黑	呼	灰	火

家	鸡	救	接	街
恰	七	秋	切	缺
虾	西	修	雪	学
炸	只	朱	追	桌
插	吃	初	吹	抽
沙	诗	书	水	说
然	日	如	入	弱
杂	资	租	做	走
擦	词	粗	错	催
洒	思	苏	搜	岁
阿	哦	鹅	爱	衣
腰	屋	歪	鱼	冤

第三部分　韵母

资	字	词	私	丝
只	知	吃	湿	诗
逼	低	滴	鸡	西
不	督	姑	租	苏
居	区	需	虚	句
八	答	巴	插	沙
得	歌	割	遮	喝
波	坡	剥	泼	播
		欻		
白	该	带	灾	晒
杯	给	飞	碑	黑
包	刀	高	早	烧
都	偷	沟	周	搜
班	单	肝	站	三
奔	根	本	针	深
帮	当	钢	张	商

风	争	耕	灯	崩
耳	尔	儿	而	二
侠	加	虾	恰	家
些	别	接	爹	鳖
吊	消	交	雕	标
救	修	秋	酒	丢
先	鞭	尖	颠	边
品	心	金	拼	宾
箱	姜	香	枪	江
丁	星	经	钉	冰
刷	抓	花	夸	瓜
说	桌	锅	脱	多
快	怪	怀	块	乖
推	追	灰	归	堆
宽	欢	专	官	端
孙	村	昏	棍	吨
双	床	庄	黄	光
蕹	蓊	瓮	嗡	翁
功	松	宗	公	东
雪	决	学	缺	绝
选	全	宣	圈	捐
迅	君	寻	群	军
凶	胸	琼	兄	穷

第四部分　连读变调

开车	安排	颠倒	天理	青菜	山洞	中国	中学
鸡汤	花钱	开水	招待	封建	高大	钢笔	单独
牙膏	油条	牙齿	城市	皮带	毛病	毛笔	茶叶
茶杯	皮球	床板	苹果	迟到	黄豆	头发	粮食

续表

水缸	枕头	水果	表演	宝贝	写字	粉笔	狗肉
表哥	酒瓶	打倒	改造	手套	古代	请客	小麦
米汤	码头	米粉	买米	眼镜	马路	马脚	有毒
坐车	市民	市长	道士	重要	社会	动作	动物
桂花	借条	报纸	报道	报到	退步	教室	菜叶
货车	菜油	到底	送礼	报告	肺病	送客	告别
蛋糕	面皮	地主	大脑	饭店	地洞	大雪	练习
地方	大床	代表	上下	大概	电话	外国	大麦
北方	骨头	屋顶	接待	笔记	失败	铁塔	角落
国家	国旗	黑板	益鸟	得到	一定	八百	积极
读书	白糖	热水	白蚁	力气	绿豆	蜡烛	六月
石灰	石头	木板	活动	白菜	学校	熟悉	昨日

第五部分 语调

（分别用陈述、疑问、感叹、感叹）

张中斌花三天修收音机
吴国华重阳节回阳澄湖
李小宝五点整写演讲稿
赵树庆毕业后到教育部

后　　记

　　感谢在调查和录音过程中给予我大力帮助的人们。调查香港发音人时，香港中文大学万波教授给了很大的帮助，他指导他的研究生们帮我录了各个年龄段发音人的很多语音。张双庆教授赠送给我多本与课题密切相关的著作。香港教育大学的韩维新老师找了一些他的学生充当发音人，并亲自帮我录了很多语音。调查澳门发音人时，暨南大学甘于恩教授推荐了他的学生李家恩同学帮我寻找发音人，家恩同时也帮忙录了一部分语音。澳门理工学院的汤翠兰教授给了我很多帮助。我的学生郑琳（当时在澳门大学读研究生）也帮忙寻找了多位发音人。调查广州发音人时，学生何雯慧、温丽琼、翟雅倩、钟文婷等帮我录了一些各个年龄段发音人的语音。感谢以上在我调查和录音工作中帮助我的各位老师和同学。借助这个课题，我调查和录制了大量的语音，但本书只用了其中的一部分。

　　感谢我的硕士导师曾毓美教授、博士导师石锋教授、博士后导师李爱军研究员和胡方研究员，各位导师教给了我方言学、实验语音学等方面的知识、技术和理论，我才能承担起这个有关方言区人们普通话语音习得的课题。感谢石锋教师为本书作序。

　　感谢我的爱人向柠，本课题所有的田野调查和录音她几乎都参与了。

　　感谢所有给予我关心和帮助的人，这其中自然包括我的父母和家中的其他亲人，也包括我的老师、领导、同事、同学以及很多善良的人。

　　感谢广东外语外贸大学资助我出版这本书。

　　感谢中国社会科学出版社，尤其是喻苗主任，愿意帮助出版这本充满了大量音标符号、声学图片和声学数据表格的专业著作，对出版社的热情工作和大力支持表示由衷的敬佩！

普通话作为我国的通用语言,其地位和作用将会越来越重要。我们也期待有关方言区人们普通话学习方面的研究成果越来越多,越来越好。

贝先明

2020年2月4日,立春